历史

只露半边脸

刘绪义 著

九州出版社 JIUZHOUPRESS | 全国百佳图书出版单位

图书在版编目（CIP）数据

历史只露半边脸 / 刘绪义著. -- 北京 : 九州出版
社, 2018.8（2019.11重印）
ISBN 978-7-5108-7469-7

Ⅰ. ①历… Ⅱ. ①刘… Ⅲ. ①中国历史－通俗读物
Ⅳ. ①K209

中国版本图书馆CIP数据核字 (2018) 第207903号

历史只露半边脸

作　　者	刘绪义　著
出版发行	九州出版社
地　　址	北京市西城区阜外大街甲 35 号（100037）
发行电话	(010)68992190/3/5/6
网　　址	www.jiuzhoupress.com
电子信箱	jiuzhou@jiuzhoupress.com
印　　刷	三河市九洲财鑫印刷有限公司
开　　本	880 毫米 ×1230 毫米　16 开
印　　张	16
字　　数	200 千字
版　　次	2019 年 3 月第 1 版
印　　次	2019 年 11 月第 2 次印刷
书　　号	ISBN 978-7-5108-7469-7
定　　价	45.00 元

自 序

探求历史真相，回归历史本真，是许多研史者的追求与志愿。

我没有这种冲动，我不是历史学家，我是学哲学的，我对历史的兴趣纯然是出于好玩兼好奇。于历史，我只算是一个"玩家"。

哲学上讲，干什么事都应该有一个主张，也就是要有自己的价值观。那么，我玩研历史的主张是什么呢？

我的主张并不是要探求真相，历史很难说会找到真相，毕竟历史沉淀下来的材料就那么多，看起来，皇皇二十四史，但具体到某个人、某件事、某个历史场景，则往往只有片语只言。更何况，眼见尚且都不一定为实。历史难有真相，但历史是有生命的。

历史的生命表现在读史人的眼睛里，如王冕《读史》时就发出感慨："耿耿青灯照青史，坐看兴废眼前来。"历史进入读史人的眼睛就被赋予了生命，它活泼泼的，养人呢。

因此，历史是有温度的。历史的温度表现在记史人选择记下某人某事时的心情上，这种心情哪怕过了千年万年再来感知，也是冷暖分明的。

历史还是有思想的。我不是指"一切历史都是思想史"，而是说无论哪一段历史进入读史人的视野里，本身就带有一种眼光去看它，无数的眼光足以汇成一条思想者的"星光大道"，这本身就是一件很有趣的事。

更有趣的是，历史颇像个小顽童或者小羞女，总是只露出半边脸。露着的这半边脸，很难说是有意还是无意的。另外那半边，说不定也是机缘巧合，被人视而不见，或者要换个角度才能看见。这正是历史的有趣之处，也是历史的奇妙之处，否则几千年来，同一段历史就不大可能被不同的人反复玩研。

作为一个学哲学的"历史玩家"，我特别喜欢去"看"那没有露出来的"半边脸"。

这一"看"，或许就能看出些门道，比如说明明前人看到过那"半边脸"，为什么却不让它露出来？这就往往能够引发出一些哲学上的思考了。我的思考也基本上还是围绕着正史展开，前人所谓"信史直须求草野"，我更不相信野史。《史记》尚且只是"一家之言"，更何况他史？官修《明史》历时百余年，呈现出来的只是"半边脸"；那些民间的方志、族谱、笔记，呈现出来的又何尝不是"半边脸"？

我的这些思考并不是想以古鉴今，记得魏源过说："执古以绳今，是为诬今；执今以律古，是为诬古。"（《默觚·治篇五》）绳今或者律古，都不是我能力范围内的事。因此心理上也就没有传统治史者的那种压力。

"平生未识繁华事，旋借宣和国史看。"宋人叶茵的诗给了我很多启示。历史是给人看的，尤其是让我们这些不识繁华事的普通人看的。但是，怎么看，还真是一门学问，这门学问可能就叫历史学吧。历史学就是一门怎么看历史的学问，这样解释不知历史学家认不认可。

我相信，我们无法去改变历史，但是我们可以改变人们对历史的看法。历史学的生命恰恰就在这里。

一切历史都只露半边脸。这就是我对历史的看法。

秉承这一理念，这些年来，我陆陆续续地抱着好玩、好奇的动力兼心态信马由缰地写了不少看历史的文章，它鞭策着我悠游于历史的磁场里，徘徊于历史的津渡边，感知历史的生命，触摸历史的温度，烛照历史的思想，唤起一个读史人的自省，虽不敢作世事洞明之想，但亦有旧时朱门之悟。欣慰的是，这许多文章得到了《人民论坛》《同舟共进》《书屋》《南方都市报》《中国纪检监察报》等编辑师友们的垂青，陆续刊发，真乃人生一幸事。

好奇是我看史的动力，好玩是我研史的心态，至于写得好不好，留待读者朋友去评判了。"青史书时未是真，可能纤手却强秦。"感谢老友杨鑫垚的慷慨扶助，让这些文章得以结集问世，给世人一个看历史半边脸的窗口。

是为序。

刘绪义

戊戌荷月·锁石斋

目 录

第一辑 ‖

同样是沿海，齐鲁两国差距咋那么大

《史记·封禅书》有一段特别有意思的话：齐人燕人"为方仙道，形解销化，依于鬼神之事。邹衍以阴阳主运显于诸侯，而燕齐海上之方士传其术不能通，然则怪迂阿谀苟合之徒自此兴，不可胜数也"。

太史公直指秦始皇时的方士主要集中在燕齐，其原因要归结到战国时齐威王和齐宣王的理论家——齐人邹衍"五德终始说"。虽然这些方士在骗术失败后曾遭到秦始皇的无情打击而元气大伤，但到汉武帝时，齐国的方士又兴盛起来，李少君、少翁、栾大、公孙卿等忽悠汉武帝的本事一个比一个大，胆儿一个比一个肥，其规模与声势远超其上。"求蓬莱安期生莫能得，而海上燕齐怪迂之方士多更来言神事矣。"当地百姓也都如痴如狂，"上疏言神怪奇方者以万数"。仙人没有见到，倒招来故齐沿海一带无数"怪迂之方士"，都说自己有禁方，能做神仙了。

齐国在秦汉时期多出方士，同样是山东沿海的鲁国却没有，两国差距那么大，原因何在？

一是齐鲁两国完全不同的政治制度

齐国姜姓，地理位置在山东的东北部，是周武王的国师太公望的封地。"三监之乱"后周成王给了姜太公相当于今天的特区自治权："东至海，西至河，南至穆陵，北至无棣，五侯九伯，实得征之。"

鲁国姬姓，地理位置在山东的南部，首封国君为周武王弟弟周公旦，由于周公要留在镐京辅佐成王，让长子伯禽代为主政。鲁国始封时疆域较小，"封土不过百里"，后来陆续吞并了周边的小国，并夺占了曹、宋等国部分土地，成了大国。国力最强时其疆域北至泰山，南达徐淮，东至黄海，西抵定陶一带。

应该说，齐鲁二国在春秋时期都是大国。地位也平等，都是侯爵。但是两国的政治制度完全不同。

齐国实行的不是郡县制，地方行政制度偏向于分权，采取了五都之制。据周振鹤先生考证，按理每国只应有一都，但齐在国都之外又有平行的四都，地方行政权力分属于五都；军权亦不集中，齐国曾起"五都之兵"伐燕，说明五都皆有兵。《国语》记载，齐国五都设一大夫专权治理，每年正月到国都述职，拥有相当大的权力。齐国也有县，但县很小。齐《叔夷钟铭》载灵公一次性赏赐叔夷莱邑三百县，足见其县之小，齐实行的是分权的都邑制。

鲁国实行的则是周的政治制度，"周之最亲莫如鲁，而鲁所宜翼戴者莫如周"。鲁国享有郊祭文王、奏天子乐的崇高特权。

可以说，齐鲁二国，政治上各有各的优势。一是自治，一是辅周。但由此也造就两国不同的发展方向，齐国以创业为主，鲁国以守成为主。

二是齐鲁两国同样的经济优势，不同的改革思路

齐鲁两国以泰山为界，分居泰山南北；海洋环境优越，有着相似的经济资源。齐国的海盐煮造很发达，《左传》中盐池被称为"国之宝"。到了战国，"齐有渠展之盐"，产量大，流通广。鲁国盐铁同样是重要且丰富的资源。《史记·货殖列传》有一个西汉初的富豪排行榜，其中鲁国的曹邴氏，以炼铁起家，排第四；齐国的刁闲，大盐商，排第五。

但是，齐国因冶铁手工业发展起了繁华城市，如国都临淄。临淄故城出土冶铁作坊六处，最大一处面积达 40 多万平方米。各国国都中，属齐国国都临淄规模最大最繁华，人口七万户，居民都很富裕，娱乐活动丰富多彩，马路上车辆拥挤，行人往来如织，"家敦而富，志高而扬"。

城内最热闹的街道直贯外城南北，有六车道，南北约四公里半，东西约四公里。当时大的商业城市中，没有鲁国国都；稍大的城市，齐国有即墨、安阳和薛，鲁国一个都没有。

齐鲁两国的蚕桑业发达。鲁国出产的缟有名，但齐国的阿地出产的缟更著名。齐鲁之间还发生过经济战争，"齐纨鲁缟"，齐以经济手段"不战而屈人之兵"。

齐国属于禹贡九州的青州，周初姜尚刚受封时，齐国国境也小，濒海之盐碱地不适于农业生产，但是齐国因地制宜，"通商工之业，便鱼盐之利"，煮盐垦田，富甲一方，兵甲数万，至齐桓公时，依靠海上资源，迅速成为春秋五霸之首。随着疆域的扩大，膏壤千里，农业也得到发展，到战国时已呈"粟丘如山"的景象。

齐国还有一个劣势，齐和赵、魏以黄河为界，赵、魏二国地势较高，黄河泛滥时齐国就会遭受严重灾害。但齐国沿黄河建了一条离河25里地的长堤，以防黄河泛滥。《管子·度地篇》，讲的就是齐国筑堤的经验。

在处理农业与商业的关系时，管仲提出"薄本肇末"，既通过农业积累财富，又通过商业活动促进流通以增加财富。将士、农、工、商并列为国之四民，设工商之乡，四民分工，地位平等，农工商并重。

齐国注重改革。公元前685年"齐桓公用管仲之谋，通轻重之权，缴山海之利，以朝诸侯，用区区之齐，显成霸名"。后又打出"尊王攘夷"的旗号，成为中原霸主。

鲁国属于禹贡九州之徐州，西部是黄淮平原，拥有土质肥沃的良田，农耕发达。也许正是看到齐国的优势，孔子将农事看作是"鄙事"。

鲁国的改革却迟至公元前594年的"初税亩"。这一被后人津津乐道的税制改革其实是不得已而为之，因为井田已经被破坏，要想增加税收，只能按田亩的多少来征税。因此，《左传》《谷梁传》都说："初税亩，非礼也。"四年后，鲁国又"作丘甲"，实际上是对私田所有者征收军赋，都是为了增加税收，根本算不上真正的税制改革。魏国李悝变法推行的是"什一税"，但鲁哀公说"二吾犹不足"，认为十分之二仍不够。可见，鲁国经济到了何等地步。

齐国的办法则是相壤定籍，按照土壤质量的好坏规定租税的等级，是对管仲"相地而衰征"办法的发展，比"初税亩"要科学得多。

虽然鲁桓公、庄公、僖公时鲁国曾强盛一时，一度与齐国争夺东方的霸主地位，但因为缺乏改革，在齐国面前长期处于弱势。

三是齐鲁两国截然不同的文化政策

齐太公一开始实行"因其俗，简其礼"的文化政策，管仲相齐，仍然采取"俗之所欲，因而予之，俗之所否，因而去之"，并不强求思想一律，而是顺其自然，采取强国富民的方法以达到"知礼节，知荣辱"的文化道德水平。

鲁国则一开始"变其俗，革其礼"，同时又"启以商政"，鲁因而成为礼乐之邦。鲁国在诸侯班次中位次居长，将推行周朝礼乐作为政治任务，依照周制来治理。因此，伯禽前后用了三年才完成鲁国初步的稳定，返回成周报告；齐国却只用了五个月。鲁在政治上的优势没有转化为经济优势。

齐人第一特点是善辩，性情豁达。《史记》说齐人"宽缓阔达而足智"。邹衍、邹奭、淳于髡等都是齐国有名的辩士，《汉书·邹阳传》说"齐楚多辩知"，稷下学宫便是齐国机辩之士集中之处。

第二，齐人尚武。有的行侠仗义，热衷私斗；有的暗杀行刺，鸡鸣狗盗。武夫、力士、刺客之类，遍及各地。

第三，齐人尚奢。管仲就以奢侈著称，却受到齐人的尊崇。齐国的数代名君皆尚奢侈，如桓公"宫中七市，女闾七百"；景公有一双鞋子，鞋带用金丝织成，鞋面与鞋口镶饰白银和一串串珍珠，鞋头上还缀着美玉，长一尺。

第四，齐人尚色。两性关系上随意，无媒自交，同姓相婚、近亲相交普遍。"齐桓公好妇人之色，妻姑姊妹，而国中多淫于骨肉"，他还自称"有污行，不幸而好色，姑姊妹有不嫁者"。

鲁人则沉浸于周代礼乐文化，固守礼"经国家，定社稷，利后嗣"的功能，"服于有礼，社稷之卫也"，对周礼怀有极大热忱。东周"礼坏乐崩"，鲁国仍有不少知礼之人，如臧僖伯、臧文仲、柳下惠、曹刿、里革、叔孙豹、子服景伯、左丘明、孔子等。

秦末，刘邦举兵围鲁时，"鲁中诸儒尚讲诵育习礼乐，弦歌之音不绝"。后来司马迁到鲁地"观仲尼之庙堂"，诸生"以时习礼其家"。史学家顾颉刚先生说"汉代统一了鲁国的礼教和秦国的法律"。

齐鲁两国的差距给了我们现代人重要的启示。齐国强力推行经济建设和改革，同时在文化建设上顺其自然；鲁国则强力推行文化建设，忽视经济和改革。前者导致国强而民俗，后者导致民雅而国弱。

治国理念上，齐国以开放的姿态，一定程度上与地方分权，因而，思想文化也不容易保守，导致秦汉时期方士盛行，走上急功近利之途。鲁国则固守传统，思想意识内敛，导致经济停步不前、改革无力。鲁齐两国最终在与秦抗衡的过程中衰落，先后被人吞并。

《管子·治国》中指出"凡治国之道，必先富民"，正是看到了齐国的长处，孔子后来提出"先富后教"，就是对自己母国的反思。

文化需要推陈出新，固守很难维系文化的生命力。春秋战国礼崩乐坏，鲁国其实并不例外：季孙氏"八佾舞于庭"；为了争权夺位，鲁国也发生过多次兄弟骨肉相残的事件，废长立幼，杀嫡立庶；三桓专权，庆父之难，公卿争权没有了局。礼乐制度本来是为了维系宗法制度的，但这种制度或文化必然受经济基础所制约。所谓"周礼尽在鲁"，只不过是一种形式或者程式化的存在，其根本精神早已不存在。

齐人鄙视鲁人的繁琐礼节。孔子至齐,齐景公欲以田封孔子,遭到晏婴劝阻:"夫儒者,滑稽而不可轨法;倨傲自顺,不可以为下;崇丧遂哀,破产厚葬,不可以为俗;游说乞贷,不可以为国。"齐人淳于髡曾两次当面指责孟轲,认为鲁缪公重用儒士而致国家衰弱,儒士无益于国,"为其事而无其功者"。

鲁人信奉"无礼必亡",而鲁国的灭亡不正充分说明周礼在鲁国名存实亡了吗?

然而,只顾经济发展而忽视文化创新,也会丧失社会的精气神。如齐国发生的大事"田氏代齐"相当于亡国。因此,邹忌相齐时,对国君提出"谨事左右",对臣下提出"谨择君子""谨修法律",鼓励进谏的三谨之策,正是看到齐国文化与民风存在的问题。当时齐国之阿地,田野不耕,民众贫苦,用钱事奉国君左右以求誉。齐威王采纳邹忌意见,将阿大夫及其左右都烹掉了,从此,"齐国震慑,人人不敢饰非,务尽其诚"。但没有坚持多久,"其民无不斗鸡、走狗"。

由此可见,正是因为不同的政治与改革思路与文化政策,导致同为沿海齐鲁两国,命运如此不同。

独尊儒术的背后

儒学如今是显学，从学界到民间，从儒学论争到读经运动，似乎都彰显了新世纪儒学的"复兴"。不管是把儒学当作一种信仰，还是批评儒学只是一缕"游魂"，总而言之，儒学都进入了新世纪的视野。接下来值得一问的是：为什么那么多人关注儒学？

概言之，我以为，儒学其实只是一种权力，或曰权力的实现。

要理解这句话的意思，我认为还是要回到儒学成为独尊的历史境域来说话。

众所周知，儒学独尊，发生在汉初武帝之时。武帝为什么要独尊儒学？他又是怎么来尊儒的？这个问题本来是个大问题，然而，人们都有意无意地忽略了它。要弄清这个问题，我们先来看三件事。这三件事发生在三个很有意思的人身上。

第一件是秦始皇的坑儒。《史记·秦始皇本纪》中关于坑儒的记载背景是这样的：秦始皇听信方士关于长生不老之说，打发方士到处寻找长生之方，殊不知，世间哪有什么长生不老之方？方士得了银子，却不敢回见始皇，于是只好逃亡。方士侯生、卢生潜逃后，秦始皇大怒，"于是使御史悉案问诸生，诸生传相告引，乃自除犯禁者四百六十余人，皆坑之咸阳，使天下知之，以惩后"。御史是刑狱之官，诸生即儒生。御史把诸生捉来审问，诸生互相告密，秦始皇便亲自圈了犯禁者460余人，把他们活埋了。活埋以后，又告知天下，以示儆诫。

《史记·儒林列传》之张守节"正义"做了补充说明：

今新丰县温汤之处，号愍儒乡。温汤西南三里有马谷，谷之西岸有坑，古相传以为秦坑儒处也。卫宏《诏定古文尚书序》云"秦既焚书，恐天下不从所改更法，而诸生到者拜为郎，前后七百人，乃密种瓜于骊山陵谷中温处，瓜实成，诏博士诸生说之。人言不同，乃令就视。为伏机，诸生贤儒皆至焉，方相难不决，因发机，从上填之以土，皆压，终乃无声"也。

大意是，秦始皇焚书以后，为镇服天下而对儒生进行了屠杀，其具体办法是先以官职引诱儒生，再以种瓜之计诳骗儒生，最后将儒生坑杀。从这段记载中的坑儒过程来看，这完全是经过精心策划的阴谋。

这两段记载因坑杀的人数不同和原因动机不同，而引起后世广泛的争论。有的说，秦始皇坑儒怎么说人数也只有几百人，与当时活埋赵军几十万人相比，只是小巫见大巫；有的说，秦始皇很可能坑儒两次；还有的说，这两次实际上是一次。从《秦始皇本纪》看，所记载的坑杀过程很简单，只四个字——"坑之咸阳"，而《诏定古文尚书序》所记，则是坑杀的具体过程，因此，有可能两书所记的实际同为一事，后书是对前书所坑杀事件的具体记述（尽管某些细节未必准确）。

还有的说，秦始皇"焚书"有之，"坑儒"则无，所谓"坑儒"实是"坑方士"之讹。当时秦始皇主要针对方术之士大开杀戒，儒生被坑杀者虽有，但为数不多。从历史上看，儒家在秦朝的地位，比以往大有提高，秦始皇的"坑方士"行动，对秦代儒生的社会政治地位，并未造成大的影响。宋代郑樵说："陆贾，秦之巨儒也；郦食其，秦之儒生也；叔孙通，秦时以文学召，待诏博士，数岁，陈胜起，二世召博士诸儒生三十余而问其故，皆引《春秋》之义以对，是则秦时未尝不用儒生与经学也。"清代梁玉绳也说："余常谓世以'焚书坑儒'为始皇罪，实不尽然。……其所坑者，大抵方伎之流，与诸生一时议论不合者耳。""《叔孙通传》载二世召博士诸儒生三十余人问陈胜，又通降汉从儒生弟子百余人，征鲁诸生三十余人……则知秦时未尝废儒，亦未尝聚天下之儒而尽坑之。"（《史记志疑》）

现代以来最有名的便是毛泽东对此事的看法，他曾写过一首诗：

> 劝君少骂秦始皇，焚坑事业要商量。
> 祖龙魂死秦犹在，孔学名高实秕糠。
> 百代都行秦政法，《十批》不是好文章。
> 熟读唐人《封建论》，莫从子厚返文王。

有人甚至提出，西汉始元六年（公元前 81 年），始有桑弘羊提出秦始皇"坑儒"这一说法，这时距始皇去世已有一百多年了。刘向在《战国策序录》中也说过"坑杀儒士"的话。也就是说，坑儒是后世儒家强加于秦始皇的罪名。

既然这么多人对"坑儒事件"提出了质疑，我们就有必要来探究一下秦始皇杀的到底是些什么人。考古发现的秦云纹瓦当告诉我们被秦始皇所坑埋的是术士，是一群宣传炼丹吃药，上山下海求仙，用长生不死之说蛊惑人心的骗子。在当时以这种"方术"成名的人有羡门高、正伯侨、徐福，以及他们的徒子徒孙卢生、侯生、韩众等等。他们欺骗秦始皇，说能给秦始皇弄来长生不死之药。秦始皇给了他们不少钱，他们弄不来长生不死之药，而且还在下头议论秦始皇。说秦始皇"刚戾自用""专任狱吏"；说秦始皇"乐以刑杀为威，天下畏罪持禄，莫敢尽忠"；说秦始皇"贪于权势""天下之事无小大皆决于上"；说秦始皇每晚批阅文件，批阅不完多少斤竹简、木牍就不睡觉；说像他这样的人如何能够成仙呢。然后他们便卷铺盖逃跑了。他们所批评秦始皇的一些毛病，不能说不对；但他们是由于没有办法向秦始皇交差，没有办法掩盖他们的骗术不灵而发这种牢骚的。所以秦始皇大为震怒，便把留在咸阳的一些类似的人捉起来，加以拷问。这些人相互牵引，越扯越多。秦始皇从中圈定了460余人，把他们活埋在咸阳城外的山区。当时的坑儒谷在今西安市临潼区西南十公里之洪庆村。

显然，至少可以肯定一点，坑儒是由方术之士引起的。许多人据此认为，秦始皇是坑方士而不是坑儒，其实是有问题的。"儒者，术士之称也。"儒是术士的别称。术士本来就是儒，儒也就是术士，秦始皇坑杀的就是儒。那么，方术之士为什么被称为儒生（诸生）呢？

儒在孔子之前的时代就已经存在，它是从事某种与文化和习俗有关、具有特殊职业的一批术士。东汉许慎说："儒，柔也，术士之称。"郑玄也说："儒之言优也，柔也，能安人，能服人。又，儒者，濡也，以先王之道能濡其身。"扬雄认为："通天地人曰儒。"胡适考证：儒是殷民族的教士。由此可见，儒的名称内涵经历了很大的变化。在孔子以前，儒是作为一个掌握知识、懂礼重乐的知识阶层而出现的；孔子以后，儒是作为一个有文化意识和道德节操的社会团体而出现的。后者是从前者即巫术方士中分离出来的。

战国时期，"儒"可以称孔子、孟子的那个"学派"的人；同时也可以泛称学者、文化人，例如对于庄子，就有人称他是"小儒"。孔子也强调要区分"君子儒"与"小人儒"。荀子认为"有俗儒者，有雅儒者，有大儒者"，甚至认为有徒具形式而丧失儒家精神的"贱儒"。东汉末年应劭仍然将儒者划分为"通儒"和"俗儒"。孔子死后，"儒分为八"，不一定表明儒家这个"学派"内部分化为八派，事实上也不大可能分化得这么严重，无非是人们根据他们的师承和境界而区分他们的差异而已，就如俗儒、雅儒这样的区分一样。因为根据孔门后学的具体情况来看，他们之间有的区别并不明显，有的则根本不能算作儒，比如那个替孔子驾车的樊迟。

因之，后人不必在"儒"和"方士"之间为秦始皇大做翻案文章。在秦始皇和时人看来，他们之间并没有什么区别，况且，坑杀那些俗儒，只不过是秦始皇手中的一种权力。

这第二件事是汉高祖刘邦溺儒冠。史载汉高祖刘邦之轻贱儒生、奚落儒生更是到了令人发指的程度。"沛公不喜儒，诸儒冠儒冠而来者，沛公辄解其冠，溲溺其中。"郦食其以"状貌类大儒"不见，复报以高阳酒徒则见之。

刘邦为什么不喜儒？历史上没有明文记载。但从刘邦的举动来看，当时的儒者大多尚文饰，而无益于事功。后人说"刘项原来不读书"，这其实是片面的。项羽虽然是一介武夫，但作为贵族出身的他，刚开始也是要读书的，只是他更喜欢学武，这并不能说项羽就是个文盲；刘邦也一样，历史上虽然没有记载他读了什么书，但《史记·高祖本纪》中说他"不事家人生产作业。及壮，试为吏，为泗水亭长"，也就是说他成年后是经过考试做了亭长的。依秦制，以吏为师。刘邦无疑更不是文盲（否则何以能写出《大风歌》）。说他是流氓更是没有根据，刘邦身上颇有后世江湖中人的性格与风范。

刘邦显然不是方术之士，他和儒生的区别也体现在帽子上。史载刘邦喜欢一种以竹皮做成的帽子（冠），应劭说："一名'长冠'。侧竹皮裹以纵前，高七寸，广三寸，如板。"蔡邕也云："长冠，楚制也。高祖以竹皮为之，谓之'刘氏冠'。"司马彪《舆服志》亦以"刘氏冠"为鹊尾冠也。

刘氏冠是刘邦的发明，后来他之所以要在儒生的帽子里撒尿，可能是不喜欢儒生不戴"刘氏冠"所致。《史记正义》中说："其后诏曰'爵非公乘以上不得冠刘氏冠'，即此也。"就是说刘邦做皇帝后曾下令哪种人才有资格戴"刘氏冠"。所以刘邦溺儒冠，或许是因他潜意识里对儒生的不感冒所致。

其实，刘邦并非不喜欢读书人，张良、萧何、韩信、陈平都是读了点书的人，虽然他们读的不是后来被儒家专有的"六经"。刘邦还懂乐，《史记·高祖本纪》中载"高祖所教歌儿百二十人，皆令为吹乐"。就是说刘邦曾培养过一个由 120 人组成的乐队。

刘邦是典型的性情中人，郦食其去见刘邦，刘邦正在洗脚，郦摆儒生架子，被刘邦脱口骂作"竖儒"，但见郦生有识见，便立即拜为广野君。另一个例子是叔孙通。"叔孙通儒服，汉王憎之；乃变其服，服短衣，楚制，汉王喜。"可见，刘邦并非对儒者有成见，他不喜欢儒生繁饰重文，他喜欢"短衣便事"。人言叔孙通是儒者败类，好迎上意。其实不然。叔孙通原在秦始皇时做博士，见始皇无道，设计出逃，投刘邦，是识时务之举；他对儒者的弊端与作用认识也很透很清醒："夫儒者难与进取，可与守成。"他为刘邦设计朝仪，到家乡鲁国搬请一些儒生，有人就以"今天下初定，死者未葬，伤者未起，又欲起礼乐"为由，不肯相从，被叔孙通一顿痛斥："若真鄙儒也，不知时变。"叔孙通建议刘邦正礼乐，说："五帝异乐，三王不同礼。礼者，因时世人情为之节文者也。故夏、殷、周之礼所因损益可知者，谓不相复也。臣愿颇采古礼与秦仪杂就之。"这段话里看得出叔孙通深得孔子的礼乐真谛。等到刘邦见识了他设计的朝仪，由衷地叹道："吾乃今日知为皇帝之贵也。"叔孙通由此获得了儒生的佩服："叔孙生诚圣人也，知当世之要务。"

第三件事是窦太后打发儒生去刺野猪。这件事载于《史记·儒林列传》，事出有因。

窦太后好《老子》书，召辕固生问《老子》书。固曰："此是家人言耳。"太后怒曰："安得司空城旦书乎？"乃使固入圈刺豕。景帝知太后怒而固直言无罪，乃假固利兵，下圈刺豕，正中其心，一刺，豕应手而倒。

原来喜好黄老之学的窦太后有一天召大儒辕固，也就是那个传"齐诗"的辕固。好黄老的去"请教"一个好儒的，这显然是问道于盲。此时的儒地位很微妙，民间对这个儒好感倍增，而政府里也出现了不少学儒出身的博士，辕固就是景帝时的博士，但关键是景帝说了不算，得窦太后说了算，而这个太后牢牢地把握着意识形态的主导权。而颇不识时务的儒生辕固说了一句大不敬的话："这是妇道人家的见识罢了。"就是说老子的书只有像太后您这样的妇道人家才喜欢啊！女人们都讨厌男人说她"头发长见识短"，窦太后听了哪有不生气的道理？于是就派他一个差使，要他去跟野猪搏斗。要不是景帝援手相救，辕固自己恐怕倒会栽在"妇道人家"手里了（事实上，辕固对老子的态度，就与孔子"和而不同"的精神大相违背）。

上述三件事，应该说既偶然又有必然性，但通通都事出有因。从这三件事可以看出儒地位的尴尬。在后世儒家的眼里，这三件事被无限放大，被视为儒学命运的一大关节，是汉武帝独尊儒家的一个重大历史背景。

其实，上述三件事只不过是儒生与权力碰撞的际会，从学理上根本看不出儒学的奥妙。这在后世好大言的儒生看来，显然不足以巩固儒家好不容易取得的地位和权力。于是，他们只好在独尊儒术上大做文章。

那么汉武帝又是出于一种什么心态来"独尊儒术"呢？儒术独尊的真实面貌又怎样呢？

先得来认识一下这位汉武帝。《史记·孝武本纪》载：

孝武皇帝者，孝景中子也。母曰王太后。孝景四年，以皇子为胶东王。孝景七年，栗太子废为临江王，以胶东王为太子。孝景十六年崩，太子即位，为孝武皇帝。

按汉初的制度，身为胶东王的刘彻是没有资格做皇帝的。他之成为汉武帝，纯粹是无心插柳。汉武帝之母王夫人只是皇帝身边众多妃子中的一个，但这位王夫人颇有政治眼光，据《汉书》载，窦太后之长女、长公主刘嫖有一女，想要嫁给当时的太子，但太子之母栗姬不答应，这一下惹恼了这位长公主。而聪明的王夫人很开通地容纳了这桩亲事，聪明的刘彻还留下了"金屋藏娇"的故事。后来薄皇后遭废，而长公主仗着母亲窦太后的宠爱，多次数说栗姬的不是，夸奖王夫人及自己的女婿刘彻。这样，久而久之，栗太子刘荣立为太子四年后终于被废为临江王，后又因巫蛊事而被下狱自杀。刘彻得立为太子。当然事情并非这么简单。西汉初期自吕后开始便有了母后干政的传统，宫廷政治多围绕母子、祖孙、帝后后妃之间产生明争暗斗，政治漩涡接连不断。汉景帝之母、汉武帝之祖母窦太后便是又一个重要角色。

从《史记》和《汉书》的记载中可以看出这位能力颇大的窦太后年轻时只是一位宫人，靠逢迎得到文帝及其母薄太后的欢心，积累了丰富的宫廷政治经验。西汉初年盛行以孝治国，即便是皇帝也不能违逆母后的旨意。而这位喜好黄老之术的窦太后，却几次想要立景帝之弟、自己的少子梁孝王为太子。因而，废栗太子，这位窦太后不一定使了什么力，但至少不会阻拦；但立刘彻为太子，却没那么简单，一则文帝曾有言："千秋万岁后传于王"，二则梁孝王在平定七国叛乱之中立有大功，这更使得刘彻的得皇位之路颇不平坦。若不是袁盎等大臣从中关说，加上后来梁孝王阴使人刺杀大臣而事发，刘彻之前途不可知也。

故司马迁说："孝武皇帝初即位，尤敬鬼神之祀。"武帝即位后，他那位双目失明多年的祖母仍然监视并控制着朝政，建元初年，在皇帝名义下进行的制礼改制是武帝试图亲政的举动，最后也在他祖母的粗暴干预之下统统取消。这位胸有雄才抱负的皇帝无用武之地，一度心灰意冷。六年后，已经21岁的新皇帝终于等到了出头的一天，掌控汉家天下22

年之久的窦太后驾崩。汉武帝立即对目无天子权威的祖母实行报复，罢黜所有被祖母安排的丞相、御史大夫等大臣，换上一班自己的人马。但是一两次人事变动并不怎么重要，彻底扭转国家的统治思想，在汉武帝看来才是最根本的。

窦太后在世时，始终坚持以黄老之术治国，这从《史记》中反复强调的窦太后好黄老术可以看出，景武之际许多大事都是在"黄老之术"的名义下进行的。故而，原本敬鬼神的武帝在即位之后开始"乡儒术"，在心底里埋下了罢黜黄老术的种子。如果说建元初的制礼改制只是一次不知深浅的尝试，那么，武帝亲政后的一切举动则是对黄老术（或者干脆说是对祖母窦太后）的彻底反动或曰报复。朱维铮说罢黜百家其实是罢黜黄老，在我看来，罢黜黄老其实是罢黜祖母，黄老只不过是祖母的影子。这就是汉武帝独尊儒术的真实用意。

另外，由于先秦文献典籍在传播过程中受到诸多因素的影响，而形式多种版本和多种不同的理解，如同样作为《五经》，孔子及其弟子所引用的五经文本显然与墨子及其弟子所引用的文本有差异，这主要是由于当时传播手段单一，无论是口头传播还是文字传播都明显地受到地域的限制。六国古文的差异导致了文本在理解上的差异，而不同地域的方言也同样影响到文本在口头传播中的变化。秦始皇之所以统一六国古文，其背景也就是出于文字上的统一。到汉代这样一个大一统的王朝，文化统一进一步深化，这种深化主要表现在对先秦诸子思想主张的统一。先秦数百年间先后继起的诸子学说，在汉朝人看来，确实是一种百家争鸣的气象，百家不一，对于一个统一王朝的思想意识观念显然是不合适的，确有必要对这些歧见纷呈的诸子思想主张进行一次大统一。

当然，除了上面所述之外，独尊儒术也与汉武帝好大喜功的个性有关。年轻气盛的少年皇帝哪里甘心垂拱而治、南面无为啊。此外，罢黜百家还与朝廷中的权力争斗的推波助澜分不开。或者换句话说还是与有着深厚的宫廷背景的权力斗争有关。当时势力最大的两大集团，一为窦氏（婴），一为田氏（蚡）。窦婴是窦太后的侄儿，当年为支持皇帝反对自己的姑母，本来喜好侠的栗太子傅窦婴，还转而好儒术；但没想到，皇帝大了重用的却是王太后的弟弟田蚡，窦婴受到田蚡的排挤。故朱维铮指出，这一事实，再次表明那时的儒学和黄老的理论纷争，不过是实际政治过程在意识形态上的反射和回声。

那么，我们再来看汉武帝和田蚡之流到底是怎样好儒尊儒的。罢黜黄老之后，汉武帝延引招纳的固然本应多为儒者。但其实不然，《史记》所载建元元年及元光元年中多次招纳的人才不是儒者，而称"贤良"。如："而上乡儒术，招贤良，赵绾、王臧等以文学为公卿"（《孝武本纪》），"建元中，上招贤良"（《袁盎晁错列传》），"武帝立，求贤良，举冯唐"（《张释之冯唐列传》），"及今上即位……招方正贤良文学之士"（《儒林列传》）。而在元光中所招的不过改称"文学"罢了。《儒林列传》云："延文学儒者数百人，而公孙弘以春秋白衣为天子三公。"其实"贤良"就包括"文学"。

何谓"贤良"？《史记》所述不清楚，但"贤良""文学"显然不单指儒者，武士出身的丞相卫绾就出面指责："所举贤良，或治申、商、韩非、苏秦、张仪之言，乱国政，请皆罢。"元光年间，汲黯也当面批评汉武帝："天子方招文学儒者，上曰吾欲云云，黯对曰：陛下内多欲而外施仁义，奈何欲效唐虞之治乎！上默然，怒，变色而罢朝。公卿皆为黯惧。上退，谓左右曰：甚矣，汲黯之戆也！"《史记》中还有一段记载更能说明武帝好儒的实情：

弘为人恢奇多闻，常称以为人主病不广大，人臣病不俭节。弘为布被，食不重肉。后母死，服丧三年。每朝会议，开陈其端，令人主自择，不肯面折庭争。于是天子察其行敦厚，辩论有余，习文法吏事，而又缘饰以儒术，上大说之。二岁中，至左内史。弘奏事，有不可，不庭辩之。尝与主爵都尉汲黯请间，汲黯先发之，弘推其后，天子常说，所言皆听，以此日益亲贵。尝与公卿约议，至上前，皆倍其约以顺上旨。汲黯庭诘弘曰："齐人多诈而无情实，始与臣等建此议，今皆倍之，不忠。"上问弘。弘谢曰："夫知臣者以臣为忠，不知臣者以臣为不忠。"上然弘言。左右幸臣每毁弘，上益厚遇之。

正如朱维铮指出的："在汉武帝时代，统治集团中间仍然有各家各派人物在活动。充当田蚡副手的韩安国，便兼学韩非和杂家说。受到汉武帝敬礼的汲黯，'学黄老之言'。给汉武帝出主意打击诸侯王的主父偃，'学长短纵横之术，晚及学《易》、《春秋》、百家言。'他和赵人徐乐、齐人庄安，同为典型的杂家，同样上书言事，同时受到汉武帝召见并叹为相见恨晚，而主父偃还赢得同时任何儒者都梦想不及的恩宠，一年内四次升官。还有张汤、赵禹、杜周那些著名的'酷吏'，'以深刻为九卿'就是说靠刑名术得到汉武帝重用。这些例证都出现于元光元年之后。"这就是汉武帝罢黜百家、独尊儒术的真实情况。

然而，这样一个真实情况两千年来都被这八个字所遮蔽了。至于汉宣帝所说的"汉家自有制度，本以霸王道杂之，奈何纯任德教，用周政乎？且俗儒不达时宜，好是古非今，使人眩于名实，不知所守，何足委任"，更不大引人注意了。

总之，儒术独尊，并非历史的必然。有时候，决定历史命运的恰恰就在于它的偶然性，或者只在于某些人的一念之差。

第二辑

西汉开国腐败的制度成因

按理说，西汉的建立来之不易，先是"天下苦秦久矣"，起义者费了九牛二虎之力才得以灭掉暴秦，继而又经过楚汉相争，才有新的基业。开国功臣们应当吸取教训，对官员腐败严防死守，这才是正道。可是，西汉开国，高官显贵们不仅没有自觉防范腐败，反而带头腐败。

丞相萧何自不必说了，西汉腐败正是起于萧何。史上说，萧何腐败是故意的，目的是以自污来打消刘邦对他的顾忌。如果这样做合理，那么，其他人的腐败是不是也可以这样解释？

叔孙通，原本是秦王朝的博士，在秦行将灭亡之际，赶巧带领追随他的百余儒生集体投奔了刘邦，投奔的动机很明确，就是为了荣华富贵。

建国初期，叔孙通站在并非儒学的立场为刘邦设计了三叩九拜的朝仪制度，让曾经目睹秦始皇出行的威仪时发出"大丈夫当如此"之感叹的刘邦感受到了当年始皇帝的尊贵，从而获得了高官厚禄。当年追随叔孙通的所有儒生都在他的推荐下做了高官。一个以叔孙通为首的利益小集团在开国之初即已形成，叔孙通因此被儒生们称为西汉的第一个"儒宗"，其实是腐败之宗。

叔孙通无视国家和百姓权利，靠钻营投机牟取利益的所作所为，连他的两个追随者都看不惯了，他们指责叔孙通说："公所事者且十主，皆面谀以得亲贵。今天下初定，死者未葬，伤者未起，又欲起礼乐。礼乐所由起，积德百年而后可兴也。吾不忍为公所为。公所为不合古，吾不行。"（《史记·刘敬叔孙通列传》）这等于撕破了这位儒宗披在其丑恶灵魂之上的华丽外衣，并且公开宣布与儒宗叔孙通脱离关系，叔孙通气

急败坏地指责他们说:"若真鄙儒也,不知时变。"(《史记·刘敬叔孙通列传》)

儒学所谓的与时俱进,到了叔孙通的嘴里,竟然成了他腐败的理由!

西汉重要开国功臣之一张苍,是王朝的阴阳律和法律的制定者,曾位居丞相。但是张苍的腐败奢靡更让人看傻了眼,史书记载这样一个立法者,不仅专门供养乳母为自己提供人奶喝,而且妻妾竟然达百余人之多,甚至连自己有多少个孩子都不知道。

陈平,西汉王朝的另一开国功臣,也曾任丞相。在位期间,他结党营私,腐败昭然。一次他给太尉周勃送礼,出手吓人,史书记载说:陈平"乃以五百金为绛侯寿,厚具乐饮太尉,太尉亦报如之。两人深相结,吕氏谋益坏。陈平乃以奴婢百人,车马五十乘,钱五百万,遗贾为食饮费"。(《汉书·陆贾传》)

曾经劝谏刘邦马上得天下,马上治不了天下,治理天下得依靠儒术的陆贾,也是开国功臣,他不仅参与陈平结党营私,而且陈平赠送周勃厚礼,也是他的主意,并且陆贾本人亲自跑腿。

陆贾这个史书上有名的谦谦君子,号称大儒,个人生活同样极其奢靡。史书记载说:陆贾"以好畤田地善,往家焉。有五男,乃出所使越橐中装,卖千金,分其子,子二百金,令为生产。贾常乘安车驷马,从歌鼓瑟侍者十人,宝剑直百金"(《汉书·陆贾传》)。陆贾光是出使南越,就收礼上千金,秦时首富商人吕不韦当年就凭这个数额拿下了秦国。

是人总有爱好,爱剑爱美女,倒也不好非议,但是他换宝剑和女人到了"十日而更"的程度,就不可思议了。

这些高官显贵,有的是法律规范的制定者,有的是声名显赫的博士,如叔孙通还是汉惠帝的老师,是王朝的最高朝仪制度的制定者,他们都是西汉开国初期口碑甚好的高官,尚且如此腐败奢靡,不难想象,其他武将和中下层官吏,又能够清廉到哪里去呢?

事实上，正是由于这种上梁不正，西汉开国之初，王朝的中下层官吏就已经开始滥用权力而腐败了。史书记载，刘邦在洛阳时，曾下令解放天下奴隶和废除酷刑，让士兵转业回家各事产业，也为了褒奖同他打天下的将士，让大家有个好的归宿，就给解甲归田的兵士发放安家费，然而，连这种天子赏赐的安家费，各级官吏都敢贪污，惹得刘邦雷霆震怒，他指责小吏们背公立私，守尉长吏教训不善，从上到下都是贪污成风。

文帝初贾谊公开指责汉朝承袭了秦朝的败俗，废弃礼义，提出应该移风易俗，使天下回心而向道。他建议制定新的典章制度，兴礼乐，改正朔，易服色。在著名的《论积贮疏》中，指出当时社会上出现"背本趋末""淫侈之风，日日以长"的现象。对这个有才有识之人，绛侯周勃、颍阴侯灌婴、东阳侯张相如、御史大夫冯敬等齐心攻击排挤。相反，一个毫无本事，只不过应了汉文帝梦境的小人邓通，竟能大得文帝欢心，位居上大夫。

汉朝开国不久，即发生很多叛乱，与这种腐败风气关系紧密。贾谊在文帝初即看出了不管是异姓还是同姓诸侯王的谋反之心。

景帝即位后，就已经洞察到了腐败之风到了可怕的程度，因而他在诏令中一再抨击朋党现象："吏或不奉法令，以货赂为市，朋党比周，以苛为察，以刻为明，令亡罪者失职，朕甚怜之。有罪者不伏罪，奸法为暴，甚亡谓也。"（《汉书·景帝纪》）

但是景帝没有能消除腐败，在儿子刘彻登基后，腐败更为严重了。为了转移国内矛盾，汉武帝对外加强了军事扩张，对内实行了军政专制，如盐铁酒专卖制度，这种官商合一，给腐败者提供了肆无忌惮盘剥百姓的机会！"……贪暴之吏，刑戮妄加，民愁亡聊，亡逃山林，转为盗贼，赭衣半道，断狱岁以千万数。"

《汉书·食货志》记载了董仲舒对盐铁专卖、官吏腐败及其高税赋的军政统治给老百姓带来痛苦的言论。这种局面汉武帝本人也意识到了。"仲舒死后，功费愈甚，天下虚耗，人复相食。武帝末年，悔征伐之事，乃封丞相为富民侯。"

然而，扬汤止沸并不能解决问题，《汉书》记载了武帝时一只"大老虎"王温舒，作为廷尉和中尉，相当于国家最高公检法长官和国家卫戍司令，不仅经常滥杀无辜，还非常贪婪，"温舒死，家累千金"。"是时，郡守尉、诸侯相、二千石欲为治者，大抵尽效王温舒等，而吏民益轻犯法，盗贼滋起。"(《汉书·王温舒传》)终汉武帝一朝，腐败高官不可胜数。

总之，西汉开国即走上腐败之路，这几乎也是历代都无法逃避的宿命。原因何在呢？

第一，家天下的体制设计，是开国即腐败的根源。历史上各个王朝的更替，没有任何的信仰，一如刘邦、项羽他们在见了秦始皇后所表达的意愿那样"彼可取而代之"。即便是一些开国皇帝深知腐败对于统治的危害，如唐太宗李世民、明太祖朱元璋，他们对腐败采取了各种控制措施，其目标只是保住自己的王权，至于民众的生死祸福那只不过是他们眼中维系王权的一个理由。

第二，开国即腐败产生的另一根源是旧王朝下的贵族势力并没有得到清除，他们往往以另一种面貌出现在新王朝的官僚体制中，他们同样没有所谓的信仰，有的只是对荣华富贵的追求。

第三，开国王朝的国家机器的运行并不是靠制度来维系，或者说，尽管有一定的制度，但依然极大地受制于权力，相反，权力却得不到制约，即使是至高无上的帝王，很多时候也不得不屈从于从属于他的集团，正是这种势力造就了改革的艰难。

因此，正如毛泽东所说，开国便是一场赶考。和别的考试不一样，这场考试不是知识和能力的较量，而是信仰和信念的较量，是新旧制度的较量，是新旧文化的较量。其主考官是永远中立的历史，或者书写历史的人们。与其说，开国即腐败是一个历史规律，倒不如说，是一成不变的腐败文化追求荣华富贵的产物。

西汉政坛上的不安全感

自汉高祖刘邦于公元前 206 年建立汉王国肇始，一直到汉武帝去世，一共 119 年时间，期间，不少刘姓子孙死于残酷的造反与反造反之中。

汉文帝时，刘姓子孙有两次造反。公元前 177 年，济北王刘兴居叛乱，首开刘姓子孙武装造反的先例。刘兴居被俘后自杀。公元前 174 年，淮南王刘长谋反被废。公元前 154 年发生了七王之乱。景帝派遣太尉周亚夫和大将军窦婴镇压，最后，"诸将破七国，斩首十余万级。追斩吴王濞于丹徒"。七王皆自杀。

元狩元年（公元前 122 年），汉武帝镇压淮南王刘安和衡山王刘赐的造反，同时诛杀两王的同党数万人。元狩二年，江都王刘建祝诅武帝，闻淮南、衡山阴谋，亦作兵器，刻玉玺，为反具，事发自杀。

昭帝时（公元前 75 年），齐孝王孙刘泽谋反，欲杀青州刺史隽不疑，发觉，皆伏诛。不久，鄂邑长公主、燕王刘旦与左将军上官桀、儿子骠骑将军上官安、御史大夫桑弘羊皆谋反，伏诛。汉宣帝时（公元前 69 年），楚王刘延寿谋反，自杀。

整个西汉王朝，刘姓子孙在造反事业上都怕输在起跑线上，前赴后继，竟有十多次，这在中国历史上是罕见的。

过去史家很少思考这是为什么。其实，导致这种奇葩局面的原因是弥漫在西汉政坛的不安全感。这种不安全感首先源于帝王。从刘邦称帝始，这种不安全感就存在。刘邦、吕后时期，王朝主要的精力用在了削平异姓王上。楚汉相争结束，在开国初，刘邦不得不把一部分国土封给一些联盟性质的功臣，但封疆伊始，他就将这些王国视为王朝最危险的潜在威胁，以各种非常手段，先后将这些异姓王灭掉，用的借口都是反叛，其实大多没有反叛之行。

排除异姓王的威胁后，文景时，同姓王国成了帝王的心腹之患，贾谊的"众建诸侯少其力"的策略，深得帝心。景帝时晁错的削藩之策，武帝时的推恩令、附益法，将王国所有的权力都收回中央，但同时将帝王的不安全感转嫁到了刘姓子孙身上。

如刘兴居，文帝刘恒是他四叔，他谋反原因是四叔给的地盘太小，又没当上梁王。再如刘长，是刘邦的少子，刘恒是其异母弟，他谋反毫无理由。七王之乱完全是被逼反的。刘安则是刘长之子。这些"造反派"明知自己力量不逮，仍然挺身一搏，是出于内心里的恐惧。

不仅如此，连太子都没有安全感，公元前148年的废太子刘荣自杀案同样令人唏嘘。太子被废为临江王后，却因侵占宗庙地修建宫室犯禁，被酷吏郅都逼死。最奇葩的是征和二年（公元前91年）的"太子造反案"。

但是，如此下来，皇帝有了安全感吗？答案是没有。武帝因为卫太子手中执有节信，就把节信上的旄改成黄色，使卫太子手中执有的节信失效。刘恒对登上帝位的感觉是"会吕氏之乱，功臣宗室共不羞耻，误居正位，常战战栗栗，恐事之不终"。周勃为丞相，朝罢趋出，意得甚，"上礼之恭，常自送之"。昭帝即位，"帝年八岁，政事一决于光"。刘贺为帝仅仅27天，成天不敢离开随从，畏惧霍光之故。宣帝刘询深知霍光家族在朝中的势力尊盛日久，"内不能善，内严惮之，若有芒刺在背"。成帝时，宗室刘向六次上书劝谏，成帝想用刘向为九卿，未果，想拜刘向之子刘歆为中常侍，左右竟然提醒他"未晓大将军"。哀帝在位时碰上为人刚暴的傅太后，同样束手无策。

除此之外，西汉时做宰相同样没有安全感。如武帝在位54年，任用丞相多达14位。依次是卫绾、窦婴、许昌、田蚡、韩安国、薛泽、公孙弘、李蔡、庄青翟、赵周、石庆、公孙贺、刘屈氂、田千秋。

前期所用之丞相，结局还算好，其中卫绾在景帝时做了三年丞相，到了武帝即位不久，因官府中多有无辜受冤的囚犯，身为丞相未能负责申冤，被免去相职。他官居显要，既无拾遗补阙之功，也无兴利除弊之绩，守道而已。

窦婴为相仅八个月即被免，后以伪造圣旨罪被斩首。

许昌为相只有四年多。他是窦太后任命的，汉武帝借太后死后他办事不力免其职。

田蚡是景帝王皇后之弟，窦婴掌权时，他待之如长辈，为相后独断滋骄奢靡。汉武帝甚至这样说："你要任命的官吏已经任命完了没有？朕也想任命几个官呢。"为相五年后惊惧而死。

韩安国为相不到一个月从车上堕下病免。

薛泽为相七年，无所作为，司马迁称其"备员而已"。

公孙弘以平民至丞相，为相六年，留下了诸如"齐人多诈"等典故，公孙弘与众公卿事先约定好上奏的事情及观点，但到了武帝面前，却违背之前的约定，顺从武帝的意思。

公孙弘死后，李蔡为相三年，因坐盗孝景园壖地，事发自杀。这开启了后期丞相下场不好的兆头。

庄青翟接任为相，因张汤与御史中丞李文不和，汤之下属鲁谒居阴使人诬告李文，事发，张汤下狱。赵王怨张汤，告其与吏摩足（帮人按摩脚底），有大奸。张汤下狱。丞相长史朱买臣、王朝、边通皆怨张汤，欲其死，秘与庄青翟谋。张汤自杀，家产不过五百金，武帝知悉，诛杀三长史，庄青翟下狱自杀。

赵周接任，为相三年，在列侯贡金助祭案中，明知列侯所献酎金过轻，不行纠举，武帝迁怒于丞相，将其下狱，自杀。

接下来的丞相石庆，堪称史上最"认真"的人。一次，他为武帝驾车，武帝问他总共有几匹马拉车。石庆用马鞭逐个数完以后，举起手说："六匹。"由此可见其作为，史称"事不关决于丞相，石庆醇谨而已"。

石庆的谨慎不是没有理由的，不信请看接任的丞相公孙贺就可知。石庆死后，公孙贺被拜为丞相，他竟然不敢接受丞相印，"顿首涕泣不肯起。上乃起去，贺不得已，出曰：我从是殆矣"。做丞相竟然发出"从此就完蛋了"的慨叹，这丞相成了高危职业。史载，时朝廷多事，督责大臣，自公孙弘后，丞相接连因事受牵连而受死。石庆虽以谨得终，然多次被谴责。果不其然，后来因公孙贺之子与阳石公主私通，并涉巫蛊事，父子双双死于狱中，家被灭族。

接下来刘屈氂为左相，仅一年，因贰师将军李广利与丞相议立昌邑王为太子，昌邑王是李夫人之子，李广利和丞相是亲家。有人告丞相夫人祝诅武帝并共谋立昌邑王。事发，丞相腰斩于市，妻子枭首。

那么，这种深深的不安全感究竟来自何处？

一个重要因素就是功臣集团的存在。刘邦惩罚的只是那些有封国有兵的功臣，但对周勃等功臣没有在意。《史记》把周勃称为"安刘诛吕"的功臣，其实他恰恰是吕后等人畏惧的功臣集团之首。吕氏作乱是一大冤案，也是周勃等功臣集团强加给他们的罪名。吕后杀三赵王刘如意、刘友、刘恢，本意是为了保护汉惠帝；吕氏封王得到了大臣的首肯，但事后被作为一大罪状；诸吕把持宫廷，恰恰是怕功臣集团的诛杀，这在吕后遗言中有明示。"吕氏欲发兵关中"，更是诬辞。诛吕成功完全是由朱虚侯刘章主谋，齐王带兵首义。

周勃等人立刘恒为帝，就是看他没有强大的势力，有利于功臣集团。然而，刘恒并不相信他们，稳住帝位后，首先解决功臣集团的威胁，周勃"自畏恐诛，常被甲，令家人持兵以见之"。

此后，武帝后以霍光为首的功臣集团又出现了。霍光赏罚由心，不讲规矩。昭帝在位 12 年，霍光执政。他将五岁的外孙女送进宫做皇后，为了防止她受到冷落，避免昭帝与其他宫女生子，霍光限制昭帝接触其他宫女。汉昭帝到死都没有留下子嗣。刘贺被迎立为帝，他的随从便劝刘贺什么事都不要管，政事一律听霍光的。但刘贺不听，导致被废。

霍光欲废刘贺，首先使田延年通报给霍光故吏、丞相杨敞，杨敞听了，大为惶惧，汗流浃背，不知所言。杨敞的夫人有决断，乘杨敞上厕所的时候，告诉他："这是国家大事，大将军计议已定，使九卿来通报你，你不赶紧答应，犹豫不决的话，就要先被诛杀了。"到了公开商议时，霍光说："昌邑王行昏乱，恐危社稷，如何？"群臣皆惊愕失色，莫敢发言，但唯唯而已。

诸如此类，整个西汉政坛，上上下下都蒙上了一层深深的不安全感。

另一个更深层的原因是整个西汉王朝没有制度建设。刘邦马上得天下，在陆贾建议下，搞了一套彰显皇帝威仪的儒家礼仪，但再没有在制度上下过功夫。宣帝教育太子，"汉家自有制度，本以霸王道杂之"。宣帝是西汉真正的明主，可他所谓的汉家制度其实就是个大杂烩。换言之，就是没有制度。从汉初的黄老术，到武帝的独尊儒术，宣帝"所用多文法吏，以刑名绳下"，再到元帝崇儒，汉家制度多变。武帝尊儒术只是个幌子，相比之下，他更喜欢求仙和刑法。皇甫谧解释道："或以威服，或以德致，或以义成，或以权断，逆顺不常，霸王之道杂焉。"封德彝认为，"秦任法律，汉杂霸道，皆欲治不能，非能治不欲"。没有制度的保障，任是帝王、后妃、王子、丞相、功臣都没有安全感。

汉武帝的仙界朋友圈

　　求仙，是中国古代一种绵延不息的文化现象。从战国的齐威、宣王、燕昭王，到秦始皇乃至汉武帝，都是这一活动的追捧者。秦朝徐福、韩众、侯公、石生、卢生等人活跃于宫庭，汉武帝时神仙家李少君、谬忌、少翁、栾大、公孙卿等深受宠信。现在看来，这些所谓的神仙家无一例外都是"气功大师"王林式的江湖骗子。问题是如秦皇汉武何等人物，为何会深陷其中？这些帝王的求仙活动又是如何收场的呢？

　　所谓仙，本作"僊"。意思是人爬到高处取鸟巢，加上"人"旁，表示人升高成仙。隶书作"仙"，表示仙人多住在高处。《说文》载，"僊，长生迁去也。"古籍中指神话和宗教中修炼得道长生不死的人，或指能达到至高境界的人物。

　　《史记·封禅书》指出："自齐威、宣之时，邹子之徒论著终始五德之运，及秦帝而齐人奏之，故始皇采用之。而宋毋忌、正伯侨、充尚、羡门高最后皆燕人，为方仙道，形解销化，依于鬼神之事。邹衍以阴阳主运显于诸侯，而燕齐海上之方士传其术不能通，然则怪迂阿谀苟合之徒自此兴，不可胜数也。"

　　"五德终始说"出于齐人。这就是秦汉方士多出于山东的原因所在。虽然秦国的方士在骗术失败后曾遭到秦始皇的无情打击而元气大伤，但到汉武帝时，求仙之风又兴盛起来，其规模与声势远超其上。

汉武帝的仙界朋友奇葩

　　汉武帝宠信的第一个方士叫李少君，此人见诸史载最大的本事是慧眼识"文物"而得到皇帝信任的。

《史记·封禅书》中载，汉武帝久闻方士李少君大名，见面后，武帝拿出一只旧铜器考问他，李少君回答：这是齐桓公十年时的旧物。汉武帝查看铜器上的铭刻，果然不假。满座惊骇，"以少君为神，数百岁人也"。就这样，凭借着认出一只旧铜器的出身，方士李少君被汉武帝断定为仙人。

考证李少君其人，无疑是一个江湖骗子。首先他隐瞒了自己的年龄、籍贯、生平经历，但从他识齐桓公铜器应可断定是山东人。其次，他敢于吹牛也会吹牛。他只说自己有70岁，但在田蚡的宴会上他和一位90多岁的老人谈话时能说出老人祖父游射过的地方，他说他见过秦时燕齐方士安期生，去过蓬莱岛。再次，他向武帝献炼丹成金方以益寿而见仙。这三者都让人觉得可以一试，一者李少君说安期生"合则见人，不合则隐"，汉武帝想看看自己合与不合；二者即使不见仙人，也能益寿；三者即使不能益寿，也能出黄金。总之宁可信其有。

此人的骗术之所以没有被识破，主要是他病死得早。武帝还以为他"化去不死，而使黄锤史宽舒受其方"。其结果是"求蓬莱安期生莫能得，而海上燕齐怪迂之方士多更来言神事矣"。仙人没有见到，倒招来山东一带无数"怪迂之方士"。

第二个大忽悠叫谬忌。此人似乎没有什么特异本事，只是告诉汉武帝祭祀神的方法，结局也不知。

第一个被识破的骗子是少翁。李少君死后两年，"齐人少翁以鬼神方见上"。当时武帝宠信的王夫人死了，这个少翁不知用了一个什么方法让武帝在帷帐中可以看到王夫人。于是汉武帝封其为文成将军。但是一年后，他的方术越来越不灵验了，便让牛吃了写了字的帛书，然后告诉武帝，说此牛腹中有奇异。武帝杀牛后果得书。但此人作假术太低级，汉武帝认得这是他的笔迹，于是少翁成了第一个被杀的方士。

过了大约五年，乐成侯向武帝推荐了一个叫栾大的方士。这个栾大也是胶东人，和少翁是同学。在这个骗局中，栾大是被动的，是乐成侯的姐姐康后想自媚于上而推荐的。栾大"为人长美"，正当武帝后悔把少翁杀得太早，未能尽得其方之时，栾大的出现让武帝十分高兴。此人比李少君更敢吹，更会吹，"言多方略，而敢为大方处之不疑"：

"臣尝往来海中，见安期、羡门之属……臣之师曰：'黄金可成，而河决可塞，不死之药可得，仙人可致也。'""然臣恐效文成（少翁），则方士皆掩口，恶敢言方哉。"

意思是他见神仙就好比见自己家里人一样随便。但他又怕成为第二个少翁。为了安抚栾大，武帝故意骗他，说少翁是吃马肝中毒死的。栾大使出方士们欲擒故纵之计，对武帝说：

"臣师非有求于人，人者求之。陛下必欲致之，则贵其使者，今有亲属，以客礼待之，勿卑，使各佩其信印，乃可使通言于神人。神人尚肯耶否耶，致尊其使，然后可致也。"

意思是他的老师从不求人，皇帝要招来他，当"贵其使者"，这个使者当然就是栾大本人，这是典型的摆谱，并且略现小技，于是武帝当即拜他为五利将军，一个月后，又把天士将军、地士将军、大通将军、天道将军四颗金印送给他。赐其为乐通侯、二千户，还将卫成公主许配给栾大，赍金万斤，不仅亲临其府第，还不断派出慰问、送礼物的使者。又自称"天道将军"，许栾大不臣。

於是五利常夜祠其家，欲以下神。神未至而百鬼集矣，然颇能使之。

其后装治行，东入海，求其师云。大见数月，佩六印，贵震天下，而海上燕齐之间，莫不搤捥而自言有禁方，能神仙矣。

44 岁的汉武帝为了见仙人如此手笔宽博，也索性任性了。然而，尽管栾大夜夜施法，结果却是神未至而百鬼来。栾大知道骗术迟早露馅，便治装东行，借口亲自入海求见师傅去了。

栾大一夜富贵，天下震动，惹得燕齐一带的人都说自己有禁方，能通神仙了。

栾大去后，另一个大忽悠公孙卿又出现在武帝身边。借着这一年汾阴掘出古鼎一只，公孙卿给武帝讲了一则黄帝成仙登天的故事：

"黄帝采首山铜，铸鼎于荆山下。鼎既成，有龙垂胡髯下迎黄帝。黄帝上骑，群臣后宫从上者七十余人，龙乃上去。余小臣不得上，乃悉持龙须，龙须拔，堕，堕黄帝之弓。百姓仰望黄帝既上天，乃抱其弓与胡髯号，故后世因名其处曰鼎湖，其弓曰乌号。"

虽然屡次上当，但汉武帝对公孙卿所言依然深信不疑，他说："我如能像黄帝那样成仙，我视离开妻儿如脱鞋耳。"于是他拜公孙卿为郎，让他去太室山为自己候仙，自己则着手封禅的准备。汉武帝在这方面的智商大有问题。

公孙卿这个"大忽悠"胆子比谁都大，陷汉武帝于其中的时间最长、声势最大。这年冬天，公孙卿声称自己在河南的糇氏城上发现了仙人的踪迹，武帝兴冲冲地赶到那里欲一见"仙人迹"，却是一场空欢喜，失望之余，恨恨不休，欲问罪公孙卿，谁知公孙卿不慌不忙地回答："仙人对人主没什么求的，是人主有求于他。若非宽以时日，仙人不会来。"这种与栾大如出一辙的解释竟然令武帝心悦诚服，下令郡国修路，各名山修造宫观，随时准备迎接神仙降临。这种倾国式的求仙运动在公孙卿的蛊惑下，一时蔚为大观。

武帝46岁那年冬天，先是到桥山黄帝冢祭祀黄帝。第二年三月登太室山，据说从官在山下听到有叫"万岁"的，而且很诡异："问上，上不言；问下，下不言。"下山后直奔东海，山东百姓也都如痴如狂，"上疏言神怪奇方者以万数"。尽管"无验者"，武帝还是不断增加船只，命令自称见到过海上神山的几千人，出海去求蓬莱仙人。公孙卿则拿着皇帝的符节，带领大批随从，在一些名山候仙。他走到东莱的时候，又声称"夜见大人，长数丈，就之则不见，见其迹甚大，类禽兽云"。武帝又兴冲冲地赶到东莱，亲自观看那巨大的足迹。不知是巧合还是迎合，他手下的大臣们也说：他们见到一老人牵着一条狗，说了声"吾欲见巨公"就不见了人影。武帝断定此人即是仙人，就在那里住下，同时让方士们乘皇家传车四处去找。

见不到神仙，汉武帝只好去封禅泰山。在方士们的怂恿下，他"欣然庶几遇之，乃复东至海上望，冀遇蓬莱焉"。一场荒诞无稽的求仙运动就这样一本正经地进行着。

元封二年，汉武帝54岁了，公孙卿又提出了新的结论："仙人好楼居。"好端端的海上仙人如何改变了生活方式？武帝来不及问究竟，便在长安、甘泉山一带大造高楼，如"蜚廉桂观""益延寿观""通天台"，随时等待仙人的降临。

汉武帝还命人扩建建章宫，"度为千门万户"。建章宫比阿房宫有过之而无不及，不仅四面皆建有宫观楼台，还有虎圈、大池，大池名太液池，池中建有"蓬莱、方丈、瀛洲"等神山，建章宫的"神明台""井干楼"高五十余丈，与其他楼观皆车道相属。

在大兴土木的同时，武帝又三次亲赴万里之外的东海边，但都毫无结果。《史记·封禅书》云："方士之候祠神人，入海求蓬莱，终无有验。

而公孙卿之候神者，犹以大人迹为解，无其效。天子益怠厌方士之怪迂语矣，然终羁縻弗绝，冀遇其真。自此之后，方士言祠神者弥众，然其效可睹矣。"

汉武帝求仙之祸

尽管武帝对这种长途奔波和方士的怪迂之谈有点厌倦了，但他还是心存希望：明明"其效可睹"，还是"冀遇其真"。武帝信方士求神仙所导致的社会后果也开始显现：言祠神者弥众。整个社会风气都是谈神说仙，至于正常的生产活动如何，可想而知。据不完全统计，向汉武帝上书兜售成仙秘方的就有上万人。汉武帝屡上其当，但上当成了习惯，倒也不在乎了。

司马迁囿于当朝天子的面子，未对武帝求仙之举做任何褒贬，却大赞汉文帝："汉兴，至孝文四十有余载，德至盛也。"意思是汉兴之德到孝文帝已达最高，其意不言而喻。而《汉书》则完全没有顾忌地指出，武帝为求神仙长生，导致"竭民财力，奢泰无度""天下虚耗，百姓流离，物故（死去）者半"的后果。

在这种堂皇的求仙活动的背后，一股巫蛊之风则在宫廷内部及周围悄然刮起。如果说汉武帝的求仙活动是一场私欲膨胀的公开闹剧，那么，汉初的巫蛊之风则更是一场场刀光剑影的血腥活剧，二者互为表里。汉代流行的巫蛊，是将桐木削制成仇人的形象，然后在桐木人上插刺铁针，埋入地下，用恶语诅咒，使对方罹祸。相传，被施巫蛊术的人会产生感应性伤害。汉武帝自己公开求仙，却严厉打击地下巫蛊之风，将军公孙敖就在太始元年"坐妻为巫蛊"被腰斩。此后从元光五年（公元前130年）陈皇后阿娇被废至征和三年（公元前90年）丞相刘屈氂被杀，前后持续长达40年之久，坐巫蛊案被杀者十万余人。其中重大案件就有公孙贺父子案、皇太子巫蛊冤案等。特别是征和二年皇太子一案，有数万人被杀，受株连者包括皇后、公主、丞相、将军等皇亲国戚和达官贵人。

潜伏地下的巫蛊之风与汉武帝毕生所从事的两件大事关系甚大，一是向西用兵征伐匈奴，二是向东求仙海上。这样一面兵连不解，一面寻求虚无，大肆折腾，导致社会矛盾日益尖锐，进而为了加强对百官的控制，不惜采取残暴手段。终汉武帝一世，共有丞相13人，被逼自杀、狱死、腰斩者就有六人，其他人也大都没能寿终正寝，甚至公孙贺被任命为第11任丞相时，都不敢接受丞相印，无奈之中他竟然发出"我从此性命难保矣"之叹。

汉宣帝本始元年五月，群臣商议为武帝立庙乐，长信少府夏侯胜坚决反对："武帝虽有攘四夷、广土境之功，然多杀士众，竭民财力，奢泰无度，天下虚耗，百姓流离，物故者半，蝗虫大起，赤地数千里，或人民相食，畜积至今未复；无德泽于民，不宜为立庙乐。"要知道，此时离武帝之死不过数年，如果不是事实，夏侯胜岂敢在大庭广众如此公开指责先帝？而且面对这一批评，群臣无有一言辩驳。

汉武帝为何深陷于求仙

那么，汉武帝为何深陷其中而不能自拔呢？这就要归诸汉初的思想文化。汉兴，受秦二世而亡的刺激，统治者采信黄老之术。所谓黄老之术即指混合了道家与阴阳方士学说的一种杂学。黄帝在秦汉方士那里就是一位合上帝与神仙为一体的神灵，方士言"封禅七十二王，唯黄帝得上泰山封"。不仅汉初统治者，就连司马谈、欧阳相如、东方朔等人都相信封禅之说，或许他们鉴于秦亡之速，大有忧死叹寿之警，冀望通过神仙方术来获得长生。正是这样一种潜在的心理影响到整个社会。因此，表面上统治者奉行清静无为，其实都没少在鬼神仙界上折腾。这根子上是找不到出路的精神苦闷与纠结。

值得指出的是，无论是秦皇还是汉武所崇拜的这些江湖术士，本身都没有机会直通天听，大都是由皇帝身边的权臣向其推荐的，一来，这些"大师"们在江湖的传说十分久远，二来，这些荐主大都抱着讨好帝王之心。他们有着一种共生关系，支撑他们心理的只有两点，一是思想混乱，二是贪婪权势。

前有"不问苍生问鬼神"的汉文帝，后有一生只做两件事的汉武帝，都是这种思想文化的产物。武帝虽然独尊儒术，其实他受黄老思想熏陶得更深。他所尊的儒，大多和秦始皇所坑的儒都是一类，那就是齐燕方士，整个西汉，那些真正学贯五经的儒者没有市场。而黄老所谓的自然、清净无为不过是海上仙人的生活想象，正如顾颉刚所言"仙人的生活是逍遥出世，只求自己的不死，不愿（或不能）分惠与世间人"。因此武帝独钟情于黄老的奇幻。他17岁登基，"尤敬鬼神之祀"。如果说秦始皇所求的仙药是海上仙人原生态的，而汉武帝所求的不死之药，则完全是人造的。有汉一代人的思想主干，是阴阳五行。在宗教上、政治上、学术上，没有不用这套方式的。

征和四年，汉武帝受"吏民以巫蛊相告言者，案验多不实"以及太子冤案的刺激，终于醒悟："向时愚惑，为方士所欺。天下岂有仙人，尽妖妄耳！节食服药，差可少病而已。"只可惜为时已晚。

杨修之死

　　杨修之死是《三国演义》第七十二回中的一段小故事。这篇故事由于被选入了中学教材而广为人知。杨修是个什么人？他是怎么死的呢？他的死跟我们又有什么关系？他真的死了吗？

　　先来看《三国演义》里是怎么说的：

　　（曹）操收兵于斜谷界口扎住。操屯兵日久，欲要进兵，又被马超拒守；欲收兵回，又恐被蜀兵耻笑，心中犹豫不决。适庖官进鸡汤。操见碗中有鸡肋，因而有感于怀。正沉吟间，夏侯惇入帐，禀请夜间口号。操随口曰："鸡肋！鸡肋！"惇传令众官，都称"鸡肋"。行军主簿杨修，见传"鸡肋"二字，便教随行军士，各收拾行装，准备归程。有人报知夏侯惇。惇大惊，遂请杨修至帐中问曰："公何收拾行装？"修曰："以今夜号令，便知魏王不日将退兵归也：鸡肋者，食之无肉，弃之有味。今进不能胜，退恐人笑，在此无益，不如早归：来日魏王必班师矣。故先收拾行装，免得临行慌乱。"夏侯惇曰："公真知魏王肺腑也！"遂亦收拾行装。于是寨中诸将，无不准备归计。当夜曹操心乱，不能稳睡，遂手提钢斧，绕寨私行。只见夏侯惇寨内军士，各准备行装。操大惊，急回帐召惇问其故。惇曰："主簿杨德祖先知大王欲归之意。"操唤杨修问之，修以鸡肋之意对。操大怒曰："汝怎敢造言，乱我军心！"喝刀斧手推出斩之，将首级号令于辕门外。

　　这里交代了杨修是曹操军中的一个行军主簿。

行军主簿是干什么的呢？大概就是掌管军中文书、规章的。在《三国演义》另一回里，写到曹操刚刚颁下军令，禁止人马践踏麦田，不想不一会儿，曹操自己的马受惊之后在麦田里一顿狂奔。等到勒住惊马，曹操随即唤来了行军主簿，问该当何罪。

书中没有说这个行军主簿是不是就是杨修，但杨修的工作应该和他是一样的。

杨修之死，起因就是曹操的一根鸡肋，罪名是"造言惑众，扰乱军心"。

可是，人们始终不相信杨修之死仅仅是因为"鸡肋"这件小事。相反，曹操为什么要杀杨修，杨修之死的真正原因是什么，引起了人们的广泛猜测。

综合起来，大家的说法集中在以下几个方面：

死因之一是杨修恃才傲物、锋芒毕露。

《三国演义》在说完曹操杀杨修，并号令全军外，接着以插叙的方式追叙了杨修多年来的行事（参见下表）。并认为，曹操之杀杨修，主要还是因为杨修"为人恃才放旷，数犯曹操之忌"，曹操忍无可忍才下手的。

曹操	杨修	曹操	
事件	反应	表面	内心
修园门，曹操门内题一"活"字	随即要人把门缩小	称美	忌之
题"一合酥"	一人一口酥	喜笑	恶之
梦中杀侍卫	丞相非在梦中，君乃在梦中耳	佯惊	愈恶之
二曹争世子	极力支持曹植	—	愈恶之
试二曹才干	挟父命出邺城门	—	大怒
试二曹行政能力	帮曹植作答教十条	—	大怒，有杀修之心

从上表中的一系列事件的进展情况可以看出，曹操对杨修的态度是阴一套阳一套，实则对杨修的感情变化是"忌——恶——愈恶——愈恶——大怒——有杀修之心"，直到"鸡肋事件"达到高潮。这样，一方面是杨修逞才使能，另一方面是曹操生性多疑，而且好面子，两方面相结合，就导致了杨修之死。

死因之二是曹操忌才。《三国志》和《后汉书》都认为是由于杨修锋芒毕露，遭曹操所忌。《后汉书》称杨修"好学，有俊才"，而且他是名门之后，出身弘农杨氏，其曾祖杨震，在《后汉书》中单独列传，家族中"四世太尉"，极其显赫。然杨修恃才傲物，不把任何人放在眼里，"鸡肋"事件只不过是曹操的一个借口。对此，《后汉书》中有明确的记载：

修字德祖，好学，有俊才，为丞相主簿，用事曹氏。及操自平汉中，欲因讨刘备而不得进，欲守之又难为功，护军不知进止何依。操于是出教，惟曰"鸡肋"而已。外曹莫能晓，修独曰"夫鸡肋，食之则无所得，弃之则可惜，公归计决矣"。乃令外白稍严，操于此回师。修之几决，多有此类。……如是者三，操怪其速，使廉之，知状，于此忌修。且以袁术之甥，虑为后患，遂因事杀之。

《三国演义》中有一首诗评价杨修之死是"因才误"：

聪明杨德祖，世代系簪缨。
笔下走龙蛇，胸中锦绣成。
开谈惊四座，捷对冠群英。
身死因才误，非关欲退兵。

冯梦龙在《智囊全集》中也评述道："德祖聪颖太露，为操所忌，其能免乎？"

他们都一致认为杨修之死是因为曹操嫉妒他的聪明。由此他们还得出一个结论：中国历史上有一个潜规则，就是臣子绝对不能比君王聪明，不能比君王更有才华，不能比君王更富有……历史上太聪明的人是不吃香的。能够飞黄腾达的，多是那些"外若痴直，内实狡黠"之辈。

死因之三是曹杨宿怨。所谓曹杨宿怨，是指杨修之父杨彪曾任汉献帝太尉，被曹操诬陷入狱，后经孔融申辩，方才放出，回家闲居。可见曹杨两家早有芥蒂。而且，杨修还是袁术的外甥，而袁术则是曹操的死对头，曹操生性多疑，恐其为后患。故曹操之杀杨修，差不多跟"鸡肋事件"没有多大关系。

上述解释看似合情合理，实则不然。

第一，恃才傲物、锋芒毕露固然为主所忌，但并不能成为必杀的理由。曹操身边能人异士很多，如荀彧、荀攸、贾诩等人的聪明才智绝不亚于杨修，甚至不亚于曹操，为什么他们都没事呢？就连那孔融、祢衡，还不是个个恃才傲物，锋芒毕露？孔融多次为难、讥讽曹操，祢衡更是与曹操采取不合作姿态，曹操并没有把他们都一一杀掉，他杀孔融，更主要的原因不是孔融有才，而是孔融有自己的势力。杨修固然有才，史载杨修生于公元175年，卒于公元219年，终年44岁。杨氏家族为汉名门，祖先杨喜，汉高祖时有功，封赤泉侯。曾祖杨震、高祖杨秉、祖父杨赐、父杨彪四世任司空、司徒、太尉三公之位。《后汉书》云："自震至彪，四世太尉，德业相继，与袁氏俱为东京名族。"然而，杨修毕竟不如袁氏兄弟，杨修身处乱世，父辈都已退隐，无可恃之资，只好投身于曹操。武不能征伐沙场，而文呢？又不能安邦。在那个时代，和杨修一样有着锦绣才华的青年才俊多得很，而且，比起来，杨修还远不是他们的对手。"建安七子"之中就没有杨修的一席之地。杨修虽有才名，却不能为曹操参一谋，出一计，所以终其一生也不过是一介主簿。《三国志》说是掌库主簿，大约后来曹操出征，这个掌库主簿就转为行军主簿了。

主簿是典型的文官，典领文书，办理事务，大概相当于现在的秘书长，司空、丞相府及刺史的佐官中都设有主簿。三国最著名的主簿是陈琳和路粹。汉代始置这一官职，是郡府属吏，依次是功曹、五官掾、督邮和主簿。主簿的职位不高不低，但又是在太守左右执掌文书及迎送宾客等亲近职事；史书常以郡中纲纪为功曹和主簿的代称。

可见，主簿既不是武将，史书上也没有记载杨修是个谋士，无论从哪方面来讲，杨修在曹操身边虽说是个近臣，却远不如其他谋士武将重要。这种人对曹操来说根本没有一点威胁。

第二，曹操忌才说，大约是受了《三国演义》的影响。历史上的曹操虽然多疑，但也有心胸豁达的一面。如他对待谋士荀攸，就是一例。杨修虽"博学能言，智识过人"，但充其量不过是一介手无缚鸡之力、只有"舌辩之士"之称的儒生。既然曹操为了网罗人才大搞招贤纳士，甚至都可以招降纳叛，为什么却偏偏容不得一个小小的杨修？古之成大事者，无不深知自己能力再大，本领再强，毕竟不是全能之才，他需要各种某一方面比自己强的人替他打天下，他怎么可能在天下未平之时先杀了他们呢？在一个成大事的人看来，只要才为我所用，至少不为敌人所用，就行了，不必计较是不是比我强。因此，在当时，曹操更看重的是忠于自己的才。

第三，曹杨旧怨也不成立。熟悉历史的人都知道，三国时期，海内纷争，中原逐鹿，朝秦暮楚之人和事太多太多，几乎是稀松平常，因为各为其主，而累积起来的旧怨新仇简直无法计较得过来。曹操和袁绍之争，就有许多曹操旧人争先与袁绍暗中通好，曹操知道了，一笑了之。而袁术，曹操根本没把他放在心上，区区杨修能帮他成什么大事呢？倘若曹操真有忌惮，就根本不会把他的侄儿安放在身边做一主簿，这等于提供给了袁术一个机要卧底啊，曹操能不清楚？最关键的一点就是，杨修死于建安二十四年，而袁术早就于建安四年（公元199年）死了，莫非曹操还担心杨修替乃叔报仇不成？

依我看，曹操之杀杨修，根本没有后来人们所想象得那么复杂，这只是一个很简单很自然的事。杨修之死的根本原因就在于他缺乏应有的职业道德。

如果按照《三国演义》里面的说法，杨修之死就是因为他在"鸡肋事件"中违背了一个军旅中人应有的职业道德，自作聪明，妄猜主意，擅自散布谣言，动摇军心。这样的事在当时就是一件大事，罪当斩。曹操出"鸡肋"的营中口令，就事论事来说，根本无关退兵不退兵，不就是一个口令吗？作为一个统帅，他颁布的口令既可以随口而出，又可做到让敌人摸不着规律，轮不到一个下级来说三道四。而自作聪明的杨修却节外生枝，从口令去猜测一个统帅的心思，然后断定曹操不久就会退兵。高明确实高明，然而用错了地方。

而且，"鸡肋事件"还说明了一个问题。既然你杨修揣测到主上的心思，你所要做的不是消极怠工，预先收拾铺盖准备打道回府，而应该积极帮助主上化解当前困境，帮助主上去争取战争的胜利，而杨修没有。这样的人，不仅不思如何报效老板，反而在老板陷入困境之中时帮倒忙，才有何用？

再说，一个行军主簿，既不是统帅的高参，又不是征伐的武将，你的工作职责就是做好你的分内事，而不是一门心思揣测老板的心思、意图。往小里说，这是职业道德出了问题；往大了说，任何一个老板，都无法容忍下属随意揣测自己的心思。试想，当你的身边出现一个无时无刻不在揣测你心思意图的人，你不觉得有些恐惧吗？他这样做要干啥呢？与其提防着他，不如干脆杀了他。

杨修死后，曹操给其父杨彪写了一封信。信中写道：

操自与足下同海内大义，足下不遗，以贤子见辅……今军征事大，百姓骚扰。吾制钟鼓之音，主簿宜守，而足下贤子，恃豪父之势，每不与我同怀。即欲直绳，顾颇恨恨。谓其能改，遂转宽舒。复即宥贷，将延足下尊门大累，便令刑之。

由此信可知，虽然曹操没有言明杨修是死于"鸡肋事件"，而是其对曹操钦定的"钟鼓之音"不但不遵守，而且"每不与我同怀"。但"鸡肋事件"同样表明了杨修与曹操并不同心。而且曹操虽然"谓其能改"，多次予以宽恕，但杨修却屡教不改、不可救药，那么就只好"令刑之"了。

由此可见，问题就出在杨修的职业道德上面。杨修本身就是一根鸡肋，成了曹操心目中的鸡肋。此前他不杀杨修，正出于其爱才之心，年轻人犯点错误可以原谅，"谓其能改"，还是寄希望他能有所改正。

说起来，曹操爱杨修之才与恨杨修之不成器是一枚硬币的两面，园门内题"活"字，杨修猜中，曹操"美之"，应该是出于真心，说明杨修机智；点心上题字，被杨修等人分吃，曹操"喜笑"，应该也是真意；由曹操的这些举动来看，曹操也不是个刻板之人，可能也爱幽默，故而对杨修也有一种善意。而曹操之"恶"杨修，同样是真心。为什么？曹操何许人也？一个有澄清海内之志，而且敢作敢为之人，他的行事风格绝不允许那种没有十分把握的"猜测"，猜得不好，不仅断送大好局势，弄得不好，一不小心就把自己的老命搭进去了。而杨修，偏偏用功不在脚踏实地上，偏偏爱好"猜谜"。看来，杨修适合去做赌徒。

杨修不顾"疏不间亲"的古训，掺和二曹世子之争，显然也是出于赌徒心态。《左传》中说，"疏间亲"乃是"六逆"之一，杨修不可能不知道。

杨修还不顾上下级关系，擅自泄露曹操的核心机密。曹操梦中好杀人，有一次在梦中杀了身边一近侍。杨修这个时候说了一句犯大忌的话："丞相不在梦中，君乃在梦中耳。"这种话等于揭穿了曹操虚伪的真相，但问题是你杨修有何证据？这个时候的曹操完全可以杀了杨修。这等于是你诬陷我在先啊。

所以说，在曹操看来，杨修就是一根鸡肋，杀之可惜，不杀则无可救药。他最不能容忍的是，任杨修这样一种一意揣测老板心思的风气在自己的军中蔓延，后果不堪设想。而历史上的曹操既不喜欢奉承吹捧之辈，又是一个赏罚分明的人。

前面讲到，曹操坐骑受惊，马踏麦田，可他还是叫来行军主簿，拟议自己践麦之罪。主簿曰："丞相岂可议罪？"曹操道："我自己制定的法规，如果我自己去触犯，何以服众？"在众人劝说下，才以割发代首象征性地处罚了自己。对待杨修这样一根鸡肋，曹操可不能再象征地惩罚一下了之。曹操之杀杨修，完全是有法可依的；杨修之死，则完完全全是因为他的职业道德出了问题。

杨修死了，但他留给我们的思考和教训却是深刻的。

作为一个主簿，杨修不会知法犯法；作为一个聪明才俊，他也不会去碰触法律这根红线。但是，他最终还是死在法律上面。不管是因"鸡肋事件"而死，还是因为拒绝执行曹操的钟鼓之音而死，杨修之死一点也不冤枉。

世上类似杨修的聪明人太多，而类似杨修这种死法的也大有人在。而生活中，这种人往往还在自鸣得意，我大错不犯，小错不断，你奈我何？我一不犯法，二不求升官发财，其奈我何？

俗话说，心态决定一切。杨修正是出于一种赌徒心态，才在遵守职业道德方面犯下了致命的错误。

那么，杨修的赌徒心态又是如何形成的呢？

应该说，杨修的赌徒心态与他的出身有关。在今天的社会，我们本不当以出身论人，然而，家庭出身对于一个人的人生又实在关系重大。杨修出身于四世四公，比起河北四世三公的袁绍来说，家族背景更好。正因为这样，杨修才养成了"挟豪父之势"（曹操语），不遵训令，恣意而为的习性。

历史上虽然没有说杨修有多大的志向，然而，从他不顾祖训，掺和二曹世子之争这一事来看，杨修显然是希望通过助曹植夺得世子之位，从而为自己谋得更高的政治地位。在二曹之中，必有一个成为未来的魏王，那么选谁做赌注呢？杨修没得选，曹丕其人，显然是不屑于杨修的。杨修也不大可能与他合得来，或许是从内心里还瞧不起曹丕。而曹植不仅与之性情相投，而且忠厚善良，最关键的一条是，杨修凭自己多年在曹操身边的工作经验，"猜中"了曹操更爱曹植的心思。

然而，赌徒的心态是注定了他只盯着眼前，而忽视了此一时彼一时，局势是随时在发生变化的。

在这之前，杨修就学会了"猜谜"的本事，并且他猜的本事很高，十猜九中，这加剧了他的赌徒心理。此后，终其一生，杨修留给我们的印象就是善猜。最成功的杰作便是给曹植的答教十条，他竟然能把曹操会问的问题都猜得那么准确、清楚，可以想见，他在这方面所花的精力之多和功夫之深。这种功夫可能前无古人后无来者。

这就是一种典型的投机心理、赌徒心态。

这种心态，在二曹世子之争中，以曹植的失败而发生质变。曹植最后未能胜出，这无疑对杨修是一个致命的打击。但他侥幸逃过了株连，仍然做着原来的官。而在内心里，这位赌徒也许就此灰心了。人生中最大的一次赌博失败了，杨修也深知此生也就差不多了。因此，死前，杨修说了这样一句话：

我固自以死之晚也。(《三国志》裴松之注）

这表明，杨修早知自己会有这么一天的。在此之前他就做好了打算。什么打算？就是任其自然，我行我素，烂船当作烂船划。

有人把这归诸杨修的性格缺陷，我不认同。这恰恰是一个赌徒失败后的通常反应。

正是这种赌徒心态扭曲了一个青年才俊的正常心理。到了建安二十四年，也就是曹操死之前的一百多天，杨修走完了他短暂的一生。

赌徒心理归根到底也是一种职业心理。什么样的职业心态塑造什么样的职业形象。心理学上有一个有名的皮格马利翁效应。

皮格马利翁是古希腊神话中的塞浦路斯国王，他性情孤僻，但擅长雕刻。他用象牙雕刻了一座美女像并天天与雕像相伴，雕像为其感动，从架子上走下来，变成了真人。

后来，心理学家把这种精诚所至、金石为开的做法，称之为皮格马利翁效应。

一个人要养成积极的职业道德，就应该表达一种积极的期望，它能促使人们向好的方向发展；反之，消极的期望则使人向坏的方向发展。

什么是道德？道内在于心，德外化于行，这就是对道德的最好解释。

杨修缺乏的正是这样一种积极的职业期望，换句话说，作为一个职场中人，他不是想通过自己的努力，脚踏实地地做事，把自己的聪明才智用在正当途径上，从而达到事业的高峰，而恰恰是想通过一种投机的手段，试图寻找到一条别人找不到的终南捷径，最后聪明反被聪明误，害了卿卿性命。

他所犯的错误都集中体现在他的职业道德方面。具体说来就是：不懂得保护职业秘密；自作聪明，而又不考虑团体利益；目中无人，对抗领导；胸襟狭隘，只着眼于利益，缺乏更高的事业心；有才而不知慎使，爱耍小聪明。

蜀汉灭亡后吴国为何变成纸牌屋

三国历史上，最精彩的部分往往在魏与蜀汉，读者记得东吴，大多止于赤壁之战和关羽之亡。因此，各种版本的电视剧《三国演义》也往往止于蜀汉灭亡。问题是，蜀汉灭亡 17 年，东吴才最终灭亡，这让后来的史家颇费思量。

这 17 年里，东吴都做了些什么？或者说，蜀汉灭亡后，东吴有什么样的反应？

三国鼎立中，吴蜀本为盟国，唇齿相依。但是，当魏伐蜀的消息传到江东之后，孙吴的反应很奇葩。《资治通鉴》中记载，"吴闻蜀败，遣将军盛宪西上，外托救援，内欲袭宪"，宪即蜀汉巴东太守罗宪。

东吴在盟国兵败之时，想到的并不是相助，而是想趁火打劫，"有兼蜀之志"，幸得罗宪保城缮甲，厉以节义，愤激兵士，凭二千人固守巴东，吴兵不得西过，被罗宪大败。吴主孙休怒派大将陆抗帅兵三万，加强攻势，罗宪被攻六月，救援不至，正准备与城共存亡之际，晋王派兵救宪，吴师乃退。

魏灭蜀，出动了 16 万大军，其中钟会领 10 万，邓艾领 3 万，诸葛绪领 3 万（《资治通鉴》卷 78）；而蜀国全国兵力只有 10.2 万人（《资治通鉴》卷 78），其中一半兵力在各地驻防，集中到汉中前线防御的只有 5 万人。

晋灭吴，出动了大军 20 余万人，由王浚、杜预、王浑等人率领（《资治通鉴》卷 81）；而吴国全国兵力只有 23 万人（《三国志》卷 48《孙皓传》注引《晋阳秋》），其中一半以上在各地驻防，集中在荆州、江淮前线防御的不足十万人。

孙吴灭亡时有"州四，郡四十三，县三百一十三，户五十二万三千，吏三万二千，兵二十三万，男女口二百三十万"。从军事装备上来看，即便到吴亡时，仍有米谷二百八十万斛、舟船五千余艘。

对于吴国灭亡的原因，吴人丹杨太守沈莹有过解释：吴国"上流诸军，素无戒备，名将皆死，幼少当任"。幼少当任，并非国家灭亡的必备条件，历史上有过很多幼主。名将皆死，更非充分条件，虽然孙吴名将如施绩死于 270 年，丁奉死于 271 年，陆抗死于 274 年，几年之间确实名将丧尽，但关键原因不在这里，而在于后继乏人。

蜀汉灭亡时，魏国之所以没有乘势攻打吴国，原因有三：

一是蜀汉灭亡之快，出乎魏国的意料，若不是邓艾行险，魏能否灭蜀尚不可知，说到底，魏国上下都没有做好心理准备。

二是匆促灭蜀后，魏国内部出现危机。且不说晋代魏之初，各种矛盾交织，单单刚刚被征服的蜀中，就因其固有的社会矛盾，需要北方花很大精力来稳固。所谓魏军"大举之后，将士疲劳，不可使用"，只是一种表象。

况且，从泰始六年开始，秃发树机能在西北边疆起兵，很快就出现了"六月戊午，秦州刺史胡烈击叛虏于万斛堆，力战死之"的糟糕情况，此后长达十年的时间里，由于树机能军队的勇猛，加之晋军战斗力的低下，晋军"比年屡败"，树机能之乱日益成为晋武帝的心腹大患，"每虑斯难，忘寝与食"，而晋武帝更是明确表示其威胁"虽复吴蜀之寇，未尝至此"。

北部边境还有匈奴与鲜卑的动乱。数处连年的动乱，对于晋廷的打击极大，使得晋武帝甚至不得不任用贾充、卫瓘这样的近臣、宠臣去出镇边疆，期间竟有三位刺史先后战死。

三是东吴的实力不容小觑。吴永安六年（263 年）五月，由于吴交州刺史孙谞的贪暴，郡吏吕兴杀之投降司马氏，从这时起，晋吴就交州，主要是交趾地区的归属问题上展开了长达八年的争夺。期间，晋军从南中派兵，曾一度获胜，占据优势，但最终为吴将陶璜等人所败，吴军"禽杀晋所置守将，九真、日南皆还属"。272 年九月，吴西陵督步阐据城降晋，围绕着救阐与攻阐之间，晋吴双方交锋激烈。晋军以羊祜、杨肇、徐胤分别从江陵、西陵、建平三个方向援救步阐，从地理位置来看，陆抗至少面临着西、北两个方向的压力，腹背受敌，陆抗在安排留虑、朱琬抵御徐胤的同时，亲率大军对抗杨肇，就在两军对垒时，吴将朱乔、俞赞还投降了杨肇。即便是面对这样有利的局面，晋军仍旧未能击败吴军，救回步阐，反而被陆抗杀得"大破败"，"伤死者相属"，最终步阐城破身亡，羊祜等将领被晋武帝贬官处理。步阐所处的西陵，可以说是长江三峡的东峡口，地理位置极其重要，若晋军得了此地，则可作为顺流东下进攻吴国的跳板和基地，防止出现军队被扼在三峡之内，不得施展的局面，甚至可以就势东下，对吴国形成致命打击。这一地区，对于晋吴双方来说都极为关键。可以说，双方都是全力相搏，而晋败吴胜的结果，充分体现了晋军在此时此地，并没有明显优势，只是与吴军形成对峙的均势局面。

有人或以为三国变成两国后，东吴便无法与中原对抗，显然不合事实，甚至多年后，晋帝打算伐吴时，以贾充、荀勖、冯紞为首，对于羊祜、张华、王濬等人的伐吴主张百般阻挠。

但是，从 263 年魏灭蜀，到 280 年东吴最终还是为晋所灭。这里有长达 17 年的时间，东吴既未能以时间换空间，也未能以空间换时间，相反，形成"上流诸军，素无戒备"的态势，步了蜀汉后尘。

原因就在于蜀汉灭亡前，东吴尚能振作精神；蜀汉灭亡后，东吴变成了一个纸牌屋。

孙权当政时期，东吴先后有周瑜、鲁肃、吕蒙、陆逊等人辅佐。这四人雄才大略，人称"东吴四英才"。孙权及此四人亡后，吴国先后由诸葛恪、孙峻、孙綝相继专权，这三人争权夺利，杀戮异己，致使朝政混乱。

元兴元年（264年），孙休病死。此时蜀汉刚亡，交趾也叛吴降魏，东吴群臣欲立一年长的君主。在左典军万彧的建议下，丞相濮阳兴、左将军张布推荐孙和的长子孙皓即位。

孙皓即位之初，一度行仁政，恤国民，开仓振贫，减省宫女，放生宫内珍禽异兽，被誉为令主。

但奇怪的是，在国家刚刚有起色的情况下，孙皓却变得横征暴敛，穷奢极欲，残暴不仁，任奸虐贤，导致政治败坏，民怨不绝，臣民有朝不保夕之感，国家有险象环生之叹。

当晋国大举进攻时，吴国竟无一个善战之将，将士也不愿拼命御敌。江东自古多才俊，是什么原因导致东吴后继无人，诸军素无戒备？原因只有一个，那就是东吴丞相张悌所言的"吴之将亡，贤愚皆知，非今日也"。

其实一点也不奇怪，吴主孙皓的转变，丞相张悌所叹，其实道出了东吴举国上下潜伏已久的一个宿命般的预感：这个国家没有多长时间了，仅靠长江天险是没有用的。换言之，就在蜀汉灭亡的那一刻，东吴上下都知道自己行将不保，吴国虽然暂时保有国土，但吴国上下的心志早随着蜀汉的灭亡而消亡殆尽。东吴君臣大多变成了行尸走肉，东吴政权变成了一座纸牌屋。可以说，人人都在等待那一天的到来，只争时间长与短罢了。

穷折腾是一个国家灭亡的征兆。以吴主孙皓为例，泰始元年，杀五官中郎将徐绍、景皇后及其二子；迁都武昌，次年又迁回建业；二年，无故杀散骑常侍王蕃，将其头当作球踢；信巫觋，充二千石大臣女子入后宫千数；三年，作昭明宫，令二千石以下百官入山伐木，穷极伎巧；信用小人何定、岑昏等人，痛恨直臣陆凯、楼玄；七年，信巫觋之言大举出兵，载后宫数千人相随，兵士冻死者多，发出"若遇敌，便倒戈"的恨言；吴主每宴群臣，咸令沉醉，并安排黄门郎十人担任司过，奏其阙失，大者加刑戮，小者录为罪，或剥人面，或凿人眼。

舆论黑白颠倒，朝中大臣并非没有忠直之臣，如楼玄奉法切直，被大臣诬陷而被诛杀；吴主忌胜己者，侍中张尚因辩才好而被诛杀。咸宁二年（276年），会稽太守车浚公清有政绩，却因旱饥求赈贷而被视为"收私恩"，遭枭首；尚书熊睦"微有所谏"，被刀镮撞杀之，体无完肤。

民间亦然，如羊祜所言，蜀汉灭亡之时，天下都认为"吴当并亡"，吴国上下深知"存亡自有大数"，吴俗竟尚奢侈。晋大军一动，吴人望旗而降。

如此种种，皆不过是一个政权垂死的疯狂。更令人惊叹的是，吴主孙皓投降后毫不愧怍。晋武帝、贾充和孙皓有过一段对话：

司马炎说：朕设此座以待卿久矣。

孙皓对答：臣于南方，亦设此座以待陛下。

贾充说：闻君在南方凿人目，剥人面皮，此何等刑也？

孙皓答：人臣有弑其君及奸回不忠者，则加此刑耳。

此段对话，后人常引之与刘禅相比，以为孙皓胜于刘禅，却不知孙皓之无耻远胜刘禅。

三国史的一种解释：从月旦评到九品官人法

三国鼎立数十年，最终结果是以曹魏胜出收官，对于这个结果历史学家有过许多研究，其中不乏正愍之高论。然而，有一个关键因素却常常被忽视，那就是人才因素。众所周知，蜀汉从诸葛亮去世后，人才陷于困境，所谓"蜀中无大将，廖化充先锋"；东吴的情况也差不多。唯独曹魏人才不断，或许有人说，这是因为曹魏位居中原，优势明显，人心所向。人才真的倾向于地理因素吗？我想结论不言自明。

说到魏晋人才优势，关键原因并不在中原地理优势，而是与魏晋的人才政策关系重大。简单地说，就是三国归晋，是因为魏晋经历了一场从月旦评到九品官人法的变革。

国家的盛衰取决于人才，东汉选拔官员的方式主要是征辟和察举。征辟是由皇帝、中央内阁和各级官府发现和委任人才，是自上而下的方式；察举则是地方州郡通过对人才的考察评议，自下而上地举荐人才。东汉盛行的孝廉、茂才、贤良方正等都是察举考评的主要科目。察举又称"乡举里选"，士人依赖乡里社会的舆论评价得以被选举做官。东汉能传近二百年，有赖于这两种方式并用。到了东汉中后期，外戚和宦官轮流专政，内忧外患交并。乡间评议被他们视若无物，"贸易选举"、任人唯亲，庸俗无才之辈充斥朝堂。士人不甘心向上流动的途径被堵塞，便挺身而出，发动舆论抗争，他们臧否人物，抨击朝政，逐渐形成一种"群体性自觉"。其中一支以在朝的李膺、陈蕃等名士官僚为领袖，太学生为骨干，"品核公卿，裁量执政"；一支在野的以许氏兄弟为代表，他们评论人物才干和德行风貌，"激扬名声，互相题拂"。这些名士逐渐成为舆论的代言人。原本被权宦鄙弃的察举反而被这些人的舆论所代替，他们的品鉴评论可以左右朝廷和地方政府选官，"所称如龙之升，所贬如坠于渊"。

颍川陈寔就是这样的名士兼人才品鉴家，时人云"宁为刑罚所加，不为陈君所短"。李膺被公认为天下道德楷模，士人如果被他接见，犹如"登龙门"。范滂曾任掌管人事的功曹，敢于抵制其上司太守的人事安排；太原介休的郭泰，出身寒微，"天子不得臣，诸侯不得友"，为当时最优秀的人物品鉴家。但在党锢之祸中，李膺、陈寔、范滂皆下狱受刑，陈蕃被免官，郭泰哀痛而死。

郭泰之后，汝南郡的许靖和许劭两兄弟每月初一品评人物，褒贬时政，史称"月旦评"，成为最具影响的人物品评现象。许劭品评人物毫不留情，冷峻客观。如他评当时的士人领袖陈寔和陈蕃："太丘道广，广则难周；仲举性峻，峻则少通。"寥寥数语便抓住了两人的性格特点，直陈其局限，轰动一时，为士人所推崇，"月旦评"风靡全国。

曹操年轻时出身不好、品行不佳，"不治行业，好飞鹰走狗，游荡无度"。想入仕途的曹操，极力扭转负面形象。他起初借助太尉桥玄，桥玄对他的评语是："天下将乱，非命世之才不能济也，能安之者，其在君乎？"桥玄认为自己名望不够，建议曹操请托许邵在主持"月旦评"时能为他美言。

然而，尽管曹操多次"卑辞厚礼""求为己目"，但许劭却鄙视曹操，不欲应对，在曹操威胁之下，不得已给出了著名的十字评价："清平之奸贼，乱世之英雄。"曹操大喜而去，不久他便被举为"孝廉"，入首都洛阳做官。

这其实也为曹操后来用人改革"唯才是举"埋下了伏笔。

三国分立之后，有一统天下之志的曹操能够奠定最终使曹魏代汉自立的基石，其关键就在于人才，这背后有三个方面的原因：

一是曹操看到了"月旦评"的局限所在

许劭品鉴人物的特色主要是"善善恶恶"，意在惩恶扬善、清浊两分。一如诸葛亮所说"许劭长于明臧否，不可以养人物"，许劭的特点是褒贬分明，缺点是不会育人。

东汉末年虽是乱世，却是一个重忠义名节、讲道德风化的社会。宋代名臣司马光这样评价道："自三代既亡，风化之美，未有若东汉之盛者也。及孝和以降，贵戚擅权，嬖幸用事，赏罚无章，贿赂公行，贤愚浑肴，是非颠倒，可谓乱矣。然犹绵绵不至于亡者，上则有公卿、大夫袁安、杨震、李固、杜乔、陈蕃、李膺之徒面引廷争，用公义以扶其危，下则有布衣之士符融、郭泰、范滂、许劭之流，立私论以救其败。是以政治虽浊而风俗不衰，至有触冒斧钺，僵仆于前，而忠义奋发，继起于后，随踵就戮，视死如归。"

许劭月旦评对这股风气无疑有着重要的促进作用。同郡袁绍，公族豪侠，四世三公，牛人吧？他辞去濮阳令回乡，随行的奔驰宝马和从者一大帮，然而，当他将要进入汝南郡界时，便对这些随从宾客说：我这么一个阵势怎么可以让许劭看见呢？于是将他们都打发走后，"单车归家"。

然而，物极必反，这也导致东汉至三国时以"名"取士的风气，社会上过度崇尚名节，士人脱离正常的价值规范，有的甚至故作偏激、矫饰之举，如陈蕃就曾揭发青州人赵宣的父母死后，他在墓道里守丧二十多年，以此闻名天下，然而赵宣却在墓道里生了五个儿女。董昭也上表要求严厉制裁青年浮华之徒。魏明帝严办"浮华"案，将何晏、夏侯玄和邓飏等15人免官。魏明帝死后，曹爽辅政，太和浮华案中被免职的名士几乎全部复职升官，司马懿韬光养晦，发动高平陵政变，一举消灭曹爽势力，何晏、邓飏、夏侯玄等人先后被夷灭三族。

二是曹操不甘心人才识拔的权力掌握于他人之手

梅陶指出："月旦，私法也。"然而，"私法"何以能左右公廷？其原因就在于许劭背后的家族势力。许氏家族也属于名门公族。曹操两次招募许靖，但他秉持汉室正统，一再拒绝。201年前后，许靖被益州牧刘璋征召入蜀，继续"爱乐人物，清谈不倦，诱纳后进"。

曹操一方面自身也依赖于一些家族势力而崛起，另一方面也担心受制于这些家族势力。

在当时"匹夫抗愤，处士横议"的时期，不少名士都很瞧不起曹操，他们所凭的无非是家族或名望。战乱中，曹操政权必须依靠地方名士，但同时曹氏政权也有意识压抑以清议名士为代表的地方豪族势力，如曹操杀孔融就是一例。

孔融是名士，背后又是孔门这座大靠山。曹操挟天子以令诸侯后，孔融结交宾客朋党，任意褒贬时政，性格张扬，讥讽曹操，拥护汉室，反对曹氏篡权，引起曹操不满。平定冀州，权力稳固之后，曹操下令"整齐风俗"，破除朋党、惩治"浮华交会"之徒，加强对言论结社的控制，主要就是针对孔融这类人。208年曹操以其"招合徒众""欲图不轨""谤讪朝廷""不遵朝仪"等罪名将其杀掉。许劭也是在这种大背景下避祸广陵而居豫章，并死于斯。

曹操整齐风俗，破除浮华的做法，延续到曹丕代汉之后，特别是九品中正制，其实质就是用中正官取代"私法"控制舆论。九品中正制仍是延续了"月旦评"这种少数人掌握人才品鉴之权威的发展趋势，只不过是变私议为公法，重新树立起中央权威，令政府掌握舆论和人才识拔的主动权。以"九品官人法"取代"月旦评"，收一箭三雕之效。

三是曹操更懂得人才对统一天下的重要性

三国归一，核心在人才归向。曹操深谙这一点。如果说上述两个原因是曹操统一进程中最担心的问题，那么，曹操于 210 年、214 年和 217 年三次颁发"求贤令"，则是他追求大一统目标的大举措。与此前用人导向不同之处，曹操强调只要有才，不仁不孝的人也可举荐。而且，他对此有着清醒的认识，提出"治平尚德行，有事赏功能"，清平治世用有德之人，乱世要解决问题需用有才能之人。这样就打破了唯名取才的传统。如荀彧推荐给曹操的顶尖谋士郭嘉，就是一个不拘小节、行为不检的人。

相比之下，蜀汉的刘备对人才的识拔与重视却远不及曹操。

刘备的人才库核心人物自始至终只有关、张、赵等少数几个人，在徐州时，好几个当世之才就和他擦肩而过，如陈群、田豫、臧霸、陈登等等。刘备对陈登的评价极高，而陈登又是最积极建议刘备接管徐州的人，但刘备却没有将他招致自己麾下。陈群后来成为曹丕重臣。田豫初从刘备，刘备对其说"恨不与君共成大事也"，但田豫后来却成为曹操手下威震北疆、大败孙权的将领；臧霸成为曹操手下名震江左的将领。再如，在荆州时，凤雏庞统，在刘备手下刚开始只做了一个县令。

不仅如此，曹操用人时不计前嫌，不论门第，不论资历，只论才干，封侯拜爵者大有人在，连投降过来的人都能得到重用，相反，刘备轻易不肯给部下封侯拜爵。如麋竺麋芳兄弟，先辈世代经商，家中仆役上万，财产丰厚，在徐州时不仅拿出钱财资助刘备，还把妹妹嫁给他，送给他两千家丁，刘备方才东山再起。入主蜀中后，麋竺担任安汉将军，位置虽在诸葛亮之前，却并没什么权力。至于麋芳，对刘备忠心耿耿，刘备被吕布击败投靠曹操时，麋芳曾被曹操上表荐为彭城相，但他最终没有接受，而是继续随刘备奔波。然而，刘备的结义兄弟关羽根本看不起他，迫使他降了东吴。其实，那时的爵位不过是一个名誉而已。刘备恐怕并非舍不得，而是不懂得人才的好处。

诸葛亮劝刘备称帝时引用过耿纯的一句话："天下英雄喁喁，冀有所望。"但刘备并没有重视。因此，自始至终，蜀汉政权对人才没有什么吸引力，就连后来的诸葛亮也招揽不到人才，唯一的一个姜维还是从曹营中施诡计得来。

东吴也好不到哪里去，其人才也基本上局限在东南一隅，到后期还纷纷投降魏晋。

220 年曹丕以魏代汉，陈群提出创立"九品中正制"（又称九品官人法）。然而，陈群却是颍川世族之后，早年就多次批评行为失德的郭嘉。因此，九品中正制创立之初，评议人物的标准是家世、道德、才能三者并重，是对曹操唯才是举的纠正，虽然并非回归老路，但也为后来司马炎代晋后官员的选拔又被世家大族所垄断，进入"上品无寒门，下品无士族"的门阀时代奠定了基础。历史似乎打了个转又回到原初，值得深思。

酷吏产生的"历史周期律"

历史上官场自有官场的规则，一般来说，八面玲珑是许多人信奉的为官之道。然而，历史上却经常一反常态地出现一些另类官员：酷吏。

酷吏进入历史视野首见于《史记·酷吏列传》。而后，《后汉书》《魏书》《北齐书》《隋书》《旧唐书》《新唐书》都专列酷吏传，对这些酷吏，时人后人谈之色变。他们中间既有公正廉洁、执法不避权贵之辈，也有嗜杀成性、草菅人命之流。通过对这些酷吏的分析，能够发现一个历史周期律，那就是往往每隔一段时间就会出现酷吏政治，循环往复，而且还给人以"盛世"出酷吏的感觉。史书上记载的那些"道不拾遗""犬不夜吠""夜不闭户"的故事，其背后往往都有一个法令严酷的官员。否则很难理解这些不可思议的现象，因为任何时代总有人会控制不住人性的自私贪欲。

西汉酷吏最盛是在武帝时期。武帝在位 54 年，宁成、周阳由、赵禹、张汤、义纵、王温舒、尹齐、杨仆、减宣、杜周，这十大酷吏，纵横朝野，杀戮无数，权倾一时。张汤甚至还发明了"腹诽"罪。东汉时酷吏最盛期是在光武帝至明帝章帝时期，《后汉书》所记载的七个酷吏如董宣、樊晔、李章、黄昌、阳球、王吉等大部分是这一时期的人。《魏书》记载北魏的酷吏于洛侯、胡泥、李洪之、高遵、张赦提、羊祉、崔暹、郦道元、谷楷等有六个是孝文帝时期人物。《北齐书》中的邸珍、宋游道、卢斐、毕义云四个酷吏也多是开国初期人。唐朝的酷吏主要产生于武周时期。

那么，"盛世"为何产酷吏？宋朝慕容修在《新唐书·酷吏传序》

中一针见血地指出:"非吏敢酷,时诱之为酷。"那么,是什么样的"时"诱使成酷?

一是盛世出强主,强主好用能臣

官场上,强势之主好用能臣,几乎是用人的一条铁律。酷吏首先是能臣,敢想敢干;其次是忠臣,敢于忠实地执行皇帝的旨意;再次,他们的产生与存在必须得到皇帝的支持,此时的皇帝一定是强势皇帝,否则仅凭一二酷吏不可能敌得过强大的利益集团。

一个有作为的皇帝,往往是"政治GDP"的追求者,自然希望治下政绩显赫,推行其政令畅通,早见功效。在官员任用上,是重德还是重才,天平无疑倾向于后者。比如清朝康乾时期,帝王还不希望出现名臣,因为名臣不一定是能臣。

酷吏以重典治政,以酷刑治人,自然见效快。盛世以求治为主,衰世以去蔽为主。酷吏正好充当了"鹰犬之任"。酷吏的治理效果见诸史载,如西汉的义纵、王温舒、严延年,东汉的樊晔和隋代的库狄士文、燕荣、赵仲卿等酷吏所任职之所盗贼屏迹、道不拾遗。不仅帝王赏识,就是百姓也称颂。

司马迁在《酷吏列传序》里写道:"昔天下之网尝密矣,然奸伪萌起,其极也,上下相遁,至于不振。当是之时,吏治若救火扬沸,非武健严酷,恶能胜其任而愉快乎?言道德者,溺其职矣。"他明确表示非酷吏无以胜任的观点。

西汉末年,著名的酷吏尹赏病重弥留之际,遗言告诫儿子:"丈夫为吏,正坐残贼免,追思其功效,则复进用矣。一坐软弱不胜任免,终身废弃无有赦时,其羞辱甚于贪污坐赃。慎毋然!"这是他作为一介酷吏的生存之道,也是他一生官场经验的总结:为官作吏,严刑峻法,即使一朝坐罪免官,其后皇上也会追思你的政绩或功效,完全可能重新起用你。相反，如果因为你软弱不能胜任而遭免官，那么就等于终身废锢，永无出头之日。这简直是看透了帝王心思，点破了用人规律。

有学者将酷吏归为法家思想的影响，或者说是儒法融合的产物，其实酷吏既不属于儒家，也不属于法家，那只是后世的归类罢了。董仲舒所谓"天道之大者，在阴阳，阳为德，阴为刑"，这种"明教化""严明分"的德治和法家严刑赏的法治融为一体的理论，出现在酷吏产生之后，不能解释酷吏产生的原因。事实上历代王朝也从来没有一个稳定的主义，汉代无论"以孝治国"还是"独尊儒术"都只是一个幌子，否则不会出现皇室子孙造反不断的现象，以及汉宣帝的直言不讳："汉家自有制度，本以霸、王、道杂之，奈何纯德教，用周政乎？"

二是"盛世"隐藏着统治基础性危机之时

盛世危机在汉武帝时表现得格外明显，经历了多年战乱之后的西汉开国君臣以休养生息的方式赢得了经济发展和国力强盛。但是一方面，制度因素导致社会财富严重分配不均，大工商业主、高利贷者人数之众，财产之多，可以左右一方经济生活，控制生产，囤积居奇，上侵下夺，不仅损害民生，而且危害国本。另一方面人口剧增，窘逼土地资源，失业者众，导致盗贼蜂起。如果说这二者还只是盛世掩盖下的国内矛盾，那么，边疆频遭匈奴骚扰则是西汉的心病。虽谈不上内外交困，但如果边疆不稳，则直接影响民心。

不过，这也恰好为雄心勃勃的汉武帝提供了解决危机的契机，一面打击豪强势力，增加政府财富，另一面打击盗贼，解决兵力，为对外用兵奠定基石，达到一石三鸟之效。

在这样的背景下，酷吏呼之即出。史书上记载西汉酷吏打击的对象主要包括：一类是豪强，说他们勾结权贵，朋比为奸，干扰吏治，"令七千石莫能制"。二类是权贵，《盐铁论》中说："贵人之家云行于涂，毂击于道，攘公法，申私利，跨山泽，擅官市"，三令五申无济于事。三类是猾民，《后汉书》云："汉承战国余烈，多豪猾之民，故临民之治，专事威断，族灭奸宄，先行后闻。"四类是盗贼，汉代几乎每个酷吏都有过缉捕盗贼的经历。五类是谋反者，如武帝时张汤惩处过淮南王、衡山王和江都王的谋反案，减宣处置过主父偃的谋反案。

这一切都充分说明当时吏治已经腐败，有司或优于文辞，无所作为，或自身卷入其中，不敢作为，否则怎么"七千石不能制"的对象，一酷吏足以制之呢？正如司马迁所说，"民倍本多巧，奸宄弄法，善人不能化，唯一切严削为能齐之"。

东汉酷吏面对的同样是赖以生存的基础性威胁，一是豪强，二是宗室。到了隋代，酷吏的惩治对象不再是豪猾、贵戚、盗贼或谋反者，大都是奸吏和犯法百姓。唐代酷吏最盛时为武则天临朝时期，武则天所面对的是一个人心不服的局势，因而，酷吏打压的主要是政治对手。索元礼、侯思止、周兴、王弘义、来俊臣等酷吏适时而出。

三是酷吏群体难以形成政治集团，对政体构不成威胁，乐为所用

酷吏大都出身底层，不属于既得利益群体。他们缺乏稳定的上升空间，只能凭能力获得上层赏识重用。又因为他们的手段不得人心，难以形成政治势力，不会对政体构成威胁。

郅都最开始只是汉文帝侍从；宁成也是从小吏干起的；赵禹有一点文才，以佐史的身份出任京都官府吏员；义纵年少时做过强盗，因其姐医术受太后赏识，经推荐才从中郎至侍从再升县令；王温舒是盗墓贼出身成为小吏；减宣初时为河东佐史，卫青买马河东见之召为大厩丞；田延年因才干被霍光招纳幕府；有"屠伯"之称的严延年，其父亲担任丞相属官，学习过一些法律而已，是从底层一级一级干出来的；尹齐初为刀笔吏；尹赏最初也是郡中小吏出身。《汉书》所列14个酷吏几乎都是如此。

汉武帝时的酷吏也不例外，如张汤因其父是长安丞，父死袭职，后帮助待罪长安的周阳侯田胜而获出头之机。杜周初为小吏，义纵任南阳太守时以他为爪牙。东汉酷吏董宣一生做过最大的官也不过是洛阳县令。樊晔初任市吏，送了一箱干粮给落难中的刘秀，而获都尉一职。阳球世代望族，因为纠集少年杀了侮辱其母亲的官员及其全家而出名，获得举孝廉。

隋代酷吏库狄士文、燕荣、崔弘度、田式、赵仲卿等恰恰都是因军功上位。唐时酷吏索元礼是"外国友人"，经薛怀义推荐入宫；来俊臣只是一个不事生产的流氓，因告密而获武则天赏识；周兴学习过律法，当过县令，但因不是科举出身，长期不获提升。

这样的人一旦做官，与那些饱读诗书的士大夫或者因战功晋爵的功臣名将相比，没有任何的优势，酷刑则是展示他们能力的最好也是唯一的手段，即所谓以小事立威，以严酷求效。一如酷吏来俊臣的"理论著作"《罗织经》中所说，"事不至大，无以惊人。案不及众，功之匪显。上以求安，下以邀宠，其冤固有，未可免也"。这些出身于底层的人对权贵豪强有一种天然的敌意，而社会上这类人实在俯拾皆是，为酷吏的产生提供了丰富的土壤。

酷吏每隔一段时期就会出现，它总伴随着权力运行异常化，如唐代武则天之后，中宗复位，韦后擅权，玄宗天宝年间李林甫擅权，酷吏就应运而生。一旦权力运行正常，酷吏就消失。包括司马迁在内的许多史学家都对酷吏表达了半是欣赏半是批判的态度，认为有些酷吏只针对权贵豪强，而且执法严明，廉洁奉公。然而，必须明白的是，酷吏的产生与存在无疑都是人治社会的产物，而且是强人政治的寄生物，政治的大一统必然要求思想的大一统，人治经验表明，经济发展遇到的问题，不是从经济上解决，却往往从思想上来解决，或从政治上解决，因此，酷吏的产生也就成为一种历史周期律。

第三辑‖

宋真宗眼里的寇准

丁谓之所以能登上佞臣榜，是因为一个人，他就是名垂青史的寇准寇大人。而其间的因缘际会，可能仅仅是因为一件小事，那就是我们非常熟悉的"溜须"事件。

关于溜须事件，史书上是这么记载的：天禧三年（1019 年），三起三落之后的寇准再度出山，取代王钦若成为宰相。也就在寇准拜相的同一天，丁谓也再次升官进入中书省成为参知政事（副宰相）。二人成为同事，关系也非常亲密。寇准曾多次向担任丞相的进士同年李沆推荐丁谓，但被李拒绝。寇准问其原因，李回答说："看他这个人啊，能使他位居人上吗？"寇准说："像丁谓这样的人，相公能始终压抑他屈居人下吗？"然而，有一天，中央召开最高国务会议，会后，身为内阁成员的寇、丁二人都参加了宴会。宴会间，寇准的胡须上沾有一些饭粒汤水，身旁的丁谓见了，起身上前替他徐徐拂去。这一举动在同事兼好友间，自是常理也合常情。可是寇准不以为谢，反而板起了脸，冷笑着说了一句让丁谓下不了台的话："参政，国之大臣，乃为官长拂须耶？"

这就是典故"溜须拍马"中"溜须"的出处。

现在想来，寇大人说这句话，无非有两种解释：一是寇大人认为丁谓身为参政，却为他人拂须，不成体统；一是寇大人装大，在地位略低于自己的同事面前充上级，意在公共场合摆谱。前者是传统的解释，我以为，结合寇大人的为人，后一种解释更切合当时的情境。假如真是不成体统的话，作为朋友，寇大人理应更低调处理，不必小题大做。

其实，说起来，丁谓也不是那种喜欢溜须拍马之辈。

丁谓听了"好友"寇准这话，顿时备感尴尬，从此记恨上了寇准。在后来的权力斗争中，最终将寇准击败，把他赶到雷州。

那么，为什么丁谓会上佞臣榜，而寇准却上了忠臣榜呢？

先来看丁谓这个人吧。

丁谓的遗憾也许就是现代人的遗憾，现代人的遗憾也就是寇准的遗憾。

丁谓，字谓之，后改为公言。苏州长洲（今江苏苏州）人。生于966年，正牌的科举进士。丁谓年少的时候就以才出名，当时著名文学家王禹偁看到丁谓寄来的作品后大惊，以为自唐韩愈、柳宗元后，二百年来才有如此之作。可见他仕途起点之高，也就不足为怪了。淳化三年（992年），也就是初登进士甲科之时，丁谓就担任了大理评事、饶州通判，只过了一年，就调回了中央，以直史馆、太子中允的身份到福建路（北宋废"道"为"路"，初为征收赋税、转运漕粮而设，后逐渐带有行政区划和军区的性质）去采访。回来之后，他就当地的茶盐等重要问题写了篇调查报告，引起了皇帝的重视，当上了转运使，相当于节度使，并且还兼职三司户部判官。不过，由于宋代派系斗争的传统，丁谓的仕途后来也有起伏。

丁谓的才干，其实远在寇准之上。

宋人沈括在《梦溪笔谈》中记载了一个"一举而三役济"的故事，说的就是丁谓。大中祥符年间，禁宫失火，楼榭亭台付之一炬。宋真宗命晋国公丁谓担负起灾后重建的重任，修葺宫廷。丁谓采取了"挖沟取土，解决土源；引水入沟，运输建材；废土建沟，处理垃圾"的重建方案，命人将街衢挖成壕沟以取土，再把水引入壕沟，以便将城外的建材通过水路运进城中，等房屋建好后，那些壕沟又成了废墟垃圾的回填场所，不仅"省费以亿万计"，还大大缩短了工期。这样精巧的规划、缜密的思维，即使是现代都市的规划师也未必想得到。

再看他另一件大事。丁谓官拜副相之后，四川一带发生了以王均为首的少数民族叛乱，中央先后征调大批兵马前往平乱，都被叛军打得落花流水。丁谓受命于危难之际，深入蛮地，竟然以兵不血刃之势，安抚了叛乱。

接下来看看寇准。

寇准，字平仲，华州下邽（今陕西渭南）人。比丁谓大五岁，宋太宗太平兴国五年（980 年）进士，淳化五年为参知政事。寇准之所以能流芳百世，其实也只因一件事，那就是中学课本里讲的"澶渊之盟"。宋景德元年（1004 年），辽军大举侵宋，寇准力主抵抗，并促使宋真宗渡河亲征，与辽订立"澶渊之盟"，暂时稳定了局势。《宋史》上提到寇准最多的就是两个字"正直"。不过，说他"直"，没话讲；说他"正"，就值得重新考量了。

"澶渊之盟"后，有人对皇帝说："陛下闻博乎？博者输钱欲尽，乃罄所有出之，谓之孤注。陛下，寇准之孤注也。斯亦危矣。"皇上听说过赌博吗？赌博就是倾其所有孤注一掷，寇准就是把您当作他的"孤注"啊。这个比方应该说是恰如其分的，当时的中央并没有实力和辽国抗衡，会盟前，寇准曾经威胁和谈代表，说要是超过了某某数，就要砍他的头。想来皇帝听了这话，心上一定会隐隐作痛吧。

寇准一生为官远不止"三起三落"，但都是因其不"正"而导致的。仗着"澶渊之盟"有功，寇准的权力欲达到顶峰。"契丹既和，朝廷无事，寇准颇矜其功，虽上亦以此待准极厚"，因而，寇准得以毫无顾忌地大权独揽，实行宰相专政，常常居高临下咄咄逼人地左右皇帝。特别是在人事任免上，包括本来依制度不应由宰相插手的御史任用上，寇准都大权在握。史载："准在中书，喜用寒峻，每御史阙，辄取敢言之士。"寇准以"进贤退不肖"为己任，而不愿遵守规定，"尝除官，同列屡目吏持簿以进。准曰：'宰相所以器百官，若用例，非所谓进贤退不肖也。'因却而不视"。当时中央流行着一种偏见，瞧不起南方人，寇准也终生瞧不起南方人，一直排斥南方人。景德二年，14 岁的晏殊以神童召试，时任宰相的寇准因为他属江左人，就想压制他。正是因为寇准瞧不起南方人，所以后来丁谓偏要把他贬到南方之南的雷州，让他病死在那里。

寇准第一次为相后不久即被他所瞧不起的南方人王钦若排挤罢相。罢相后出知陕州（今河南陕县），寇大人基本上不理政事，沿袭多年官场的旧习，终日宴游。"旧相出镇者，多不以吏事为意。寇准虽有重名，所至终日宴游。所爱伶人，或付与富室，辄厚有所得，然人皆乐之，不以为非也。"（《涑水纪闻》司马光），还有记载说寇准在知天雄军任上，与知雄州的李允则相互设宴，竞比奢华之事。大概因为政治失意，寇准终日与酒相伴，还曾写《醉题》一诗："榴花满瓮拨寒醅，痛饮能令百恨开。大抵天真有高趣，腾腾须入醉乡来。"

有记载说，在一次过生日时，寇准大摆筵席，广邀宾客，当所有人到场之后，他突然穿出了一件新衣服，那是一种黄色且绣龙的皇帝制服，地地道道的龙袍！这消息立即披上了羽毛传进了京城。皇帝把宰相王旦叫来，问："寇准乃反耶？"王旦听到大惊，立即表示去信呵斥，竟把大事化小了。（《自警篇》赵善境）

宋大中祥符七年（1014 年）六月，在王旦的力荐下，寇准重回权力之巅，任西府枢密正使。两个人本来应该同心合力，但寇准似乎不大瞧得起这个晚于他为相的同年。因此，他不是以合作的态度与王旦共事，而是不时地给他找些麻烦。史载："（寇）准为枢密使，中书有事送枢密院，碍诏格，准即以闻。上谓（王）旦曰：'中书行事，如此施之，四方奚所取则？'旦拜谢曰：'此实臣等过也。'中书吏既坐罚，枢密院吏惶恐告准曰：'中书、枢密院日有相干，旧例只令诸房改易，不期奏白，而使宰相谢罪。'"（《续资治通鉴长编》李焘）就是说，寇准对东府送来的文件，总是要千方百计地找差错，找到了，并不与东府商量，直接呈报给皇帝，借皇帝来责罚王旦，有意出东府的丑。

　　一报还一报，后来，东府的人也有样学样，凡西府送去的文件，他们也找岔子，以报复寇准。但王旦却没有以其人之道还治其人之身，而是直接把文书退给了枢密院，没有报告给宋真宗。当枢密院吏把这件事汇报给寇准时，寇准感到非常惭愧，第二天，见到王旦便对王旦说："王同年大度如此耶！"

　　王旦的行为虽然让寇准感动不已，但寇准还是一有机会就不放过攻击王旦。他的行为与后来王旦处处保他相比较，真是让人"夫复何言"。

　　当寇准得知将要被罢免枢密使时，便托人求王旦要更高一点的官（使相）。对于寇准这种跑官要官的做法，王旦感到很吃惊，说使相怎么可以自己要求呢，并表示他不私下接受别人的请托。王旦这种态度使寇准又羞又恼，"深恨之"。但当宋真宗问起王旦，寇准罢枢密使后应当给他个什么官时，王旦却说："准未三十已蒙先帝擢置二府，且有才望，若与使相，令处方面，其风采亦足为朝廷之光也。"在寇准为使相的任命颁出后，"准入见，泣涕曰：'非陛下知臣，何以至是！'上具道旦所以荐准者。准始愧叹，出语人曰：'王同年器识，非准所可测也。'"（《续资治通鉴长编》李焘）

　　王旦为相12年，病重之际，宋真宗让人把王旦抬进宫中，问以后事："卿万一有不讳，使朕以天下事付之谁乎？"王旦开始并不直接回答宋真宗的提问，仅说："知臣莫若君。"宋真宗没办法，只好一一点名来问，王旦都不表态。最后，真宗只好请王旦直说："试以卿意言之。"王旦这才说："以臣之愚，莫若寇准。"但宋真宗对寇准的性格不满意，说："准性刚褊，卿更思其次。"这时，王旦固执地坚持："他人，臣所不知也。"（《续资治通鉴长编》李焘）

　　在皇帝眼里，寇准心胸狭隘，又过于偏执，与其他大臣也屡有冲突。无论君子、小人，都不喜欢他，宋真宗因此也不愿碰这只烫手山芋。

　　但是，毕竟有王旦临死前的推荐，寇准终于得到了机会。天禧三年

（1019年），永兴军内有个叫朱能的巡检，勾结内侍周怀政伪造了天书。寇准为了迎合热衷此道的宋真宗，上奏云"天书降于乾佑山中"。果然此计奏效。十来天后，寇大人就被召赴京。到这年六月，王钦若因事下台，寇准为相。

然而，这一次，寇大人一上来就碰上了丁谓这样一个才气和才干都比他高的对手。寇准在和丁谓的争斗中，因为看不起刘皇后而得罪了她。担心自己的处境，寇大人决意发动政变。然而，机事不密，一次酒后失言，自己走漏消息，被丁谓的亲信觉察到了，很快寇大人就走上不归路，曾被寇准压制过的冯拯等多人纷纷出了口恶气。半年后，真宗还念念不忘："寇准之居相位，多致人言。"换句话，君子与小人多不喜欢他。

莫名其妙的是，"多致人言"的寇大人竟然也能名垂青史！唉，说到这里，不得不叹，有些事情，原本就不该这样。

古代官员的考绩法为何中看不中用

古代对官员的考察有过许多制度，然而，不管哪一种制度都难以取得实效。三国时景初年间曾经发生一起围绕考绩法而进行的争论，即可见一斑。

景初元年（237年），魏明帝曹叡下诏给吏部尚书卢毓："选拔举荐人才时，不要唯名是取，名声如同地上的画饼，只能看不能吃。"

卢毓回对道："凭名声确实不足以得到奇异的人才，但可以得到一般的人才；一般的人敬畏教化，仰慕善行，然后才会出名，不应当痛恶这样的人。我既不能够识别奇异的人才，而主事官吏的责任又是根据名次按常规任命官职，只有从以后的实际中检验了。古代通过上奏陈事考察大臣的言谈，凭实际工作考察大臣的能力。如今考绩法已经废弛，只是凭借誉毁的舆论决定晋升和罢免，所以真假混杂，虚实难辨。"

魏帝听后，命散骑常倚刘邵作考课法。

刘邵作《都官考课法》七十二条。

魏明帝将一部绩效考核法交给百官审议，没想到，遭到了一致反对。

司隶校尉（秘密监察官）崔林表示反对："《周官》中绩效考试之法，条例已十分完备了。从周康王以后，就逐渐废弛，这就说明绩效考核法能否实行完全在人。到汉代末年，失误岂止在于佐吏的职责不详密！如今军队或聚或散，减增无常，本来就很难统一标准。况且万目不张，则举其纲；裘毛不整，则要振其领。皋陶在虞舜的手下做事，伊尹在商王朝供职，邪恶的人自动远离。如果大臣们能尽到他的职责，成为百官效法的榜样，那么谁敢不恭恭敬敬地尽职尽责，要什么绩效考核？"

　　黄门侍郎杜恕也坚决反对："公开考核官员的能力，三年进行一次考绩，确实是帝王最完善的制度。然而经历六代，考绩办法没有明著于世，历经七位圣人，考核条例也没能流传下来，我认为这是由于绩效考核的原则可以作为粗略的依据，详细的规定很难一一列举的缘故（其法可粗依，其详难备举）。俗语说：'世上只有恶人，没有恶法。'如果法制是万能的，那么唐尧、虞舜不需要后稷、子契的辅佐，商朝、周朝也不会以伊尹、吕尚的辅助为可贵了。而今主张绩效考核的人，陈述了周朝、汉朝的所说所为，缀叙了汉代京房考功课吏的本义，可以说是使考课的要旨更加显明了。盼望用这种办法来推崇谦恭推让的世风，振兴美好的治绩，我认为不是最好的办法。假如让州、郡举行选拔考试，必须经由四科，都有实际成效，然后保举，经官府考试征用，担任地方官吏，根据功绩补升为郡守，或者增加禄秩，赐予爵位，这是考察官吏的当务之急。

　　"我认为应当显贵官员的身份，采用他们的建议，命他们分别制定州郡官吏考核办法，切实施行，确立可信的必赏制度、可行的必罚制度。至于三公九卿及内职大臣，也应当就他们的职务进行考核。古代的三公，坐而论道；内职大臣，纳言补阙，无善不记，无过不举。且天下如此之大，大事如此之多，绝非一盏明灯就能照亮每个角落，所以君王好比是头脑，大臣好比是四肢，必须明白同属一体、互相依赖才能成事的道理。所以古人说廊庙之材，非一木之枝，帝王之业，非一士之略。由此看来，怎么可能只靠大臣守职尽责办理绩效考核，就可以使天下太平和乐呢？如果容身保位没有被放逐罢官之罪，而为国尽节，也处在被怀疑的形势中，公道没有树立，私下议论却成为风气，这样即使是孔子来主持考核，恐怕也无法发挥一点点才能，何况世俗的普通人呢？"

　　黄门侍郎身份特殊，是皇帝身边的近臣，他说的要旨有三：一是从理论上讲，绩效考核是一个好制度；二是从实际操作来讲，其法可粗依，其详难备举，只能作为一种原则；三是绩效考核的关键在于人。

司空掾傅嘏也表示不同意见："设置官吏分担职责，管理百姓，是治国的根本。依照官职考察官员的实际工作，依照规章进行督促检查，是治国之末节。大纲不举而抓细小之事，不重视国家大政方针，而以制定绩效考核之法为先，恐怕不足以区分贤能和愚昧，显示出明暗之理。"

鉴于反对声浪太大，这一次绩效考核的讨论久议不决，最终无法施行。

司马光针对这一件事，在《资治通鉴》中罕见地用很长篇幅发表了自己的看法：

为治之要，莫先于用人；而知人之道，连圣贤也感为难。因此只好求助于舆论的毁誉，这样一来，个人的爱憎就会争相掺杂进来，善良和邪恶混淆；用绩效来考核，就巧诈横生，真假相冒。总之，治理之根本在于至公至明而已。居上位的人至公至明，那么属下有能无能就会清清楚楚地呈现出来，无所遁形。如果不公不明，那么绩效考核，恰好成为徇私、欺骗的凭借。

司马光的意思很明白，再好的制度都离不开人。人心不公不明，制度也可被扭曲。

为什么这样说呢？所谓至公至明，是出自内心，所谓绩效，只是外在表现。内心都不能理正，而要去考察别人的绩效，不亦难乎？做领导的，如果真能做到不以亲疏贵贱改变心思，不因喜怒好恶改变意志，那么，想要了解谁擅长经学，只要看他博学强记，讲解精辟通达，那他就是饱学之士了；想要了解谁是执法人才，只要看他断案穷尽真相，不使人含冤受屈，那他就是善于执法了；想要了解谁是理财人才，只要看他的仓库盈实，百姓富裕，那他就是善于理财了；想要了解治军的将领，只要看他战必胜，攻必取，能使敌人畏服，那他就是善于治军了。至于文武百官，莫不如此。虽然可以听取别人的意见，但决断在于自己；虽然绩效考核要看实际表现，但审察却在自己内心。探讨实情而斟酌是否适宜，最为精密最为细微，不可以口述，也不可以笔录，怎么可以预先定出法规而全部委派给有关部门办理呢？

现实就是如此，司马光指出，有人因是皇亲显贵，虽然无能但仍然任官授职；有人因为关系疏远出身卑贱，虽然有德有才但仍被排斥。当权者所喜欢的人即使失职也不被罢免，所厌恶的人即使有功也不被录用。咨询征求意见，毁誉各半而不能决断；考核事迹绩效，文书具备内容空洞而不能觉察。即使制定了再好的考核办法，增加考核条目，完备档案文簿，又怎么能得到真实情况呢？

当然有人会说：国家治理，大到天下，小到封国，里里外外的官吏成千上万，要一一考察任免，怎么能不委派给有关部门而独自承担呢？司马光的回答是：当然不是这个意思。做领导的，不只是君王；太守居于一郡之上，三公居于百官之上，如果各级都用这个办法考察任免自己的下属，君王也用这个办法考察任免三公、九卿、郡守，还会有什么烦劳呢？

有人说：绩效考绩之法，是唐尧、虞舜所制定，京房、刘邵不过是加以陈述及修订罢了，怎么可以废除呢？司马光的回答是：唐尧、虞舜的官吏，任职时间长，所担职责专，设立法规宽，完成期限远。所以姒鲧治水，历经九年尚未完成，然后才治他的罪；大禹治水，等到九州全部安定，四方土地都可以居住，然后才嘉奖他的功劳；不像京房、刘邵的办法，考核官吏琐琐碎碎的功绩，检查他们一朝一夕的成效。事情本来就有名同而实异者，不可不明察。绩效考核之法并不是只在唐尧、虞舜时才可能实行，而在汉、魏不可行，是由于京房、刘邵没有弄清根本问题而只追求细枝末节的缘故。

不难看出，司马光是旗帜鲜明地反对这种考绩法，他所举出的弊端可以说件件都直指现实，对于今天的政府治理仍然有着积极的借鉴意义。作为政治家的司马光，意思很明显，官员的考绩本质上在于官员的任免，其本在用人，考绩只是末枝，用人得当，则考绩可行，用人不当，则考绩无力。换言之，考核官员的目的是什么？目的当然是考核其能力与业绩胜任与否，避免用人失误，而不是看其琐碎的表现。要在考核中得到真实情况，不在文书条目，而在于官员实质性的业绩与能力，而官员的能力与业绩不是一时可以显现出来的，同样性质的工作，可能由于环境、条件不同，评价标准就应当有所不同，不能僵化地拿一个制度去套。因而，考察官员归根到底在于领导的至公且明。所谓上梁不正下梁歪，领导公明，在下位的官员优劣便无所遁形。

古代官员考绩之法看上去很美，实则发挥不了实效，其根源就在于司马光的论断："考求于迹，则文具实亡。"此后明清两代的官员考察尽管有过多种反复，都依然脱离不了这个樊篱，都有赖于帝王的公心与明断。之所以如此，背后的深层原因恐怕也不是司马光彼时能想到的，那就是古代官员的任免、考察大都源于帝王（或上司）的爱憎。

历史上那些"任性"的改革者

　　据信，历史上大凡倡言改革者都是有些脾气的，而且大多数还有着一种牛脾气、暴脾气，用一个时尚的词，就是任性。老百姓对这种"脾气"大多持宽容理解甚至欢呼的态度。也许在常理看来，因为是改革，往往会遭遇来自方方面面的压力阻力，没有脾气，往往推行起改革政策来就没有魄力，就不会那么顺利，甚至有夭折的危险。

　　然而，细究起来，这种靠任性、强力意志推行起来的改革，往往容易使改革走向另一面，或者消极的因素随之也容易滋生起来，历史上，这样的改革最终甚至是以悲剧收场，改革者个人的命运也惨不忍睹。从某种程度上，这种改革只是一种强人政治的产物，是不宜效法的。

　　王安石变法失败，与王安石孤傲任性甚至有些偏执的性格不无关系。他看到了黎民百姓的苦难，儒家的道义传统又使他多了一份担当意识，因此，一开始就抱着"祖宗不足法，天命不足为，人言不足畏"的信念，拒一切在他看来有违他改革意旨的人于千里之外，不与之合作，强力推行他的改革。

　　王安石的脾气天下人皆知，他有个外号叫"拗相公"，什么意思呢？就是你说西他偏说东，你说东他偏说西。他生平第一个职务就创下了历史之最：淮南签判，做了 25 年。这是一个什么职务呢，宋代各州幕职，协助长官处理政务及文书案牍，相当于一个办公室主任，从八品。这个职务倒并不丢人，苏东坡也做过，问题是谁能像他做那么长？后来他也不是没有机会，欧阳修、韩琦等人赏识他，多次邀他进京，当钦差来递圣旨时，他竟然躲了起来，钦差把圣旨放到桌上走后，他又抓起圣旨狂追送还，从中可见他的"拗劲"。改革中，祖宗、天命、人言都不算什么，天下只有他拗相公一人而已。这样做的后果更任性，只害得老百姓被瞎折腾一番，进而影响到南宋以后的国家意识形态，要求高层士大夫必须做到"内圣外王"，大概是被王安石这类人折腾怕了。《京本通俗小说·拗相公》还虚构了这样一个情节：（吾儿王雱）对我哭诉其苦，道：阴司以儿父久居高位，不思行善，专一任性执拗，行青苗等新法，蠹国害民，怨气腾天。可见，改革任性不得，要改革，先得修炼好自己的脾气再说。

吴起在楚国的变法，虽然取得了一定的成效，"南平百越，北并陈蔡，却三晋，西伐秦"，但结果却是招致诸侯"患楚之强"，他走的不是和平崛起的路径，导致原来倚赖于楚的诸侯都害怕起楚国的强大来，视其为心腹大患，由盟友变成敌国。在楚国国内，楚之贵族尽欲害吴起。等到支持变法的楚悼王一死，宗室大臣作乱而攻吴起。吴起没地方躲，只好跑到楚悼王的尸体边伏地大哭。然而，那些大臣并没有因为担心射中悼王的尸体而住手，毫无顾忌，连射多箭，结果连吴起带悼王的尸体都中了很多的箭。常理来说，吴起帮助楚国变法图强，楚国宗族是受益最大者，然而，欲杀吴起者却首推他们。个中原因与吴起的脾气也有着莫大的关系，史载吴起连母亲死了都不回家，为了取得悼王的信任，连妻子都杀掉。改革者连自身的利益都不顾，脾气大如天，其他人焉能不害怕？

商鞅变法，结局大家都知道了。尽管商鞅改革且持续执政19年之久，成效也有目共睹，然而，也免不了被五马分尸，下场之惨，无与伦比。商鞅也是一个有大脾气的人，有一次太子也就是下一任国君驾车经过了一道只有现任国君才能行走的御道，一般人可能会理解太子的作为，但正要推行变法的商鞅脾气很大，便决定惩罚太子，也借此树威。然而，太子错误再大，商鞅脾气再大，也奈何他不得，只能是杀了太子的司机。

过后，太子再一次犯错，商鞅也只能处罚太子的导师。太子很生气，后果当然很严重。商鞅只好外逃，结果逃到一个宾馆投宿，因为逃时匆忙，没有顾得带上身份证，结果被宾馆服务人员扭送报官，法官按照商鞅制定的法律（奖励告奸，打击游民）处以车裂，也够滑稽的了。

王莽变法，史称王莽改制，他贵为皇帝，推行改革起来自然要容易得多了，而且更重要的是，当时舆论也是支持改革的。但王莽也是一个有脾气的皇帝。一般人有脾气倒还罢了，皇帝有脾气，就不好办了。当然有人说，王莽是个好脾气的人，有诗为证："周公恐惧流言日，王莽谦恭下士时。"但这只是做宰相时的王莽，当了皇帝的王莽脾气如何？肯定不一般了。很多人一升官，学识能力不见长，而脾气却一下子长了不少。

其实，谦恭下士的王莽脾气只不过是他的表象，是装出来的。汉哀帝即位后，外戚得势，王莽只得卸职隐居于他的封国新都，闭门不出。期间他的二儿子王获杀死家奴，王莽严厉地责罚他，且逼王获自杀。这一举动立即得到世人好评。人们哪里知道，这是王莽谨慎自保的策略。九岁的汉平帝即位后，王莽开始显露出他的任性脾气：排斥异己，先是逼迫王政君赶走自己的叔父王立，之后拔擢依附顺从他的人，诛灭触犯怨恨他的人。主动巴结当时著名的儒者大司徒孔光。孔光是三朝元老，深受王太后和朝野的敬重，但为人胆小怕事，过于谨慎。王莽于是一边主动接近和拉拢他，引荐他的女婿甄邯担任侍中兼奉车都尉，一边以王太后的名义逼迫孔光为自己宣传造势，利用孔光上奏的影响力排斥异己。于是上奏弹劾何武与公孙禄，将他们免去官职。后又以各种罪名陆续罢免了中太仆史立、南郡太守毋将隆、泰山太守丁玄、河内太守赵昌等二千石以上的高官，剥夺了高昌侯董武、关内侯张由等人的爵位。与此同时，王莽逐渐培植了自己的党羽，以其堂弟王舜、王邑为心腹，用自己的亲信甄丰、甄邯主管纠察弹劾，平晏管理机事事务。王莽平时表情严肃一本正经，当想要获取利益的时候，只需略微示意，他的党羽就会按他的意思纷纷上奏，然后王莽就磕头哭泣，坚决推辞，从而对上以迷惑太后，对下向天下人掩盖自己的野心。

王莽担心汉平帝的外戚卫氏家族会瓜分他的权力，于是将平帝的母亲卫氏及其一族封到中山国，禁止他们回到京师。王莽长子王宇怕平帝日后会怨恨报复，因此极力反对此事，但王莽又不听劝谏。王宇与其师吴章商议后，想用迷信的方法使王莽改变主意，于是命其妻舅吕宽持血酒洒于王莽的住宅大门，然后想以此为异象，劝说王莽将权力交给卫氏。但在实行过程中被发觉，王莽一怒之下，把儿子王宇逮捕入狱后将其毒杀。然后借此机会罗织罪名诛杀了外戚卫氏一族，牵连治罪地方上反对自己的豪强，逼杀了敬武公主、梁王刘立等朝中政敌。事件中被杀者数以百计，海内震动。王莽为了消除负面影响，又令人把此事宣传为王莽"大义灭亲，奉公忘私"的壮举，甚至写成赞颂文章分发各地，让官吏百姓都能背诵这些文章，然后登记入官府档案，把这些文章当作《孝经》一样来教导世人。

王莽推行的改革，和他的脾气一样，一开始就是装样子，且朝令夕改，大多数只不过是复古求名，比如将奴隶必称"私属"，而且在推行时也不讲方法和手段。

明朝的改革家张居正，脾气也好不到哪里去。一个例子即可说明：一位知府年初时就要写好一份计划，且计划的内容不能太少，写好后自己留一份，给张居正一份。如果计划内容过少，张居正就要退回去让他重写。那么，人家只好多写，写多了，年底完不成怎么办？办法只有一个：降职！

他为官之初就效仿老师徐阶"内抱不群，外欲浑迹"的做法。什么意思呢？就是心底里不同流合污，但表面上还是和人打成一片。《明史》说他"沉深有城府，莫能测也"。就是有脾气，但不外露。

等到大权在握以后，张居正的脾气日日见长。话说一日年轻的万历皇帝在读书，念到"色勃如也"时，误将"勃"读成了"背"。突然听见身边一声大吼："这个字应该读'勃'！"万历一听，顿时"色勃如也"，吓出一身冷汗。这一声大吼，代表的就是张居正的脾气，也为张居正日后的遭遇埋下了伏笔。

对待同僚下属，张居正的脾气更是发挥得淋漓尽致。史载，张居正以御史在外，往往凌抚臣，痛欲折之。一事小不合，诟责随下，又敕其长加考察。他要求别人廉洁，甚至多次要求皇帝节省开支，尽量过清苦日子，自己却出入坐 32 抬大桥，生活奢华。这些都是脾气使然。

改革开始后，张居正十九年没有见过父亲。父亲死了，按制要回家守孝。然而，自以为天下不可一日无张居正的宰相大人，借口公务缠身，请假不回。张居正死后，万历急不可待地废除了新政。清算他的人便以此为契机，大肆攻讦，成为他的一条主要罪状。

呜呼！历史上的改革为何多以失败告终？史学家对这些改革有过诸多的客观理性分析，这些分析诚然有理，然而，我始终以为，根子上败于他们骨子里的任性！改革必先改改改革者的脾气。一个改革者，如果连自己的脾气都改不了，又何以改变天下？

改革确实是一件凶险未卜的志业，政治的波诡云谲使得改革者自身往往没有安全感，或者充满焦虑感，在这种心态的驱使下，改革者的脾气往往变得不可捉摸、多变难测，因而做出的决策往往难以思虑周全。正因为如此，改革者首先得努力获得自己心灵上的安慰。

马丁·路德开展宗教改革，其难度可能要远远大于任何政治改革，然而他成功了，不仅如此，还改变了世界历史，名垂青史。

路德的宗教改革受到四面攻击。路德被罗马教会定罪，逐出教会。而后还被控告为异端，经受了长期的审判。然而，路德的好脾气，使他获得了改革事业上的好朋友——他的忏悔神父斯道皮茨将路德召回维滕贝格并指定路德为神学博士和他的继承人。虽然斯道皮茨只能减轻路德的心灵不安，无法消除它们，但好友的心灵安慰发挥了积极作用，直到1524年斯道皮茨逝世两人始终是好朋友。路德的妻子凯瑟琳在他困难和抑郁时期也帮了他很大的忙，连萨克森选帝（公爵）侯腓特烈三世也非常支持路德。

天将降大任于斯人，必先苦其心志，劳其筋骨。唯其能够在劳苦中修炼一个好脾气，才能担当改革之大任。

另一个名叫马丁·路德·金的民权社会改革家亦是如此。作为美国黑人民权运动的领袖，他一生受到无数次的恐吓，曾十次被人以各种各样的方式监禁，三次入狱，三次被行刺，前两次，被精神病人捅了一刀，在教堂被扔进了炸弹。金的脾气好不好，我不知道，但从那篇著名的演讲《我有一个梦想》来看，这才是改革者需要的脾气。他也始终懂得克制自己的激情，保持着一个良好的脾气。他是用他的思想来影响人们，用他的正义来和这个国家对话。

两千多年前中国的智者老子说得好，"以天下之至柔，驰骋天下之至坚"，这正是改革家所必须具有的智慧，只有这样才能面对复杂的改革环境，做到"挫其锐，解其纷，和其光，同其尘"。老子还警告人们，"自见者不明，自是者不彰，自伐者无功，自矜者不长。"改革家尤其要做到摒弃"自见"，懂得自以为非。"自见""自是""自伐""自矜"正是滋长坏脾气的心魔。

干爹的江湖

干爹古称义父。义父义子现象存在于正史的时间很长,《诗经》中就有"螟蛉有子,蜾蠃负之",以螟蛉作为养子的代称。古代宗法制度下,养子也是儿子,父子之间要承担儒家规定的抚养和赡养义务。义子、养子还有继子,这三者民间往往混为一谈,但其实养子和义子还是有区别的,养子一般要经过一套程序,法律上予以认可;继子一般是指前夫或前妻的儿子。清代学者俞樾认为,"养子,非继子也"。罗兰娜·利维导演的法国电影《继子》中,当约瑟夫准备加入以色列军队服兵役时,发现自己不是父母的亲生儿子,在他出生时,他与约旦河西岸的一个巴勒斯坦家庭的小孩亚辛错换了。因这一发现,两个家庭的生活突然发生了翻天覆地的变化,这一发现迫使他们重新思考各自的身份、价值和信念。义子则是结拜式的,法律上不予认可,所以又称为"假子"。

在官场,养子和义子在称呼上的区别主要在年龄上,称养子大概是因为年龄小,有收养的成分在,称义子则是成年人,无需养育。以下所称"养子""义子"不细加区分。

顾名思义,义父义子,以义相契,义字当头。义父变成干爹,大概是义字失落的缘故。

古代官场为什么喜欢认义子

历史上,干爹有几种,一是自己确实没有儿子,认亲戚或没有血缘关系者的儿子作义子,如曹操的父亲曹嵩就是宦官曹腾的养子,《三国志》还说他本姓夏侯。唐朝后期,宦官娶妻养子成为一种风气。当时宦官经常被派到军队为监军使，为了培植自己的势力，往往挑选军中健儿作养子，组成忠于自己的核心集团。还有一种是主动拜干爹的，如明天启年间宦官魏忠贤专权，很多党羽相继归附，自称义子，有"十孩儿"之称，这些人都是进士出身。魏忠贤明白群体的力量，自然乐意。宦官杨复光本姓乔，内常侍杨玄价的养子，可不仅他自己有养子，养子杨守亮也有假子，分任禁军将校。

此外拜社会上奇人异士为干爹也是时尚。《洛阳伽蓝记》载北魏"隐士赵逸来至京师，汝南王（元悦）拜为义父"。

二是确实喜欢某人，希望进一步加深感情而收义子的。如关羽特别喜爱的儿子关平就是义子。再如刘封，本是罗侯寇氏之子，叫寇封，长沙郡某刘姓的外甥。有一次攻打樊城的庆功宴上，随军厨役上菜时不慎，将一块肉掉落在地，寇封随手拣起，转身吃了。事后刘备问他："何以见肉落地，不去灰沙，不责下人，随口吞食，是何意也？"他回答："身为将吏，应时时垂怜百姓，粒米片肉来之不易，弃之可惜，士卒厨役，终日劳累，爱之有余，偶有过失，安忍叱斥。"这一套说辞与刘备仁民的心意吻合，便决定收他为义子。为此，他还特意去咨询诸葛亮。诸葛亮内心里不赞成这样做，但他又很滑，便借口"此乃家事，可问关羽"。据说，关羽虽然自己收了义子，却不赞成刘备也收义子："兄长既有子，何必用螟蛉？后必有乱也。"刘备回答："吾待为子，彼必待我为父，有何乱也？"

第三种情况是权臣为了聚积力量，大肆认养义子以笼络人心，谋取更大的权力。

如唐末很多节度使纷纷效仿宦官认义子的做法。据说安禄山选健儿养为家兵，有假子八千。唐僖宗、昭宗以后更多，关中凤翔节度使李茂贞，便是大宦官田令孜的养子，一度改姓为田，做了节度使后自己也收养将帅为养子，如温韬，改名李彦韬，任义胜军节度使。杨崇本，改名李继徽，任靖难节度使；李继臻，任金州刺史。

五代时期，很多人据此积聚力量，建立政权。如王建，收养假子42人，建前蜀政权；徐温的养子徐知诰，取代吴，建立南唐；晋王、河东节度使李克用，建"义儿军"，养子李嗣源建后唐；后唐节度使石敬瑭勾结契丹，认契丹皇帝耶律德光为父，建立后晋；后梁朱全忠的养子有朱友文、朱友谦、朱友恭、朱汉宾。后唐末帝李从珂（李嗣源义子）、后周世宗柴荣（周太祖郭威养子），都是养子继位。乃至于欧阳修编《新五代史》专设"义儿传"："开平、显德五十年间，天下五代实有八姓，其三出丐养。"

干爹好当，义子难做

有人以为做干爹、认干爹一本万利，真的如此吗？其实不然，干爹好当，义子难做。没有过硬的本领是难以被干爹看重宠爱的；本领太强功劳太大，又易被干爹防范。多数时候，干爹只需给以小恩小惠，或者给以荣华富贵，义子们就得付出身家性命供其驱驰。

刘备，史称仁人君子，其义子刘封的遭遇却不妙。关羽兵败麦城，向他求救时，有人把当年关羽不同意刘备收其为义子的情况告诉了刘封，于是刘封拒绝援救，导致关羽被杀。

事后追究责任时，虽然刘封拒绝投降曹操，但还是被干爹宰了。"诸葛亮虑封刚猛，易世之后终难制御，劝先主因此除之"。

碰到荒唐的干爹，义子们只有倒霉的份。

史上最荒唐的干爹莫过于五代时的朱温，或者朱全忠，或朱晃，这其实是一个人，参加黄巢起义时叫朱温，降唐后被赐名朱全忠，篡唐建梁后改叫朱晃，反正改来改去都改不了该死的德性。

朱温该死，他追求美色，故意把几个儿子派到外地驻守，他却经常把儿媳们召进宫来，侍候自己床上淫乱。养子朱友文的妻子王氏貌美，朱温对她尤为宠爱，还因此打算将朱友文立为太子。朱温病重之际，让王氏召朱友文回来托付后事。三子朱友珪的妻子张氏恰恰也在他身边，立即密告丈夫，于是朱友珪密谋，杀了侍卫，冲进禁宫，抽刀直刺朱温腹部，穿透身体，刀从后背露了出来，然后用一条破毛毡包住尸体，埋在寝殿，随即即皇帝位，诱杀朱友文。

至于朱温的亲儿子干儿子们对朱温的乱伦，不仅毫无羞耻，反而利用妻子争宠，博取欢心，争夺储位，真是旷古丑闻。

明朝朱元璋在打江山的过程中收养了不少义子，著名的有沐英、李文忠、平安、何文辉、朱文刚、朱文逊、徐司马、真童、金刚奴等等。有的将领下面又有义子，甚至有好几百个义子。后人评价元末起义领袖广收义子，是"以为将帅之储备，或为监军，皆看中其忠诚度"。

沐英、何文辉成为朱元璋义子后改姓朱，大明建立后因劳苦功高，特赐恢复原姓，让他光宗耀祖。沐英是众多义子中下场最好的。他长期驻守边疆，远离宫廷，得以免祸。马皇后一死，他伤心而呕血，几年后太子朱标又死，他又伤心大哭，因此得病去世。早年他在朱元璋帐下，干爹要求严格，动不动就处罚义子，全靠慈祥的义母马皇后和仁厚的大哥朱标说情。沐英深知朝廷里没有了依靠，而暴戾的干爹朱元璋是靠不住的，义子们心中的恐惧难为外人所知。

李文忠在朱元璋的功臣中列第三，仅次于徐达、常遇春，又有义子加外甥这层关系，而且他非常低调，但死后，他的儿子李景隆还是卷入了朱家叔侄的皇权争夺战。先是带领南军，奉表哥孝文帝之命，北上讨伐表叔。当表叔朱棣打到南京城时，又开门投降，反戈一击。义子平安，因其父从朱元璋起兵而战死，被朱元璋收为养子。平安在靖难之变中，率军与燕王战于白沟河，差点俘虏了朱棣，朱棣怀恨在心。永乐七年（1409 年）三月，朱棣巡北京，翻阅百官前来朝拜的奏章，看到平安的名字，对左右曰："平保儿尚在耶？"平安听到后，知道皇帝的心思，为了子孙考虑，自杀。

义子无义，干爹倒霉

干爹的风险一点不亚于义子，一旦选错了人，后果可想而知。隋唐英雄传里，靠山王杨林也广收义子，"十三太保"被传得神乎其神。演义中杨林最后还是被其很赏识的义子罗成杀死。

当然最绝的还算三国吕布，先后认丁原、董卓作干爹，但又接连背叛他们，因此，当后来他被曹操捉了，打算再一次降曹时，被刘备一句话给坏了好事，"三姓家奴"之名与吕布神勇之名并驰天下。罗贯中诗称："背恩诛董卓，忘义杀丁原。"

《水浒》中宋代权臣高俅，收了个义子，结果这义子横行不法，逼反了林冲。

北齐时的权臣和士开，"富商大贾朝夕填门，朝士不知廉耻者多相附会，甚者为其假子"，其时不过 40 岁，有一次和士开得了伤寒病，医生说只有喝黄龙汤才能痊愈。黄龙汤实际上就是大小便，和士开自然不情愿，犹豫不决。正在此时，一个来探望的义子说："这种汤挺容易喝，您不用担心，我先为您尝尝。"一口气把一大碗粪水喝得干干净净。可以想见这些义子都是些什么人。

乾隆也有个养子，叫福康安，养尊处优惯了，让他去平叛，他倒好，将军权交给副手，自己整天花天酒地，西南一场小小的苗民起义因此硬是拖了多年。

欧阳修发现一条规律："世道衰，人伦坏，而亲疏之理反其常，干戈起于骨肉，异类合为父子。"真父子无情，反倒寄情于假父子，这是世道乱、人心坏的表征。

对于义子们来说，天下掉下一个干爹，未必是件好事。

末世，就是干爹们的江湖。一个义子，可以打下一座江山。

乱世，则是义子们的江湖。一个义子，可以颠覆一个政权。

一旦到了升平世，干爹们、义子们都开始不好过了。

第四辑

明代官场逆淘汰中的孤臣

一

正德元年（1506 年）十月的一天，顾命大臣左柱国刘健、太子太傅谢迁正要离京回老家，柱国首辅李东阳闻讯赶来饯行："我等三人，事同一体，而我独留，何以自容？不知何以为处。"

李东阳说完戚然涕下。刘健很有些鄙视地说："哭什么？假如当天你能够力争，那么今天就能和我辈一同离开了。"

李东阳听到昨日的同事不肯原谅自己，只能默然。

李东阳无奈孤身回去了，就在前几天，他与刘健、谢迁三人一起上疏乞求退休。但是武宗皇帝批准刘、谢二人离职，却独留李东阳。接下来，他要一个人面对宦官刘瑾。他并非没有力争，他前后打报告 20 多次要求退休，无奈皇帝不批。

并非他留恋相位，与其始终处于矛盾和被人误解之中，不如归去，落个正直的好名。

原因很简单，朝廷中宦官专权，武宗信任刘瑾等八个宦官，形成太监集团刘党，他们分据要津，矫旨妄为，迫害忠臣，贪赃枉法，致使朝政日坏。刘健、谢迁二人辞职，就是前不久他们三人谋划铲除阉党失败的结果。

作为"楚地三英"之一的李东阳，是湖南茶陵人，明代有名的神童，18 岁中进士，满腹经纶，深得孝宗皇帝的信任，弘治年间进位大学士，与刘健、谢迁同气相求，同声相应，关系融洽，时人称"李公谋，刘公断，谢公尤侃侃"。孝宗死时，三人同受托孤之命，位居中枢。

刘、谢去后，刘瑾等人更加肆无忌惮，朝中正直之士都秉承正邪不两立的态度，要么选择离开，要么被刘瑾放逐。刘瑾的亲信纷纷跻身高位，李东阳既要防范刘瑾等人随时找事迫害，又要承受士林对他的舆论巨压。

是的，别人可以离开，但李东阳不可以，一则因为他是"旧臣"，帝后都不愿意让他抽身离去；二则因为他是托孤之臣，既受先帝之恩，又有武帝信任，是众望所归，"海内名士，多出其门"，连刘瑾对他都有所忌惮。他当然明白，官场逆淘汰现象已存在千年历史了，劣质淘汰优秀，小人淘汰君子，平庸淘汰杰出。但他早在读《唐书》时读到武后篡位，狄仁杰和褚遂良采取两种截然不同的态度时写道："狄仁杰事高于褚遂良，死天下之事，不若成天下之事。"

既然逃避不了，干脆以一身当之，与国家同休戚，共命运。李东阳一边和刘瑾等人周旋，虚与委蛇，沉着应对，一边力挽时弊，保护朝中部分没有被驱逐的"良币"，为国家保存一点元气。

二

李东阳以孤臣之身与狼共舞长达四年，倘若没有他，刘瑾一党难保不像天启年间魏忠贤那样。魏氏得势仅三年，为祸之烈甚于刘瑾十倍。这足以看到李东阳的作用。

一是忍辱负重，委曲求全。

李东阳作为士林领袖、文坛领袖，刘瑾他们必有借重他的时候。与狼共槽，李东阳也知道必须给他们一点好处。正德三年马永成等"八虎"党羽为了炫耀门庭，掀起了一股为祖先造大坟、搞盛祭之风，请李东阳写祭文。刘瑾想利用宗教蛊惑人心，在京都朝阳门外创立了玄真观，也请李东阳撰写碑文。李东阳都答应了，在文字里为他们歌功颂德，损害的只是个人声誉，同时也稍稍缓和了与阉党的敌意。

李东阳见刘瑾坐大，朝臣中又多其党羽，为了增强自己的力量，先后引王鏊、杨廷和入阁参与机务。刘党中有一个叫张彩的，深得刘瑾的心，李东阳为了缓和敌意，有一次特意和杨廷和屈尊至张府，邀他外出观花。张彩居然不露面，很久后才派一仆人转告："你们请先行，我随后就来。"李东阳无可奈何地对杨廷和说："张彩把我们看作办事官啊。"

同时，作为内阁首辅，刘瑾在内乱政，李东阳只好在外想办法弥缝补救。刘党中的焦芳入阁前任吏部尚书，入阁后想兼摄部事，刘瑾多次派人与李东阳商议。李东阳咬定"无此例"回绝。

四川镇守太监罗籥要求便宜行事之权。李东阳明知这是刘瑾的意愿，但他坚持不答应，说：太祖定官制，在外三司，都司管兵而不管钱粮，布政司管民而不管军马，按察司管纠劾刑名而不管军马钱粮，其权分而不专。他借太祖定的祖制来挡住刘瑾的要求，并称"恐镇守一人亦自担当不起"。刘瑾听后也没有办法。

刘瑾表面上尊重李东阳，但背地里一直想找到他的岔子，好在李东阳办事谨慎，处置机谋，没有空子可钻。

二是潜移默夺，保全善良。

正德二年闰正月，刘瑾将尚宝司卿崔璇、湖广副使姚祥锁于长安左右门外，将工部郎中张玮铐在张家湾，计划铐一个月。刘瑾用的大枷重一百五十斤，受刑者熬不了几天。李东阳力争，最终使他们得免于难。

正德三年六月，一天退朝时，不知是谁在御道上丢下一封匿名信，信中历数刘瑾等人的罪状。刘瑾获知后，罚百官跪于奉天门下，到傍晚，将三百余人送镇抚司究问。又是李东阳力争："匿名文字出于一人，其阴谋诡计，正欲于稠人广众之中掩其形迹而遂其诈术也。各官仓卒拜起，岂能知见？况一人之外，皆无罪之人，今并置缧绁，互相惊疑。且天时炎热，狱气薰蒸，若拘拏数日，人将不自保矣。"要求先将众官释放，再来破案。刘瑾此时也听说这封信可能是出自自己人之手，不好深究。

同年，总制三边都御史杨一清奉旨修筑边墙，刘瑾恨杨一清不依附自己，便给他安了个"筑边糜费"的罪名而下狱。经李东阳等力救才得释放。

正德四年二月，刘瑾对退休回乡的刘健、谢迁等人并没有放过，罗织罪名将他们抓捕，还是李东阳从中斡旋，才使他们避免了灾难。闰九月，刘瑾欲置平江伯陈熊于死地，也多亏李东阳力争。

这些不仅仅是救人一命那么简单，可以说既保全了朝廷的精英，又阻止了"劣币驱逐良币"这一逆淘汰现象的蔓延。哪怕只有一个正臣在，就保存了一线希望。

三是巧借人力，智除刘瑾。

正德五年，宁夏藩王朱寘鐇以诛刘瑾之名起兵叛乱，没几天就打到了陕西。武宗闻讯心急如焚，却又毫无主张，只得与李东阳研究对策。李东阳趁机推荐启用被贬的杨一清提督军务，派张永为监军。

杨一清也是湖南人，"楚地三杰"之一，李东阳于他有救命之恩。张永虽是阉党，但早已跟刘瑾不和。于是李东阳与杨一清密议，劝他结交张永，与之合力同心，先平叛乱，再除阉党。根据二人筹划，平定叛乱之后，由张永回朝复命，趁机向武宗面奏刘瑾阉党妄图篡位的不法"十七事"逆罪。武宗大悟，传旨将刘瑾逮捕入狱，并从他家中抄出龙袍、玉玺等谋反罪证。

铁证如山，理当伏诛。岂料武宗却令其"谪居凤阳"。李东阳闻讯甚急，担心日后刘瑾被再次启用，马上让科道官员揭发刘瑾罪恶，武宗才决定将刘瑾凌迟枭首，阉党被一网打尽。事后杨一清送给李东阳一句话："宾翁补天捧日无迹。"

三

刘瑾伏诛后，李东阳并不轻松。"文章身价斗山齐，伴食中书日又西。回首湘江春水绿，鹧鸪啼罢子规啼。"这是昔日那些"正人君子"讥讽他的诗句，"伴食宰相""不如归去"等嘲讽和侮辱还没有消去，言官又追究他与刘瑾的关系，甚至把他列为刘瑾党人。李东阳生活在欲辩无辞的环境中，虽然朝廷肯定了他的功绩，死后谥为"文正"，但时人报以非议，后来个别史官仍然给他负面评价。

这连著名的狂人李贽都看不下去了，他痛斥对李东阳的非议和攻击"真是放臭屁也"。

李东阳立朝 50 年，上救乱政，下援善良，清节不渝。官至尚书的张邦奇目睹李东阳昔日取中的一位士子做了外官，朝觐回京，让仆从送来两帕四扇。李东阳说，扇可留下作画，帕多有什么用？就留下扇，将帕还给人家。致仕后，杨一清备酒肴祝寿，李东阳看到酒器是金子铸成的，吃惊地问："杨公也有这种宝贝？"杨一清听了非常惭愧，从此不敢再用。

李东阳退休后，求他诗文、书法篆印的人常常挤满屋子，他就靠此来谋生。有一天，已感疲倦时，夫人又捧进来不少纸墨，他不想再写，夫人一见，笑着说："今天待客，可以没有鱼和菜吗？"李东阳一听，倦意顿消，欣然命笔。

李东阳死后，家徒四壁，儿子早亡，多亏门生故吏捐助，方能下葬。做了十八年内阁大臣，六年首辅，却两袖清风，靠卖字画才能待客，在明代官僚中可谓翘楚。

崇祯之问

崇祯元年（1628年）十一月，户科给事中韩一良向年轻的新皇帝上了一道《劝廉惩贪疏》。奏疏中这位新任官员说：

当今，何处不是用钱之地，无官不是爱钱之人。买官要钱，升官要钱，官员交际联谊要钱，考课打点上面要钱，"此金非从天降，非从地出"，来自哪里，人皆心知。

韩一良还举例说：自己只是七品芝麻官，平时不善交际，但两个月来拒收的礼金也有五百两。由此类推，位高权重的官员就可想而知了。再不推进反腐倡廉就来不及了，而且必须从"大老虎"反起。

一番话深深打动了崇祯，他倍感欣慰，赞赏其"大破情面，忠鲠可嘉，当破格擢用，可加右佥都御史、吏部尚书"。

韩一良并不是御史，怎么推进反腐倡廉工作，他没有提。这个难题交给了18岁的崇祯。

崇祯首先要知道的是，到底谁是腐败分子？

这一问，问出千百年来朝野百姓共同的心声，问出了帝王心声。

但是，这一问，也问破了一个人的心。这个人便是韩一良。

这是一个令人寒心的"天问"。不仅韩一良觉得冤，连后来的进谏者都不得不因此闭嘴。

这个问题韩一良无法回答，也不该由他来回答，他不是专业人员，也不掌握证据，怎敢乱说？

崇祯退而求其次：那你说一说，是哪些人给了你五百金。

这是比前一个更傻更天真的问题。

这一来，韩一良才明白，自己掉入了一个体制下的坑。说还是不说，真成了一个问题。不说，就无法实现自己的初心；说，倒霉的是一群小苍蝇，于事无补。见皇帝把球踢了回来，细思恐极，这真话还说得下去吗？

面对崇祯这一问，韩一良不得不选择闭嘴。结果不仅没有推进反腐倡廉工作，连自己的职务都被剥夺，回乡耕读。

韩一良的挫败感深深地烙在后来者心里。崇祯六次自我批评（《罪己诏》），数百次鼓励大家建言，都无法改变大员们经常性的相顾无言，发言也是空话套话。

明朝末代首辅魏藻德，状元出身，只用了四年时间就被火箭提拔为首辅，危难之际，崇祯对他寄予厚望。北京城破前三天，崇祯问他有何对策，并说：你只要开口，我立刻下旨照办。然而，魏藻德跪在地上，屁股撅得老高，一声不吭。崇祯气疯了，一脚踢翻了龙椅，恨恨而去。

我们且不问大臣们原来的智商和情商到哪里去了，我们只想问，一句话可以定夺的事，臣子为何始终一言不发？没有退敌良策，馊主意好歹也可以出一个呀。不说帮你坐江山，至少皇帝与大臣都是有股份的，虽然你的股份多一些，大臣们股份少一些，毕竟大家都是在一条船上。

然而，没有然后了，馊主意都没人出了。大家彻底冷了心，铁了心，不陪皇帝老子玩了。

崇祯接手国家 17 年，任命了 50 位内阁首辅，平均每人的任职时间不足三个月，而且，个个不是被开除，就是被降职，无善终。至于首辅以下官员，更换频率如走马灯，"日新月异"。在外征战的将领，不是被处死，就是宁愿主动战死。

前任首辅陈演叹息说：在崇祯面前，每句话都要思前想后，稍微一句说错，吓得后脊梁哇凉。崇祯恨啊，20 多岁头发就已斑白，鱼尾上眉梢。不光是骂尽群臣，更是恨。他所信任的只有那些善于揣摩他心思、曲意逢迎的大臣。17 年间，君臣上下挫败感如影随形，不能不说与崇祯之间关系甚紧。

有人说，崇祯是穷死的；也有人说，崇祯是被员工害死的。其实不然，他是被自己这一问弄死的。

崇祯也并非不知道天下官员贪者大有人在，但具体到谁是贪官，即便身为皇帝都未必知道。这与后来的蒋介石是一样的。

1949 年蒋介石在"下野"后，曾经对宋希濂说："许多中上级军官利用抗战胜利后到各大城市接收的机会，大发横财，做生意，买房产，贪女色，骄奢淫逸，腐败堕落，弄得上下离心，军无斗志。这是我们军事上失败的根本所在。"逃到台湾之后，蒋介石在对高级官员的讲话中说："今天，我痛心地指出，从抗战后期到现在，我们革命军队中表现出的贪污腐败，真是无奇不有，简直难以想象。"

看看，蒋介石并非不知道官员腐败，也并非不知道腐败之害，但具体到谁是贪官，蒋介石和崇祯一样未必知道。

因此，吴国桢回忆："我经常到上海码头去。那时我们的部队都集中在东北，我看到一箱箱运往东北给部队发饷的中央银行钞票。但一两周后，当我再到码头时，同样的箱子又从东北运回来了，显然指挥官们并未给部队发饷，而是将其运回以购买商品进行囤积，此后将其在黑市抛出，获得巨利，只用所赚的一部分给部队发饷。我将这一情况报告给蒋介石，但他未做任何处理。"（《吴国桢口述回忆》）

吴国桢和韩一良一样，说的都是事实，但事实不等于证据，要指实某人是贪官，仅凭吴国桢或韩一良都不行，更不是崇祯或蒋介石的分内事。

崇祯之问也是崇祯之困，更准确地说是韩一良之困。为了免除韩一良式的结局，古人设计了一个"制度"，叫"风闻言事"。

《文献通考》中的《职官考七》中有"御史台"一条，云："故御史为风霜之任，弹纠不法，百僚震恐，官之雄峻，莫之比焉。旧制，但闻风弹事，提纲而已。"注云："旧例，御史台不受诉讼，有通辞状者，立于台门候御史，御史竟往门外收采之，可弹者略其姓名，皆云：风闻访知。"古代的御史官员可以凭风闻上奏，互相弹劾，查实属实者嘉奖，不实者不罚，故称"风闻言事"。简单地说，"风闻"是为了保护举报者而隐瞒举报者姓名。并非纯粹的道听途说，捕风捉影，应该是有一定依据的。

韩一良的进谏显然属于"风闻言事"，但又不是他职责所在，也不是要弹劾某人某事，纯是出于对政治腐败的忧虑，提请皇帝采取措施开展廉政建设。

今人有建议采纳"风闻言事"来加强反腐倡廉，甚至有人提出"风闻言事"是反腐败最有力的手段。这实际上是误读了"风闻言事"的本意。

古代的"风闻言事"并非是反腐败的制度设计，而是君王广开言路的策略而已。康熙于三十六年明确提出"科道官以风闻题奏，即行察核督抚，贤者留之，不贤者去之。如此，则贪暴敛迹，循良竞劝，于民大有裨益。嗣后各督、抚、将军、提、镇以下，教官、典史、千把总以上，官吏贤否，若有关系民生者，许科道官以风闻入奏"。就是说，"风闻言事"是震慑官员的一种手段，对反贪当然有帮助，但更重要的是为了考察官员优劣。

如果将"风闻言事"作为广开言路的措施，利大于弊；但如果将其作为反腐的手段，显然弊大于利，最大的弊端是容易导致官员相互攻讦，破坏法制。

所谓"康熙盛世"绝不是"风闻言事"所成就的。"风闻言事"成就的是言路大开，因而官员自然会有所敬畏。

宋仁宗庆历年间，谏官王素听说武将王德用向皇帝进献了两个美女。王素在朝会上就此事批评仁宗耽于美色。仁宗责问他："这是内宫之事，你从何得知？"王素说："我是谏官，规谏乃职责所在，哪怕是对于风闻之事，也可知无不言。陛下有则改之，无则加勉，何必追问从何得知呢？"王素的回答就道出了"风闻言事"的真谛，广开言路，鼓励批评，有则改之无则加勉。宋仁宗无从挑剔，呵呵一笑说："确有其事，二位美女在朕左右，颇为亲近，暂且留下来如何？"王素回答说："倘若疏远，倒也无妨。我所担心的正是怕陛下亲近她们啊。"宋仁宗听后醒悟，每人打发300贯钱，将那两个美女遣散出宫。

王素与韩一良的遭遇截然不同，并非王素如何高明，而是王素抓住了仁宗的具体事实，不涉及体制，所以能顶住仁宗的诘问。韩一良则不同，他提出的是一个制度问题。制度问题自古以来便是个天大的问题，韩一良没有想好就傻傻地提了出来，崇祯自然也没有想到，因此也傻傻地抛出了"谁是贪官"的天问。

崇祯之问至今仍然有着极强的现实意义，回答"谁是腐败分子"这个问题在今天看来其实很简单，那就是良好的制度设计，违背了制度、规矩、法律者便是腐败分子。只要给官员划定红线、底线、高压线，老百姓就很容易判断、发现谁是腐败分子。

明朝君王不早朝，为何国家不乱

早朝，是很多电视观众非常熟悉的一幕。在电视剧里面，人们常常看到每天一大早上，大臣们都要与皇帝早朝，太监们那一声"有事启奏，无事退朝"，早已为妇孺皆知。这既是一种仪式，也是一种朝会，属于例会。

但是，历史上真的如此吗？其实，历史上这种早朝，并不是电视剧里面所描写的那样。很多人好奇，明朝嘉靖20年不早朝、万历皇帝30年不早朝，为何国家不乱呢？

有人将其归咎于权臣或宦官把持朝政，有人认为这是皇帝与朝臣消极对抗的方式。这些观点都只是看到了历史的表面。

早朝，又称朝会，最早源于诸侯朝天子。《孟子》载："诸侯朝天子曰述职，一不朝则贬其爵，二不朝则削其地，三不朝六师移之。"可见"朝会"是一项礼制，是最具仪式感的会议——"礼莫重于视朝"。

汉代自汉宣帝始实行五日一朝的常朝制度，三国时沿袭之。此后唐、宋、元、明、清历代都有朝会制度，但都有区别。

"春宵苦短日高起，从此君王不早朝。"这是唐人白居易的一句名诗。其实，唐代的早朝分三种。一种是常参，《唐六典》记载，唐前期"凡京司文武职事九品以上，每朔、望朝参；五品以上及供奉官、员外郎、监察御史、太常博士，每日朝参"。也就是说，真正每日早朝的只有少数级别高的官员。时间也不是很早，通常为早上7点到8点左右，这个时间是唐代规定官员上班办公的时间，《新唐书》云："学士入署，常视日影为候"。一种是朔望朝参。即每月的初一、十五。只到了每月这两个日子，殿上才设黼扆、蹑席、熏炉、香案，依时刻陈列仪仗，"御史大夫领属官至殿西庑，从官朱衣传呼，促百官就班"。在监察御史的带领下，群官按品级于殿庭就位，皇帝始出就御座，群官在典仪唱赞下行再拜之礼。最具仪式感的是元日和冬至日举办的大朝会，最隆重，"大陈设"，展宫悬鼓吹，陈车辂舆辇，到时间皇帝"服衮冕，御舆以出，曲直华盖，警跸侍卫如常仪"，殿上皆呼万岁。王维诗"骑省直明光，鸡鸣谒建章"，说的是天亮前一小时开始进宫。宋代承袭唐代此制。清宫戏中所看到的每日朝会都呼万岁的场面是与历史不符的。

真正的百官每日早朝是明代朱元璋的创制。据《大明会典》记载：明朝时期的早朝，"昧爽而朝"，大臣必须午夜起床，穿越半个京城前往午门。凌晨3点，大臣要准时到达午门外等候。当午门城楼上的鼓敲响时，大臣就要排好队伍；到凌晨5点左右钟声响起时，宫门开启。百官依次鱼贯而入，过金水桥在广场整队。这个过程当中，官员中若有咳嗽、吐痰或步履不稳重的都会被负责纠察的御史记录下来，听候处理。电视剧里经常看到文武朝臣在等待过程中揉着眼、打着呵欠，在黑暗与晨曦交纳的阴暗里，跺着脚，驱赶着寒冷，这种情况在实际中是不大可能出现的。通常，皇帝驾临太和门或太和殿，此时百官行一跪三叩首礼。四品以上的官员有机会与皇上对话，向皇帝报告政务，皇帝则提出问题或者做出答复。

朱元璋时期，早朝有着十分严格的礼节。

午门上"鼓三严"，即第三通鼓响，先开二门，放官军旗校先入摆列，百官赴掖门前排队，候钟鸣开门入内，文武分两班入朝，文由左掖门，武由右掖门。入内后，先于金水桥南依品级序立，等候鸣放鞭炮，大家各依次过桥，诣奉天门丹墀，文为左班（东班），武为右班（西班），在御道两侧相向立候，称为"起居"。

奉天门上廊内正中设御座，谓之"金台"。丹陛左右钟鼓司设乐，殿陛门楯间列"大汉将军"，皆着明铁甲胄；御道左右及文武官班后各有校尉相向握刀布列，煞是威严。

当音乐奏起，皇帝御门，锦衣卫力士张五伞盖、四团扇，联翩自东西升立座后左右；内使二人，一执盖立座上，一执"武备"、杂二扇立座后正中。天顺后，执伞、扇力士移到金水桥南夹立，只留座上之伞及夹武备二扇；座上之伞，遇风劲时也撤去。

皇帝安座后，再鸣鞭，鸿胪寺"唱入班"，左右两班齐进御道，再排班。此时文官北向西上，武官北向东上，行一拜三叩头礼，是为"大班"。

行礼毕，鸿胪寺官对御座宣念谢恩、见官员数，这些人已于前日在寺具本报名，此时在庭下或午门外遥行五拜三叩头礼。若边方奏有捷音，大者宣露布，小者具奏本，俱于早朝未奏事之先宣布，所以张国威而昭武功也。

然后，进入早朝最重要的环节，即"奏事"。

各大官员奏事之先，皆预先咳一声，文武两班之中，不约而同，声震如雷，俗私谓之"打扫"。然后从班列末尾行至御前跪奏，完毕即复位。奏事不用口语，而是大声朗读本章。

奏对之际，班列中有礼节失当者，御史、序班即予举劾。若无失仪，御史、序班一躬而退，鸿胪寺官唱奏事毕，鸣鞭驾兴，待圣驾退后，百官亦退，各回衙门莅事。

这种早朝，即便遇到恶劣天气也不停止，如果遇雨雪，皇帝特许可以穿雨衣。

史载朱元璋"每日视朝，奏事毕，赐百官食"。赐食在奉天门，或在华盖殿、武英殿，"公侯一品官待坐于门内，二品至四品及翰林院等官坐于门外，其余五品以下于丹墀内。文东武西，重行列位，赞礼赞拜叩头，然后就座。光禄寺进膳案后，以次设馔。食罢，百官仍拜。叩头而退"。因朝廷财力不支，不得不废止了百官廊餐制度。

由于早朝所行皆循成规，空文太多，人数又多，礼体又极严，"大庭之上，体貌森严，势分悬隔，上有怀而不得下问，下有见而不敢上陈"，君臣双方都受制约，到最后，奉天门奏事，徒为观听之具。明朝多数皇帝不乐早朝，大臣也想方设法逃避早朝。

明初，朝鲜使臣即私下议论："臣观上国之事，不可则效者多矣。六部官吏罗立庭中，皇帝高拱如天。至于刑决，绝无拟议，一言决了，不知几人无辜受戮。是不可取法也。"对这种早朝议事的制度表达不可效法的意见。

明朝的早朝到英宗后发生大变，英宗年幼，只逢三、六、九早朝；到嘉靖十三年（1534 年）以后，皇帝凡三十余年不视常朝，早朝完全废止。自宣宗起，开始命大臣"条旨"，形成一个新的制度——票拟制度。

所谓票拟制度，即大臣的章疏由司礼监收进，经御览后发内阁拟票（拟出处理意见），再经御笔或司礼太监按阁票朱笔批红（批答）后发出施行。这种制度大大简化了政事处理的工作量，使皇帝也从繁琐的礼仪中解放出来，自由度大大增加，而且处理政务也比在早朝时当即做出处理决定要审慎许多，因此，入清以后，票拟制度得以继续实行。

很多人奇怪，明朝嘉靖万历二朝数十年不早朝，为何朝政不受影响？其原因在此。即便不早朝，但皇帝并没有失去对朝政的控制，只不过由明改暗。正因为内有司礼监、外有内阁的辅政体制形成，故"有臣无君，朝廷得以不乱，朝参照常进行"。以明代万历年间为例，万历十五年以后与以前的朝政并没有什么区别。赈济荒灾、整顿吏治、平定叛乱、治理河道、发展经济、对外交往等工作，一个也没有少，丝毫也看不出皇帝怠政的样子。

因此，从此君王不早朝，并不是什么大不了的事情。本身就是形式重于内容，礼仪贵于虚文而已。

清朝承明制，但并没有早朝站班议事的制度，而且每个皇帝的办公地点都不尽相同，清朝中后期往往是军机大臣才需要早朝。遇到难于决策的重大事件，皇帝可以随时召见内阁成员，地点往往以就近为原则，清朝皇帝召集大臣会议并不在民间口里所谓的"金銮殿"（清朝称太和殿），这只是举行重大典礼而不是开会议事的地方。

"计赃论罪"的两面性

洪武六年（1373年）十一月，明太祖朱元璋命刑部尚书刘惟谦等以《律令》为基础，详定大明律。次年二月修成，颁行天下。这部由他亲自主持制定的明代根本大法《大明律》，特别将有关赃罪条文单独列出，并且明确规定，官员受赃数目达到八十贯，就要处以绞刑。

所谓"赃罪"就是指贪污受贿罪。朱元璋为什么将赃罪处死的红线划定到八十贯这么具体？

"计赃论罪"有恫阻腐败之效

据史载，明朝初期"洪武九年，天下税粮，令民以银、钞、钱、绢代输。银一两、钱千文、钞一贯，皆折输米一石，小麦则减直十之二"。也就是说一贯等于一两银子，相当于一石米。而明朝初年官员的俸禄是："二十五年更定百官禄。正一品月俸米八十七石，从一品至正三品，递减十三石至三十五石，从三品二十六石，正四品二十四石，从四品二十一石，正五品十六石，从五品十四石，正六品十石，从六品八石，正七品至从九品递减五斗，至五石而止。自后为永制。"换言之，法律上明朝官员正一品官员的俸禄是每月八十七两，至于最低的从九品只有五两。这就是说，朱元璋划定的赃罪死刑的红线相当于正一品官的月薪。

那么，这么一笔钱到底值多少呢？创作于明朝万历年间的《金瓶梅》中记载："到了次日初二日，西门庆称出四两银子，叫家人来兴儿买了一口猪、一口羊、五六坛金华酒和香烛纸札、鸡鸭案酒之物。"四两银子可买一猪一羊五坛酒等物。"西门庆旋用十六两银子买了一张黑漆欢门描金床，大红罗圈金帐幔，宝象花拣妆，桌椅锦机，摆设齐整。"十六两银子可以装饰出一间高品质卧室了。创作于明初的《水浒传》中，武大买房花了仅十数两银子，且买的是县门前楼全产权两层楼房带两个小院落。可见，八十贯（两）并非一笔小数目。到后来，朱元璋又诏令天下："为惜民命，犯官吏贪赃满六十两者，一律处死，决不宽贷。"将八十两的底线下调到六十两。

这当然并非朱元璋的发明，而是中国历史上延续两千年之久的"计赃论罪"。历代帝王都高度重视"治国必治吏"，"计赃论罪"就是用以警示、防范和处理官员腐败的传统模式。它始于战国时期，李悝在魏国变法，制定了第一部成文法典——《法经》，其中第五篇《杂律》中规定了"假借不廉"（即贪污）和"淫侈""受金"等内容明晰的罪名和惩罚办法："丞相受金，左右伏诛。犀首以下受金则诛。金自镒以下罚不诛也。"商鞅在秦国变法，其中核心一条便是"计赃论罪"，以赃物的多少与价值的高低作为腐败的定罪依据。

此后，汉承秦制，对于官吏索取贿赂更是加重了处罚。如《汉书·陈万年传》汪如淳引律规定"主守而盗直十金弃市"，对"枉法受赇""恐猲受赇"者，加重处刑，把行贿者纳入惩罚的范畴。晋朝盛行注律，规范了贪污罪的概念——"货财之利，谓之赃"，"以罪名呵为受赇"，"受所监临"是指监临官不因公事而私自收受所辖范围内官吏、百姓的财物。而"坐赃"则是指非监临官因事接受他人的财物。

《唐律疏义·职制律》规定了具体的处罚规则："诸监临主司受财而枉法者，一尺杖一百，一匹加一等，十五匹绞；不枉法者，一尺杖九十，二匹加一等，三十匹加役流。"如果是事后受财则考察其是否枉法，分别对待："事若枉，准枉法论；事不枉者，以受所监临财物论"。"诸监临之官，受所监临财物者，一尺笞四十，一匹加一等，八匹徒一年，八匹加一等，五十匹流二千里。与者，减五等，罪止杖一百。乞取者，加一等，强乞取者，准枉法论"。《唐律》还对贿赂罪实行"计赃论罪"。

宋初，"凡罪罚恶从轻减，独于赃吏最严"。元朝规定："职官因事受财枉法者，除名不叙；不枉法者殿三年，再犯不叙，无禄者减一等。枉法一贯至十五贯者笞四十七，十贯以上至二十贯者笞五十七，二十贯以上至五十贯者杖七十七，一百贯以上杖一百零七；不枉法一贯至二十贯笞四十七，二十贯以上至五十贯笞五十七，五十贯至一百贯杖六十七，一百贯以上至一百五十贯杖七十七，二百贯以上至三百贯杖九十七，三百贯以上杖一百零七，除名不叙。"《大明律》还有规定：官吏有受财而枉法者，一贯以下杖七十，受财达八十贯者处以绞刑。监守盗"不分首从，并赃论罪"，一贯以下杖八十，四十贯处绞刑。

《大清律》规定："凡诸人有事，以财行求，得枉法者，计所与财，坐赃论。若有避难就易，所枉重者，从重论，其官吏刁蹬，用强生事，逼抑取受者，出钱人不坐"。"说事过钱者，有禄人减受钱人一等，无禄人减二等，罪止杖一百、徒二年。有赃者，计赃从重论"。凡私放钱债，每月取利不得过三分，年月虽多，不过一本一利，违者，笞四十，以余利计赃，重者坐赃论，罪止杖一百。胆敢舞弊者，将"照侵盗钱粮律治罪"，或以"违旨计赃论罪"，或以"以违旨侵欺论罪"。

应该说，这些具体的规定，一方面落实了"计赃论罪"的标准，使之判罚有据，另一方面又有力地给大多数官员划了一道红线、警戒线，特别是对大贪起到了恫阻的心理作用。如顺治提出"治国安民，首在严惩贪官。大贪官员，问罪至应死者，遇赦不宥"。有了计赃的依据，区别了大罪和轻罪，体现了宽严相济的儒家法律文化。

"计赃论罪"陷入"一切之法"的樊篱

然而，传统的"计赃论罪"又陷入了"一切之法"的樊篱。

尽管朱元璋惩腐论罪的计赃标准一严再严，却依然无法阻挡臣子们

"朝杀而暮犯"。原因何在？除了体制上的因素外，恐怕还有一个因素就在"计赃论罪"本身就具有两面性，是"一刀切"的做法。

帝制时代的"计赃论罪"，是将立法和司法混为一体，既然立法上规定了具体的计赃标准，那么司法时必须以此为准，这就直接导致司法实践中往往只注重数额而忽视情节、后果等根本性问题，如明朝初期，受赃超过八十贯之后，一百贯和十万贯都是一样的结果，致使量刑失衡问题严峻，也不合乎"立法定性，司法定量"的原则。这主要体现在三个方面：

一是计赃难，全在人为

实际执行过程中，"计赃论罪"又受到诸多客观因素的制约，导致执行难，"同罪不同罚"现象普遍。其中关键之一就在于如何公平计赃。在唐玄宗开元十六年（728 年）五月，御史中丞李林甫奏："天下定赃估，互有高下，如山南绢贱，河南绢贵，贱处计赃，不至三百，即入死刑，贵处至七百以上，方至死刑，即轻重不侔，刑典安寄？"

李林甫所说属实，天下赃物种类繁多，不同时期、不同地区物价的差别很大，给计赃定罪带来困难。因此，执行时首先得统一计赃标准，公平计赃。唐律中确定以绢价平赃，宋朝亦承继，另外加上了以钱代绢、计钱定罪的原则。而有学者指出，两种计赃标准的出现，使计赃论罪更加复杂化。一方面市场绢价此升彼降，货币也有升贬的时候，直接影响了计赃的数量和定罪的轻重。甚至有时各地货币种类不一，不同币值之间又有悬殊，造成计赃论罪的混乱。

唐律中规定："罪人所取之赃，皆平其价直，准犯处当时上绢之价。"《宋会要辑稿》记载："国朝之制，凡犯赃者，据犯处当时物价上估绢平赃。"计赃时以贪官所处地当时的物价来估算成绢数，但问题是，如果这个官员所受之赃物离京城千里之外，或者时间相去多年，或赃物的质量精粗，又如何来估算呢？因此，在具体的估计赃款时，"皆长吏、通判、本判官面勒行人估定实价"。"纵有卖买贵贱与估不同，亦依估为定"。这就全凭办案者的能力与品行了，也就不可能不存在上下其手的空间。

二是以计赃为前提，容易忽视犯法情节

宋神宗时，大文学家曾巩的弟弟曾布，曾经担任过右仆射（宰相），他就对"计赃论罪"提出了异议："盗情有重轻，赃有多少。今以赃论罪，则劫贫家情虽重而以赃少减免，劫富家情虽轻而以赃重论死。是盗之生死系于主之贫富也。"（《宋史》卷一九九《刑法一》）这虽然谈的是盗抢罪，但与赃罪同理。因此，他提出：以赃定罪，"皆从罪止之法"。

很显然，抢劫情节有轻有重，所得赃物也有多有少，如计赃论罪，那么抢劫贫穷人家，情节即使很严重，但因为所得赃物少而判轻罪；抢劫有钱人家，情节即使很轻微，因为所得赃物易多而要论处死罪。因此抢劫者的生与死，全在于被抢人家的贫与富。死生之别，仅仅是幸或不幸而已。因此，必须改变旧法，论罪必须考察其情节轻重。宋哲宗元符年间曾布为相，朝廷降诏从其议。《宋会要·刑法》缩小了赃在定罪中的比重。但不久，曾布罢相，诏如旧法。

三是以计赃为本，容易忽视犯法后果

明末清初思想家王夫之总结政治教训，在《噩梦》一书中特别讨论了"计赃论罪"的问题，计赃论罪是"一切之法"（一刀切的法律），违背实事求是的原则。其理由有三：一是认为"受财不枉法"只涉及官员操守、官场风纪，不能定为罪名。就是说既然不枉法，就只是道德问题，枉法则是法律问题，这与今天我们所说的纪律和法律有区别是一个道理。二是认为，用一刀切的法律去威吓官员，使得官吏几乎人人都可能犯罪；

接受下属亲友的礼品，就被认定违法，使得官员没有廉耻感，只会想方设法来逃避隐瞒；上级也担心因一些小的非法收入导致下级犯重罪，因而帮助下级开脱，结果法律越是严厉，官员越是隐瞒，"法与势之必然也"。三是认为受贿的多少与造成的实际损害并没有直接的关联。他举了两个例子：

有个吏部官员受贿，将一个昏官派到要害岗位，导致激变或丧师，给国家造成不可挽回的重大损失，可受贿的数额才五十贯，结果被判徒刑；另一个吏部官员因情面受贿达两百贯，只不过将一个官员委派为仓库管理员，或水利管理员，这个职位只要品行平平的人都可以胜任，但要计赃论处死刑。这显然不公平。一个法官受贿五十贯，听从诬告判处一个无辜的人死刑，这个法官只能被判流刑；另一个法官受贿二百贯，听从诬告将一个无辜者判处杖刑，这个法官倒要判死刑。因此，王夫之认为枉法罪应按照造成的危害后果（所枉之重轻）进行定罪量刑。朝廷要尽量全士大夫名节。官员有了名节，就有了廉耻，不会主动去索贿。"唯宽也，乃能行其严，恶用此一切之法为！"

"计赃论罪"遇到的致命难题

实际上，帝制时代，"计赃论罪"也常常遇到些致命难题。如《唐律》中将监临之官"借奴婢"一事，以"受所监临财物论罪"论处，这可算是我国历史上最早的"性贿赂"的观念。"性贿赂"并不涉及具体的赃物，无法计算成绢或钱，怎么来"计赃论罪"？

同理，其他非财产性贪贿在古代早已存在，比如给官员子女参加科举考试（高考、上学、晋职提级）提供便利，通过帮助官员子女亲属逃避法律处罚，诸如此类的腐败，越是高压反腐时越是成为主流，如何纳入"计赃论罪"之法中？不将此等非财产性贪贿纳入法律的范畴，又如何能有效地适应打击贪腐的新形势需要？

传统的"计赃论罪"过分强调受赃的量（显象），忽视了核心事实，即渎职侵权的情节与后果的严重性程度（内隐），换言之，历代帝王立法"计赃论罪"的目标不在于根除此类犯罪，在那一制度中也不可能根除，如朱元璋只是试图将贪腐控制在一个"合理"的心理范围之内。说穿了，八十贯足够一个高级干部生活无忧了，不允许官员无节制地贪贿，过度侵犯百姓的利益，影响到王朝的统治秩序和政权的稳定，因此"计赃论罪"其实就是以死刑相威胁。由此，千百年来，"计赃—追赃"成了反腐败的主线，民众的兴奋点是贪官的钱数，追赃成了政府止损的手段，假如赃款能全数追回，还可减轻处罚。没有人关心如何挽救受损的公权力。而公权力受到的侵害是无法用钱数来计量的，它直接与民心画等号。这也是朱元璋等帝王反腐失败的根本原因吧。

清修《明史》为何费时百余年

明清易代，官方对修明史予以极高的重视，然而为何前后费时 140 年，创下了历史之最？要回答这个问题，首先要回答：明代末年，官员坐等出事，纷纷等待新主，可是为什么清朝立国后，很长时间还消除不了人们对明朝的记忆？清朝帝王对诗文中出现"明"字一直格外敏感，明朝成为其心中抹不去的魔咒，这是何原因？

首先要问的是，怀念旧朝的都有哪些人呢？一是遗民；二是贰臣；三是底层文人。

清初明之遗民格外怀念晚明的美好生活。陆应回忆万历年间百姓吃穿之外，喝酒听戏是常事，"至今好不思慕"。生于万历四十六年的陈舜在《乱离见闻录》中描述天启年间的物价：一斗米卖二十钱，一斤肉只六七文钱，"穷者幸托安生"，"工贾九流熙熙自适，何乐如之"。康熙年间丁耀亢回忆，万历年间的山东农村，门少催科人昼眠，四十八载人如醉；家家户户健牛肥马，一斗粟米只需十钱。回想起来，"如何过之心不哀"？（《古井臼歌》）

遗民李长祥在《天问阁集》之《刘宫人传》中对万历皇帝有过高度评价，认为万历比起汉光武帝、唐太宗来，品德更在其上。"其能使海内家给人足，道不拾遗，夜不闭户者四十八年，有以哉！"

《吴嘉纪诗笺校》中收录《一钱行赠林茂之》一诗，反映了清初从文人到卖酒的普通市民对万历皇帝的深厚感情，甚至看见万历时期的钱，而至于潜然泪下："杯深颜热城市远，却展空囊碧水前；酒人一见皆垂泪，乃是先朝万历钱。"《渔阳感旧集小传》载：一个叫林古都的福建人

"尝纫一万历钱于衣带间"。清朝定鼎二三十年后，有作者写文章时，仍用"崇祯五年"年号。因为年号的问题还弄出很多文字狱来。

贰臣，清初特指背明降清之臣。乾隆敕修《贰臣传》，分甲乙两编，列贰臣 123 人，文武各半，如孔有德、吴六奇、祖可法等 58 个武人；冯铨、钱谦益、陈名夏等 65 个文人。但是顺治康熙年间的史馆，恰恰是贰臣会集之地，其中有史馆任职经历的多达 17 人。

同时贰臣私修史书非常普遍。许多贰臣世代官宦之家，有的甚至为著名藏书家。如孙承泽有七万余卷的藏书楼玉凫堂，时称"退谷万卷楼"；钱谦益先建有拂水山房，次建红豆山庄，后建绛云楼，藏书称七十三椟。通过修史，补充史料，寄托对明朝的怀念之情。孙承泽，一生三易其主，但对明朝始终怀有眷恋之情，晚年杜门山居，不问朝事，专心修史。此时官修明史更促成了私修明史的热潮，最终还弄出"庄廷鑨明史案"。

顺治二年（1645 年）六月，多尔衮命抚按查明并赡养明代诸王的遗腹子，冯铨等赶忙叩头谢恩，多尔衮说他们不忘旧主，冯铨答曰："一心可以效忠两位君主，但是对一位君主不能二心啊。"

顺治三年（1646 年）六月，钱谦益称疾乞归，返回南京，一年后突然被逮捕北上，关入刑部大狱。经柳如是全力奔走营救，才得以免祸。顺治六年（1649 年），钱谦益从苏州返回常熟，表面上息影居家，暗中与西南和东南海上反清复明势力联络。瞿式耜上奏桂王说：钱谦益"身在房中，未尝须臾不念本朝，而规划形势，了如指掌，绰有成算"。不顾年迈体弱，多次亲赴金华策反总兵马进宝反清。顺治十七年（1660年），郑成功等再度北伐，连克数镇，钱谦益欣喜若狂，慨然赋诗歌颂抗清之师，"杀尽羯奴才敛手"。另一贰臣陈名夏也说："只须留头发，复衣冠，天下即太平矣！"

万斯同是黄宗羲的得意门生，他将修《明史》看作继承先世遗业、效力明朝的一种方式："昔吾先世四代死王事，今此非王事乎？祖不难以身殉，为其玄曾乃不能尽心网罗以备残略，死尚可以见吾先人地下乎？"他接受清廷邀请参加"明史"修撰，却终生拒领薪俸。黄宗羲劝勉万斯同说："一代是非，能定自吾辈之手，勿使淆乱，白衣从事，亦所以报故国也。"后又同意弟子和儿子参与修史，"以任故国之史事报故国"，同时却断绝了朝廷征召自己修史的念头。

明清鼎革之际的贰臣们为什么入清后反而怀念旧朝？一方面是汉人面对的大变局超乎想象，他们被迫抛弃了汉服，剃掉了头发，穿上了马褂，梳上了长辫，以臣服的代价换得幸存后有种黍离之悲。另一方面，清朝虽然建立，但希图为明复仇者不乏其人，直至康熙时期民间反清势力仍有相当影响，特别是郑成功、吴三桂势力不可小视，这些都给贰臣们以强大的心理刺激。此外还有一关键因素，就是清朝的皇权专制对汉族士大夫予以严格制约和打压，汉族士子很难进入权力高层。晚清文人管同总结明清之差异，认为明代大臣专权，而清朝大学士、督抚不过是奉命行事；明代言官竞相言事，清代御史可有可无；明代读书人结社讲学，清代则完全见不到；明代士大夫主持清议，清代则将敢于议论时政的人于科举中淘汰。明代官横而士骄，清代士大夫只知仰承上意，缄默畏葸，养成一种不负责任的风气。两相对照，不言而喻。

那么，清初统治者是如何试图消除汉族文士对故国的怀念情结，特别是潜藏在他们内心的民族情绪和民族矛盾，以维护其合法统治的？

马克思说过，落后的民族征服先进的民族，从来都是历史的倒退。为掩盖这种历史的倒退，修史是最好的选择。

顺治二年（1645 年）四月，御史赵继鼎奏请纂修《明史》，博选文行鸿儒充总裁、纂修等官。赵继鼎也是贰臣，奏请修史不外两种心理，一是服务大清不忘大明，二是对故国文献的热爱。作为一个饱读儒家诗书的士子来说，毕竟王朝认同和民族认同、文化认同是绕不过的坎。

修前朝史，对于新的政权来说，一则可以借此宣告前朝已亡、本朝继统，消解遗民的反抗之志；二则可以为前朝君臣正名，以示尊荣，借此安抚缓解内部矛盾。因此，双方一拍即合。修明史正治统，消除汉人对明代的记忆，本着这一宗旨，顺治很快就批准了赵氏的请求。当即启用大量贰臣主持修史，或担任副总裁、纂修官。这些人并不都是毫无气节的东林党旧人，也有一些有气节的遗民。顺治年间内三院大学士冯铨、洪承畴、李建泰、范文程、刚林、祁充格任总裁，詹霸、赖衮、伊图、宁完我、蒋赫德、刘清泰、李若琳、胡世安、侍读学士高（尔）俨、侍读陈具庆、朱之俊充任副总裁官。康熙十八年（1679 年），《明史》纂修进入正轨后，又有徐元文、徐乾学、汤斌、熊赐履、王鸿绪等先后任总裁官。康熙甚至多次促请遗民万斯同主持修撰《明史》，并允许其在坚持不署衔、不受俸（这等于承认其遗民身份，需要很大的度量）之前提下前后修史 19 年，并以之为定稿，其目的就是希望使之"心服"。

从 1645 年至 1783 年，耗时近 140 年的《明史》纂修始告完成，时间之长，参修人员之多，令人惊叹。

为什么一部《明史》耗费时间如此之长呢？过去学界以为主要是由于开国之初修史条件不具备，史料不全，搜集资料耗时太久。如崇祯实录不存，加上各地战火不断等。这些原因其实都不成立，司马迁修《史记》尚且只历时 14 年，其条件比清初如何？不仅记时长度远胜于明，而且中间还经历宫刑意外。

笔者以为，《明史》修纂时间之长，是清朝统治者有意为之。署名张廷玉等纂修的殿本《明史》是在康熙十七年（1678 年），才下旨全面启动纂修的。这一年恰好是三藩之乱，吴三桂称帝。难道恰好这个时候修史的条件才成熟？

与其说清初统治者是借修史笼络汉族士子，还不如说借此羁縻士子，让他们的心思都放在修史上。

一个明显的证据就是《明史》版本之多也是无前例的，既有万斯同版《明史稿》第一版，又有王鸿绪版《明史稿》，还有张廷玉版《明史稿》，后者是在前两版基础上按照清朝皇帝的意思来修撰和删定的。一个中央政府要搞这么多《明史》版本干什么？何不集中人力搞一个版本？

更明显的是，《明史》对明朝历代帝王的评价经历了一个由美化到贬抑的过程。

前期的《明史》版本美化明朝历代帝王，可谓是处处用心。如对朱元璋的评价是"治隆唐宋"，对朱棣的评价是"远迈汉唐"。前期美化明朝帝王，是着意安抚贰臣遗民文人对故国之思与愧；民间反抗之志一日不消，修史则一日不止。

但是，乾隆四年（1739 年），殿本《明史》刊刻面世，乾隆对其并不满意，认为其中有许多犯讳处。在纂修《四库全书》时，开始修改《明史》。从乾隆四十年（1775 年），历时七年多，改定，并录入《四库全书》。

修改后，原《明史本纪》中的"英宗赞"称英宗"前后在位二十四年，无甚秕政"，改修后则成了："前后在位二十四年，威福下移，刑赏僭滥，失亦多矣，或胪举盛德，以为无甚秕政，岂为笃论哉？"原本评价明世宗为"中才之主"，而修改后则变为："且倚任权奸，果戮直臣，以快其志，亦独何哉！"只须拿武英殿本《明史》和"四库"本《明史》对比校读，就会发现，明朝十几位皇帝中，特别是景帝、英宗、武宗、宪宗、孝宗、世宗、穆宗七位皇帝的本纪中，评语都由褒到贬。这样，总体上就突出了"明朝多昏君"这一定位。

对帝王如此，对大臣也是如此。乾隆四十一年（1776 年），乾隆帝下令集议谥明靖难殉节诸臣和表彰明末清初抗清人物。十二月，下令将清初降清人物如洪承畴、冯铨、钱谦益等编入国史《贰臣传》。这些人多数在清初开国立下大功，有的还深得赏识，不想到了乾隆时却落到这样一个结局。

原因其实很简单，到了乾隆年间，各地反抗力量已消灭殆尽，修史已不再具有最初消解前朝记忆的意义，《明史》被赋予了新的意义：维护对体制的忠诚，表彰气节、贬抑贰臣就是这个用意。

和珅为何讨不到嘉庆欢心

被打上"史上最贪大老虎"烙印的和珅，一生能大得乾隆之欢心，位极人臣，享尽富贵，顺风顺水，可就是这样一位能臣为何却得不到嘉庆之欢心呢？历史上很多大臣都能做到历事数朝，和珅为何做不到？

皇子不能结交大臣，和珅根本没有机会亲近嘉庆

很多论者简单地提到，说嘉庆当亲王时即恨透了和珅，可是没有提出任何依据，这恨从何来？

我们要从大清禁忌谈起。

古代帝制时期，为了皇位，父子反目、兄弟相残的事件比比皆是。大清开国以来，宫廷内上演过多少惊心动魄的夺嫡之争，想必人皆尽知，由此还发展出朋党之争。王公大臣各自拥戴一个王子，公开争势，矛盾激化到不可调和之状，直接威胁皇权国本，在清朝初期和中期成为一大风景，皇帝为之头痛不已，康熙甚至不得不两废太子，常常被弄得心力交瘁。

为了防范诸皇子之间，特别是太子与其他皇子之间的明争暗斗，历代皇帝都想了不少办法，但收效不大。

雍正元年（1723 年）八月，深受"矫诏篡位"流言困扰的雍正，废弃了公开建储制，宣布实行秘密建储。雍正帝在乾清宫西暖阁召见王公大臣，共议秘密建储制，诸王大臣均无异议。雍正遂将密封的写有继位人姓名的锦匣收藏于"正大光明"匾后。秘密立储就是让皇子们相信自己都有继位的可能。这虽然防范了太子之争，但皇位之争的隐患并未

根除，既然大家都有可能，暗地里还是想搏一搏。

因此，自秘密立储实施后，清廷对皇子的约束愈加严格，时时防范其与大臣结交。尚书房课读，便是其中之一，于平定三藩后形成制度。

"我朝家法，皇子、皇孙六岁，即就外傅读书。"（《养吉斋丛录》）清代皇子虚岁满六岁便开始读书，早晨5点到下午3点，共10小时。一年只能休息五天，即元旦、端午、中秋、皇帝生日、自己生日，此外连除夕都不能放假。清人赵翼在《檐曝杂记》中对此曾大发感慨："本朝家法之严，即皇子读书一事，已迥绝千古。"

上书房课读既是清朝严格的皇子教育制度，同时事实上也是将皇子束缚于此，令其不得参与外务，结交大臣。因此后人不难理解为何有的皇子年已三十、分府已久，仍需每日前来读书。到晚清同样如此，同治年间，诏罢奕䜣职差，"仍在内廷行走、上书房读书"，上书房读书差不多形同一种处罚。

皇子读书是有师傅的，老师由皇帝指定朝中学养深厚的大臣担任，他们与皇子们结成师生关系，朝夕相处，往往感情深厚。但是为了避免结党之嫌，师生间的往来是相当谨慎克制的。

和珅是宠臣，也是能臣。他并非不想结交皇子，大清高官他也差不多挨个儿做了一遍，但由于他不是科举出身，连一个举人的名分都没有，因此唯独没有当过皇子们的师傅。受制于清朝的禁忌，和珅没有机会结交皇子颙琰，也就是后来的皇帝嘉庆。

嘉庆性格稳重，根本不吃和珅这一套

嘉庆本名爱新觉罗·颙琰，乾隆二十五年十月初六（1760年）生，嘉庆元年（1796年）正月初一于太和殿继位，时年36岁，在位25年。他是大清第七位，也是入关后第五位皇帝。

从史料来看，和珅聪明机敏、精明干练，既会笼络同僚，又会打击

异己；既能与乾隆和诗、摹仿其书法、修持密宗，又能逗乾隆开心、顺乾隆心意。他不仅有才学，而且年轻、精力旺盛。他还是一个语言天才，精通满文、汉文、蒙文和藏文。和珅办事能力也强，乾隆四十五年（1780 年）时，31 岁的和珅奉命去查办大学士、云贵总督李侍尧贪污一案，先从其身边管家下手，弄清楚事实真相，将李侍尧下狱查办，前后总共不过花费了两个月的时间，其精明干练，当非徒有虚名。

乾隆五十八年（1793 年）六月十八日马戛尔尼使团来到北京。事后，英国特使是这样评论和珅的，说和珅在谈判中"保持了他尊严的身份……态度和蔼可亲，对问题的认识尖锐深刻，不愧是一位成熟的政治家"。

可见，乾隆亲信和珅、信赖和珅并非他一味顺帝之须，只会吹牛拍马，没有几下子怎么可能征服自大自满、自称"十全天子"的乾隆？

作为政治家的和珅，真正有机会和嘉庆打交道是到了乾隆退居太上皇的训政时期。嘉庆只是乾隆众多儿子中的一个，且排名靠后。但嘉庆之前的哥哥们不是夭折就是病死，只有皇十一子永瑆和皇十五子颙琰，顺理成章地成为乾隆心目中的继承人选。永瑆聪明睿智、才气横溢，做事颇有主见；颙琰性格内向、性情凝重，为人规矩仁孝。按照现代人的思维，理应选择前者作为储君，但这只是后人的想法。自信的乾隆却选择了颙琰，其心理不外乎继任者能够保持他所开创的事业即可。事实上，嘉庆也做到了，他忠厚老实，规规矩矩，重视仁孝，对乾隆言听计从。朝鲜使者也多次向朝鲜国王汇报："颙琰为人持重、度量豁达，最为乾隆皇帝喜爱。"而且即位后嘉庆爱按"实录"办事，没有令乾隆失望。

位高权重的和珅不可能不为自己的未来谋划久远，相信他在乾隆身边时无一刻不想探听储君的人选，但直到乾隆宣布的前一天，他才获知信息。可以想见乾隆对和珅也是有所保留的。和珅未尝不知，连自己的儿媳、深受乾隆偏爱的固伦和孝公主都意识到了，据昭梿《啸亭续录》中记载："公主尝对丰绅殷德言：'汝翁受皇父厚德，毫无报称，惟贿日彰，吾代为汝忧。他日恐身家不保，吾必遭汝累矣。'"

乾隆六十年（1795年）九月初三日乾隆册封颙琰为皇太子，和珅如获至宝，于初二日即向嘉庆递上一只如意，这明显是想讨好嘉庆，在新君面前留下一下好印象。

然而，嘉庆并没有因此看好他，相反，在查处和珅时，嘉庆将之作为二十大罪的首款，称其"漏泄机密，居然以拥戴为功"。说和珅漏泄机密，是恰如其分的；说他"居然以拥戴为功"则有些苛责。和珅有没有这个意思，当然有，但人家也是出于一片好意。或许在嘉庆看来，这个消息来得太迟了点。当然，这不是主要因素。

关键在于，性格沉稳的嘉庆根本不吃和珅这一套。当了36年皇子的嘉庆深知，别说乾隆只是宣布太子之位，就是真正传位之后，仍然可能将其皇位废掉。他唯有谨守周公的教训："君子力如牛，不与牛争力；走如马，不与马争走；智如士，不与士争智。德行广大而守以恭者，荣；聪明睿智而守以愚者，益。"对和珅这种小聪明，嘉庆只有反感。

我们看嘉庆亲政后所重用的大臣就知道，王杰、朱珪、刘墉、董诰等都是德行很好的官员。

嘉庆与和珅是两类人，不存在相互吸引，相反，只有畏惧，像畏惧父皇乾隆一样

对于嘉庆这个皇帝，史家历来评价不高。如阎崇年称其为平庸天子，既没有政治胆略又缺乏革新精神，既没有理政才能又缺乏勇于作为的品格。这是用今天的标准来衡量嘉庆。试问，清朝哪个皇帝有革新精神？试问，嘉庆处理和珅，有哪个皇帝比得上他？没有政治胆略，没有理政才能，能够将和珅案处理得水波不惊？欲擒故纵，调虎离山，制造舆论，干脆果断，颇为讲求策略。当朝臣力主穷追余党时，嘉庆却反而及时收手，对那些由和珅保举升官或行贿官员，概不追究：凡为和珅荐举及奔走其门者，悉不深究，勉其悛改，咸与自新。一句话迅速稳定大局。那么精彩，那么漂亮，怎么称他平庸呢？

和珅讨不到嘉庆的欢喜，最根本原因是二者不是一类人。众所周知，和珅是私德很差的权臣能臣，而嘉庆被称为是私德最好的皇帝。他的勤政、耐性、毅力，古今无二，天下无双，他的节俭、宽厚在历史上留下了深刻的印记。他的治政理念务实："虽有良好美意具于方册，而不得奉行之人，则治功不奏；虽得奉行之人，而不励勤敏之志，则庶事无成。"

嘉庆是个懂事的皇帝，"更深何物可浇书，不用香醪用苦茗"。也懂得民生疾苦、吏治之蔽。他即位初，在嘉庆五年（1800年）写的《邪教说》中指出，民众叛乱的根本刺激原因是对经济的不满，追随白莲教叛乱，从本质上讲不是反叛行为。试问历代皇帝有几人有这胸怀，有这眼光？

嘉庆亲政以后，开始"咸与维新"，但他不喜欢这个说法。嘉庆四年（1799年）元旦，国子监祭酒、蒙古旗人法式善，向嘉庆上表称贺，为"新政维新"欢呼，嘉庆反对这一表述，认为他只是继续皇父的善政而已，法式善因冒失被革职。但事实上，嘉庆做出了很多大胆的改革。如广开言路，恢复了京控制度。这在顺康雍乾时期几乎是不可想象的。这几位所谓盛世帝王以充分的自信指出，天下兴亡，不在宰相，不在臣下，而在皇帝一人而已。他们反对书生议政，指斥臣下建言，甚至反对朝有"名臣"。宰执大臣只要忠实执行皇帝决策即可。导致宰执只好侵地方督抚之权，督抚侵下官之权，整个政治生态委顿，毫无生气。嘉庆还首次将军机处置于御史的监督之下，并建立回避制，恢复了"九卿"议事制，从制度上制约军机处的权力。还创立了一种新的机构——发审局，隶属于按察司的审判机构。改变内务府终身任职制，变内务府官员为通常三年一任制，又限制征缴议罪银。

这些举措在大清入关以来都属于"新政"，嘉庆十年（1805年）九月嘉庆东巡，发出"亡国之君皆由于不肯守成也"的声音，据此被认为是"守成"之君，甚至还被人归结为荒唐的"接班人心态"。却不知，名为守成，实则是巩固自己的新政。

而这些新政，很大程度是针对和珅而来的。和珅在时，言路不通倒不能算在其名下，但很多重大政事都不能上通下达，被其一手遮天。军机处、内务府、议罪银都是和珅牢牢把控的机务，别人插手不得。洪亮吉直言：大清现在出现的问题，根子在乾隆时期。乾隆在晚年也承认："各省督抚中廉洁自爱者不过十之二三，而防闲不峻者，亦恐不一而足。"政治腐败不是一朝一夕形成的，和珅自然负有重大责任。然而，要想改变这一切，亦非嘉庆所能办到的。苛责他不彻底革新制度，这如同责怪光绪不实行社会主义一样。

还有一种谬论，说乾隆明知和珅腐败，却故意养着他，好让儿子嘉庆处置他，一来立威，二来吃饱。乾隆有这么荒唐吗？他难道不知道和珅钱再多，也不过国库一二年的收支，吃完以后呢？他难道不懂得放纵他腐败，影响有多可怕？严重点说破坏政治生态，损害民心；往轻里说，也容易误国误民。

其实，和珅能赢得乾隆欢心，完全出于报恩心理；乾隆信赖和珅，完全是出于盲目自信。和珅固然知道一朝天子一朝臣，为了维护自己的地位和权益，他试图讨得嘉庆欢心，讨好不成，才设计限制并监视嘉庆。嘉庆对和珅其实并不十分了解，他做亲王时，无疑听闻过和珅的所作所为；在乾隆训政时才直接接触了和珅。他对和珅只是本能地抱有一种畏惧。

《秦鬟楼谈录》中记载，当时和珅出入宫中时，伺乾隆喜怒，所言必听，虽诸皇子亦惮畏之。"内外官员畏其声势，不敢违拗。"三年训政期间，嘉庆感同身受。"尝晚出，以手旋转其所佩剔牙杖，且行且语曰：

'今日上震怒某阿哥，当杖几十。'"这还只是一些细节小事。这样一个人，嘉庆不可能亲近他，相反，有的只有畏惧，像畏惧他的父皇乾隆一样畏惧和珅。

和珅被下狱后，嘉庆问直隶布政使吴熊光："人言和珅有异志，有诸？"传说和珅有异志，有谋反之心，这是不可能的，和珅绝对是个忠臣，他对乾隆忠心耿耿，绝无二心。如果嘉庆能够接纳他，相信他对嘉庆也会一样忠心耿耿。这是和珅的性格和经历所决定了的，事实也是如此。但从这一问中，也不难发现，嘉庆其实并不了解和珅。吴熊光回答说：和珅这个人，无论满人、汉人，几乎没有人归附他。

可见，和珅心里眼里只有乾隆，他没有刻意结党，无论是奔走其门者还是受其压制者，都是看在钱的面子上；至于权，他相信只有乾隆能够给他，也只有乾隆能够废他。正因为如此，无论是得了好处者还是受其迫害者，都从心里不归附他。和珅死后，嘉庆一言吐露心结："和珅罪之大者，盖由事权过重。"事权过重，天子畏惧；钱财太多，臣民愤怒。这就是一代权臣和珅的悲剧。

通观史册，和珅的遭遇不是异数，是大多权臣之所以身死家灭的共同规律。

微服私访的背后

"微服私访"恐怕是中国民间百姓口中最津津乐道的故事。皇帝或官员偶尔走出深宫、衙门，身着便服到民间私访，总是有说不完的故事，也是千百年来中国百姓内心里非常渴望的一件事，如果有冤屈，那简直是一根救命稻草。但是，皇帝或上司私访却又是下属官员内心里十分担忧恐惧的事。

正是由于这一喜一忧，微服私访为百姓所乐见。

历史上不管有作为无作为的皇帝都喜欢微服私访，至少都有这样一个愿望，有的实现了，有的没能实现而已。毕竟世界很大，都想去走走，一个皇宫，好比围城，没有进去之前，做梦都想进去，一旦进去了，就受不了那种束缚、呆板、无趣、紧张甚至恐慌的氛围。而且，走进民间，以一种权力之外的面貌出现，名义上还是亲民、爱民的表现，骨子里还有一种神秘感甚至恶作剧感：看看臣子们真实的表演。

早在春秋时期的齐桓公便开了微服私访的先河。

一天，齐桓公穿着便服去坊间访察民意，见到一位老者在家中独居，自己料理生活。齐桓公问他其中缘故。老人回答说："我因贫穷而未能娶妻，现在虽然已经年过七十，但只能独自生活。"

齐桓公回到宫中，立即把这件事告诉了国相管仲，并问道："怎么才能让百姓都婚配成家、安居乐业呢？"管仲回答："我听说，如果君主喜爱积聚财物，使内库堆积如山，那么下面的臣民必然会贫穷困乏；如果君主在宫中豢养大量独守空房的女子，那么民间必然会有众多娶不上妻子的男丁。"齐桓公沉思良久道："说得好！"于是下令，凡是还没同他共寝过的宫中女子都可以出宫嫁人，又告喻民众说："成年男子要在二十岁建立家庭，女子则要在十五岁出嫁。"从此，宫中无怨女，野外无鳏夫了。

齐桓公的这次微服私访，被称为是体察民情的成功范例。

"畜积有腐弃之财，则人饥饿；宫中有怨女，则民无妻"（《韩非子·外储说右下》）；管仲的这句话也成了名言。其实这只是道出了一个并不怎么高明的常识而已。

问题是，身为相国的管仲又是干什么的呢？他难道不知道齐桓公所看到的问题吗？或者说，他为什么发现不了问题？

当然，我们可以说，相国是管大事的，但民生难道不是大事吗？管仲不知道齐桓公通过微服私访获得的问题，责任不在管仲吗？或者说，管仲平时获得的信息中根本没有此类信息，是治下的各级官员将信息屏蔽了。

造成信息屏蔽的根本当然就是"皇权至上"、官本位的政治制度，在这种制度下，官僚与民间之间是隔一道消音屏的。这道消音屏大多是刻意设立的，我们看古装戏，官老爷出场，前面必要鸣锣开道，举着写有"肃静""回避"的两块牌子。这固然是出于安全考虑，但根子还是"君权神授"的神秘观念，企图通过摆弄权威震慑愚民，保持社会的稳定。有的看似无意，实则也是刻意，许多官老爷生活在自己狭隘的圈子里，眼睛里只有皇上，自动与民间保持着距离。甚至因为无能，生怕自己治下的问题被上面知道，因而，总是有意识地屏蔽各种不好的信息。这种自上而下的权力制度必然造成欺上瞒下、信息阻塞。

没有欺上瞒下，信息畅通，就无须微服私访。

"觇国之强弱，则于其通塞而已"，梁启超在《论报馆有益于国事》中就明确提出这一重大问题，他认为，"中国受侮数十年"就在于清政府的"壅塞"，壅塞的表现一是"上下不通"，二是"内外不通"。上下不通使君民隔膜，"故无宣德达情之效"，内外不通使中外阻塞，"故无知己知彼之能"。因此，"壅塞"二字就是阻碍社会进步和国家强盛的症结所在。他在《时务报》上发表的第一篇文章就是《论报馆有益于国事》，文中他提出"耳目喉舌"论，用耳目喉舌之喻说明了报刊"去塞求通"的作用。

但在古代缺乏现代媒介的情况下，稍有振作图强的皇帝或上司，就只能靠自己亲力亲为来打通这种壅塞。方法之一便是微服私访，他们深知自己所获得的信息经过了层层过滤，喜报总是比忧报多，即便是报忧的，其忧之原因也经过了各级官员的刻意解释，与真相相距太远。但毕竟皇帝或上司不可能经常微服私访，所以，只是一种便宜之计，不可能形成一种制度安排。尽管从秦始皇到汉武帝、汉成帝、晋明帝、唐高祖、唐中宗、唐宣宗、辽穆宗、明武宗、清同治帝等，都有过微服私访的记载，但总是一个小概率事件。

方法之二便是重新建立自己的耳目喉舌。明朝的东厂、西厂便是这样一种产物，清朝的密折制度也是这样一种制度安排。

看到微服私访背后真正原因的只有康熙皇帝，康熙在位整整一甲子，可能是能与汉武帝比肩的出巡最多的皇帝。有专家统计，他曾 3 次东巡，3 次西巡，6 次南巡，48 次北巡，27 次巡幸京畿。康熙如此频繁之出巡，没有一次是微服私访。究其原因，在于他明确反对微服私访。

在《清圣祖实录》卷 271 上，记载了康熙晚年的一道圣谕："朕尝观书，见唐明皇游月宫，宋真宗得天书，此皆好事狂妄书生伪造，岂可以为实而信之乎！又宋太祖、明太祖皆有易服微行之事，此开创帝王，恐人作弊，昌言于外耳。此等事朕断不行，举国臣民以及仆隶未有不识朕者，非徒无益，亦且有妨大体。况欲知天下事，亦不系于此也。"

他刚开始寄希望于密折制度，康熙对于江南社会的了解，主要通过身为江宁织造的亲信曹寅的奏折报告。织造在江南负有监视官场地方、笼络知识分子、搜集情报的使命，即皇帝的密探。密折制度使康熙了解到江南诸如米价、雨水、灾荒的常情，得到有关地方上官员、谣言与盗贼的报告。

可是，密折制度对于通达下情来说不久也失灵了。

在康熙看来："总督、巡抚、提督、总兵官皆可密奏，地方有事，即当据实奏闻。前者四川之民流往贵州地方者甚多，贵州巡抚密奏，可知四川巡抚能泰之无能。""江南三江口地方，朕曾驻跸，此处盐贼藏于芦苇之处甚多，地方官并不查拿。至于山东地方盐贼，于沿村买卖之处散盐于百姓，公然勒取重价，以致官盐壅塞不行，商旅受害，地方官并不查拿，亦不据实申报。此中贼首，旗下逃人甚多，朕差兵百人往拿矣。此等事，必待朕亲闻，差人往拿，地方官职守何事，皆系不实心效力，以至于此。"

"曹寅、李煦曾有密折启奏，其江南、山东之督抚、提督、总兵官内，并无一人据实奏闻。适拿获之盗甚多，窃福陵金炉之贼亦在其内，此贼曾经报死，今复被获。如此重犯脱逃，仍复做贼者不少。"

没有人告诉他真话，无法通过正式渠道了解民情，这于皇帝而言不能不说是一种悲哀。问题是，康熙根本不知道，微服私访固然发生于制度失灵的前提下，自己的公开出巡又如何能真正了解真实的情况呢？政治生活必须围绕着信息的获取及传递、信任的塑造及维系而展开，如果说，微服私访是因为决策者对下级报告的情况存有疑虑，或者对下级隐瞒真实信息有所疑忌，不敢信任下级，那么，公开出巡，所谓"凡事必亲见"，看到的又岂都是真实的情况？下级官员隐瞒真实信息，是因为这对他们来说利益是最大化的，那么，提前打招呼，公开出巡，一样可迫使他们制造假象，以欺骗上级，同样可获得最大化利益。

法国传教士白晋在《康熙皇帝》一书中对康熙巡视留下了这样的记载："康熙皇帝为了了解国民的生活和官吏们的施政状况，时常巡视各省。视察时，皇上允许卑贱的工匠和农夫接近自己，并以非常亲切慈祥的态度对待他们。皇上的温和问询，使对方至为感动。康熙皇帝经常向百姓提出各种问题，而且一定要问到他们对当地政府官吏是否满意这类问题。如果百姓倾诉对某个官员不满，他就会失去官职；但是某个官员受到百姓赞扬，却不一定仅仅因此而得到提升。"

野史对康熙南巡更有深入的细节描写。《清稗类钞》载《圣祖六巡江浙》中说到康熙三十八年（1699 年）第三次南巡时，康熙去了苏州太湖的洞庭东山：

初三日晨出胥口，行十余里，渔人献鲫鱼、银鱼二筐。（上）又亲自下网，获大鲤二尾。上色喜，命赏渔人元宝。

时巡抚已先候于山，少顷，有独木船二拨浆前行。御舟近岸，而从者未至，巡抚备大竹山轿一乘，伺候升舆，笑曰：亦颇轻巧。有山中耆老百姓等三百余人执香跪接，又有比丘尼艳裝跪而奏乐……

在山士民老幼妇女，观者云集。上谕众百姓：你们不要踹坏了田中麦子。是时菜花结实成角，命去一枝细看，问巡抚何用。奏云：打油。上曰：凡事必亲见也。

上云：朕不到江南，民间疾苦利弊，焉得而知耶。

从这些记载可以看到，如果不是有意安排，士民百姓如何会提前等候在皇帝出现的地方？所谓"亲见"，何尝不是一场围绕皇帝而进行的正经的"演出"？

因此，康熙的公开出巡，本质上与微服私访没有什么两样，这也就是民间为什么长期以来盛行各种版本的"康熙微服私访记""十五贯""玉堂春"等故事的原因所在了。甚至可以说，在民间看来，与其公开出巡，还不如微服私访，但哪一个都不可能使任何一个王朝长治久安，传之万世。这类作品其实仍是在宣扬皇帝是好皇帝，爱民如子，问题出在各级官员上，仍然延续的是传统反贪思路，强化忠君意识与臣民意识。

微服私访只是传统中国农业社会民本思维的产物，离真正的官民互动距离尚远，真正的官民互动，应该在权力运行关系中建立起相应合理的制度安排做保障。

黠商还是官员：胡雪岩的身份之谜

作为晚清传奇人物的胡雪岩，一直被人看作是成功的商人，或者也仅被当作亦官亦商，所谓"红顶商人"，商是其主要身份，官不过是护身符。其实，胡雪岩的身份并非如此，厘清这一点，可以恢复历史的真实面貌。

时人眼里的黠商

起初，胡雪岩在同时代人眼里，不过是一介黠商。

读清末赵烈文的日记，读到一段关于胡雪岩的记载：

黠商胡光墉者，业杭城钱肆，省中候补牧令莫不与往来，丐其余润。王巡抚昔在杭府，委以事而办，才之，既抚浙，引以为用。胡有所捐助，屡保至江西道员。胡向与绍城钱业张存浩争利有隙，绍之风俗，搢绅皆兼业商贾，张力既厚，袒之者多，怀太守素畏土著，胡知不可用，遂言之巡抚，以廖宗元来守绍。廖者强吏，向协守菰城有效，佥言其宜。而廖友胡久，胡私意则欲其助之攘利而已。廖之至，乞水师四十艘于林藩台，又亲勇数百人皆至，水师骚甚，民咸畏怒。胡托他事干廖，以释憾于张，廖不知而行之，绍绅慑其兵力，不敢违，私愤益切。九月二十四日，贼既陷萧山，东至郡城尚百里，未得耗，但知有警，遣水师十六艘往，未遇贼即溃，大掠而返，民群起歼数十人。廖出抚民，为邑绅所拘，庄时为山阴令，往力解，事得释。廖返，未抵署，邑中水龙夫要之于道，殴之几死。水龙夫者，董事赵德山、王纪泉二人所喉，二人张存浩党，殴官实则私愤，其意欲辱之使去而已，故不至死。然祸既构，城内大乱，势不得止，复围廖亲勇于某庙，不克，皆逸去。时信息日逼，诸暨溃勇大集，无粮给之，绍人藏粟尚有万计，颗粒不粜，王团练亦束手无策。二十八日夜，廖在署见火光，从者误言八桨船复抢掠，廖愤极，吞洋烟而死。第二日城陷，实廖部卒怒绍人，导寇而至。故推原祸本，绍兴不陷，杭省或不至失守，廖习军事，不死，绍犹可完。廖无私憾于邑人，则当时不至死，非胡、张争利，则廖初至，无开罪绍人之端，全省数亿万之横死，乃肇于匹夫垄断之心。利之一字，吁，可畏哉！（《能静居日记》（一））

胡光墉，是胡雪岩的大名，清末巨贾，被后人歌颂为爱国商人，说他如何助左宗棠军饷收复新疆，说他致富如何讲求诚信之类。然而，从清末著名的幕僚赵烈文的记载来看，胡雪岩并非后人所想象的那样高大光明。且不说此人私生活混乱不堪，其所作所为也引起诸多争议。

胡雪岩这个人的一生，可视为当时政商关系的一个范本。胡雪岩的崛起，是那个时代典型的官商勾结的产物。他先是勾结王有龄，王死后，又得左宗棠信任。坊间传说他先是看到落魄的王有龄奇货可居，便以资助的形式为之捐官使他谋得一个实缺。其实，王有龄的发迹得力于两江总督何桂清的保举，与胡雪岩并无关系；胡雪岩的阜康钱庄在王有龄担任杭州知府之前已经开张，他之所以能从众多钱庄中脱颖而出，承揽"捐输局"的公务公款，基本上得益于他敢于突破常规，对外展示职业诚信，而又毫无忌惮地向后来担任浙江巡抚的王有龄输诚。此时的胡雪岩只不过是王有龄面前的一条狗，也凭借王有龄的权势，胡雪岩以为王有龄输捐的名义大肆向杭州富户敲诈。

胡雪岩身份的转折点是他的另一个"贵人"左宗棠。受曾国藩保举的左宗棠所部原本在安徽时已欠饷近五个月，饿死及战死者众多。奉命进兵浙江，粮饷短缺等问题依然困扰着左宗棠，令他苦恼无比。有说法指，急于寻找新靠山的胡雪岩又紧紧地抓住了这次机会：他雪中送炭，出色地完成了在三天之内筹齐十万石粮食的任务，在左宗棠面前一展自己的才能，得到了左的赏识并被委以重任。在取得左宗棠信任后，胡雪岩常以亦官亦商的身份往来于宁波、上海等洋人聚集的通商口岸间。他在经办粮台转运、接济军需物资之余，还紧紧抓住与外国人交往的机会，勾结外国军官。但他始终把自己的利益放在第一位。在左宗棠任职期间，胡雪岩管理赈抚局事务。他设立粥厂、善堂、义塾，修复名寺古刹，收埋了数十万具暴骸；向官绅大户劝捐，以解决战后财政危机等事务。在这过程中，只有短短几年，家产已超过千万。

赵烈文日记中所记载的这件事，清醒地暴露出胡雪岩贪财无忌的本性。

咸丰十一年（1861年）秋，太平军侍王李世贤从江西景德镇败窜至江浙金华。此时杭州本已受到李秀成围攻告急，不料忽听南方又来一股太平军，浙江大震。巡抚王有龄调提督饶廷选赴剿，李世贤败退至诸暨，转而陷浦江，进而陷掠萧山，溃兵集于绍兴。

本来绍兴防守为当地邑绅主持，清廷任命的团练大臣王履谦，受人愚弄，或借以牟利，太守怀清，知势不力敌，一切不问，防务废弛。

胡雪岩在杭州开银行，遍交省城大小官吏，"丐其余润"，又深得巡抚王有龄的支持。他与绍兴一个银行老板张存浩有竞争关系，且实力雄厚，胡雪岩一心想挤垮张老板。但是绍兴太守怀清害怕当地势力，胡雪岩指望不上他帮什么忙，就要求巡抚王有龄将其调走，换成廖宗元。

廖宗元与胡雪岩相交甚厚，自然对他言听计从。胡雪岩调廖宗元入绍兴，并不是为了绍兴防务，而是为了帮他谋利开方便之门。

廖宗元为人强悍，又习军事，他随身带了一支水师，骚动百姓，绍兴当地人都感愤怒。胡雪岩借故让廖宗元与张老板结下怨隙，廖宗元进一步引起绍兴绅民的私愤。

九月，太平军攻陷萧山，离绍兴还有百里之遥，廖宗元派水师往剿，结果还没有遇到太平军即溃败，水师大掠百姓。百姓群起打死水师数十人。廖宗元出面安抚百姓，结果反被绅民所拘，幸亏山阴县令庄时出面调解，廖宗元才得以被释。

廖宗元在返回衙门的路上，又被绍兴的水龙夫拦住，差一点被殴打致死。这些水龙夫恰恰是绍兴银行张老板的同党。

不久诸暨溃勇纷纷集于绍兴，无粮以食之，但绍兴城中藏有粮食上万石，一粒都不愿拿出来。九月二十八日，廖宗元在衙门见到城内有火光，误信水师抢掠，愤怒之极，吞洋烟自杀而死。第二天，绍兴城陷落。

绍兴城陷其实是廖宗元的部属迁怒于绍兴人，引太平军攻城而致。绍兴陷落不久，杭州也相继失陷。

赵烈文在日记中认为，杭州失陷的根源就在于胡雪岩与张存浩两个同业老板争利。他直言"全省数亿万之横死，乃肇于匹夫垄断之心"，使胡雪岩贪利无忌之心昭然于世。

这是胡雪岩早期勾结官场、干预人事、唯利是图的明证。

军中不可或缺之人

同治元年正月二十九日（1862 年 2 月 27 日），接到出任浙江巡抚谕旨的左宗棠上《官军入浙应设粮台转运接济片》，保荐工茗农和胡光墉为其办理粮饷。本来，湘军粮台由曾国藩统一协调，左宗棠自己决定设立粮台，意图在自立门户。这里已知左宗棠文献中第一次提到胡雪岩："又闻籍隶浙江之江西候补道胡光墉，急公慕义，勤干有为，现已行抵江西，堪以委办台局各务。"

候补道，是没有正式上任的道台，胡雪岩此时的身份无疑是王有龄的保举。按惯例，胡雪岩赴江西应该是去会晤江西官场，否则他永远也候补不到实职。那么，此时左宗棠有没有见过胡雪岩，查无明据，但至少左对胡的行踪是有所掌握的。几年后左宗棠也在奏折中提到："咸丰十一年冬，杭城垂陷，胡光墉航海运粮，兼备子药，力图援应，舟至钱塘江，为重围所阻，心力俱瘁，至今言之，犹有遗憾。"这显然都是听胡雪岩自己所说。

商人胡雪岩需要一座大靠山，浙帅左宗棠也需要有人筹粮饷，二人应该是各取所需，一拍即合。

胡雪岩去江西也有可能是去见左宗棠。因为直到同治元年十一月，左宗棠急切等待胡雪岩前往宁波筹办军饷，而胡雪岩一直滞留上海。这期间，胡雪岩具体办了哪些军饷，左宗棠在同治三年（1864年）十月《办理饷需各员请旨奖励片》中没有具体指明，但应该是有一定贡献的，否则同治二年（1863年）十二月左宗棠也不会让胡雪岩代表自己给洋人颁发功牌。也是基于这一点，胡雪岩被左宗棠奏请为按察使衔，改往自己担任总督的福建以道员补用。道员为正四品，按察使衔为正三品。

左宗棠到了福建以后，胡雪岩事实上成为朝廷正式官员，左宗棠在同治五年（1866年）九月为胡雪岩奏请布政使衔，甚至说他是"军中不可或缺之人"。同治九年十二月，陕西肃清有功后，经左宗棠奏请，胡雪岩获得二品封典。同治十年（1871年）十月，经左宗棠奏请，胡雪岩获得正一品封典。光绪二年（1876年），御史何金寿参劾胡雪岩而被朝廷降三级调用。但是，这期间，胡雪岩的正式职务还是道员。

原因何在？主要有二：一是胡雪岩的心思恐怕不在做官上，他要的只是一个官员身份，因此，当同治五年左宗棠赴陕甘总督任，胡雪岩参与福州船政局事务，而他仍然以上海为活动场所，自觉两头难以兼顾，提出辞去船政局事务。二是左宗棠西征，需要胡雪岩为他在上海筹措军饷。所以，经朝廷准许，胡雪岩兼顾上海和福建。

在左宗棠用兵新疆的五年多时间里，胡雪岩的任务就是为他筹饷。

据统计，胡雪岩的筹饷其实主要就是借款，而且是借洋人的钱，计有一千七百一十万两，不到左宗棠所花银两的三分之一。此时胡雪岩的身份是上海采运局道员。那些认为胡雪岩是爱国商人的人，可能都以为这些钱是胡雪岩的私款，其实胡雪岩不仅是在行使道员职责，更关键的是，这些借款所付的利息奇高，月息多为一分二厘五毫，而当时其他人所借款项的利息多为八厘。这多出的部分是不是被胡雪岩贪占了，不得而知。左宗棠都因此表达过对胡雪岩的失望与不满。但是左宗棠又无人可倚重，只能继续信任胡雪岩。

曾纪泽在《使西日记》中记载了曾担任过中国总税务司赫德秘书的葛德立的议论："葛德立言及胡雪岩之代借洋款，洋人得息八厘，而胡道报一分五厘。奸商谋利，病民蠹国，虽籍没其资财，科以汉奸之罪，殆不为枉，而复委任之，良可慨也。"同时也对左宗棠的做法表示不满："左相，大臣也，瞻徇挟私如此，良可慨也。"

实际上，胡雪岩私人并没有为西征新疆赞助过钱财，据左宗棠自己说，胡雪岩在光绪三年（1877 年）捐银米衣合计二十万两内外赈灾，分布于陕西、山东、江苏、山西和河南。光绪四年（1878 年）向陕西捐二十万石洋米救灾，后改为银五万两。光绪八年（1882 年）左宗棠修复范公堤，胡雪岩捐钱合三万一千一百六十八两。这些更显示出胡雪岩的狡黠与私心，尽管这些捐助被左宗棠详细开列为功劳，其实是胡雪岩为了结好各省督抚。比如向陕西捐米就是在左宗棠决定为胡雪岩请黄马褂之赏时，为了争取陕西巡抚谭钟麟联署。左宗棠任两江总督时，大力推广桑树种植，胡雪岩热心帮助，其实是为了自己的蚕丝生意。

左宗棠和朝廷都把胡雪岩视为政府官员，而胡雪岩自始至终还是将自己当作一个商人，这种尴尬让人不得不叹为观止。与其说胡雪岩尽心尽力为左宗棠办事，不如说左宗棠被胡雪岩实心实意地利用了十余年。

这中间，左宗棠并非没有看出胡雪岩的私心，这么多年，胡雪岩甘于做个道台，而不求升迁，只求虚衔，显然不合情理，明眼人还看不出吗？光绪六年（1880年），左宗棠用自己的俸银托胡雪岩购买水雷和鱼雷，其时的水雷市场价每个需银五六两，可胡雪岩报价二百四十两，高出四十八倍，左宗棠十分生气。

胡雪岩破产的真相

胡雪岩的破产被后世大肆渲染为一场由李鸿章指使、盛宣怀策划、清廷出面掠夺的政治清账，是湘淮两系矛盾斗争的产物。

流行的说法是，胡雪岩与洋人斗丝引发亏本，形成破产的导火索，这都是经不起推敲的，与胡雪岩如日中天的雄厚实力相比，这点亏空根本不可能动摇胡氏产业。其实，根本的危机是全球经济危机。

事发于光绪九年（1883年），这一年，左宗棠位居两江总督，此前一年，世界经济与金融危机自英美爆发，中国毫无察觉，为转嫁危机，西方扩大出口，汇率下跌，导致中国出口商品价格下跌而进口商品价格上涨，信号马上传递到各钱庄，立即紧缩信用，极力收回贷款，最早宣布破产的是上海老字号"金嘉记"丝栈，胡雪岩在上海的阜康钱庄挺至十一月才被迫歇业，几天后北京阜康分号关闭。

"斗丝"开始于光绪七年（1881年），只不过是恰逢其时罢了。这次危机导致的是国内银行业普遍性悲剧，受影响最大的当然是胡雪岩。而压倒胡雪岩最后一根稻草的是他特殊的身份。

上海阜康钱庄歇业后，北京的阜康银号掌柜不知何故逃逸，其伙计汪惟贤向顺天府投案，管理顺天府事务的毕道沅马上将此事上奏朝廷。

银号本为民间事务，毕道沅此举并非受人指使，而是因为阜康银号公私存款特多，当时许多京城要员都在银号有存款。官员公私存款乐于存在阜康，除了胡雪岩的实力以外，还有他的官员身份。朝廷当天下旨，令毕道沅和顺天府尹周家楣查明该银号所有的公私款项，又谕令闽浙总督何璟、浙江巡抚刘秉璋密查胡雪岩的财产。

二十多天后，朝廷下旨两江总督左宗棠，谕旨将胡雪岩革职，并责令其"提该员严行追究"，勒令胡雪岩迅速将亏欠公私款项还清，否则将从重治罪。

此时的胡雪岩为上海道员，不归浙江管辖，而属于两江，故而将此案交由左宗棠，这并无不妥。既无为难左公之心，也无宽贷胡氏之意。

左宗棠奉命查封了阜康商号和胡氏杭州的当铺、商号，用以偿还公私存款。

然而，到了光绪十年（1884年）四月，户部奏报胡雪岩当年借洋款时侵吞了行用补水，于是，清廷下旨追赔行用补水银十万六千七百八十四两。

所谓行用补水银，乃是在借款过程中的交际、保险、装运、水脚等费用。这些费用其实早已按实报销在册，所谓"侵吞"，不过是在借款前没有奏报列支，但按成例都有这笔费用，如今借此反要其倒赔，左宗棠无可奈何。

接任两江总督的曾国荃尽管与左宗棠不和，但并没有落井下石，相反他认为这样做颇为不公，上奏为左、胡辩解：

"户部经权互用，近因海宇肃清，定以条奏之限，徒苟绳旧案，务在谨守新章，所有甘肃新疆历次开支经费，久已汇单奏销。若胡光墉之囷市累人，固须惩以示戒，而此番案属因公支用，非等侵吞，以视户部现办章程系在旧案准销之列，应请户部鉴核，转予稗旋；嗣后不得援以为例，以昭大信。"

如果说户部"落井下石"，恐怕也不合情理，时任户部尚书的王文韶与左宗棠、李鸿章交情都不错，早年受二人赏识提拔。想必是户部为了交差，不得已而为之。

光绪十一年（1885 年）七月，左宗棠于福州病逝，十一月，胡雪岩亦死于家中。

胡雪岩的辉煌时期与左宗棠的辉煌相始终，左宗棠的成功有赖于胡氏，其功也不乏左公夸大其词，而胡雪岩的成功又借助于左公。一个自始想将其笼络在官场中，一个却自始若即若离于官场边上。在朝廷和左宗棠眼里，道员胡雪岩是连在一起的，胡雪岩得益于官场身份，但是，败也败在这种身份上，否则也不至于闹出震动朝野的风波来，以至于身死家败。令人称奇的是，明明是朝廷道员，可是胡雪岩却始终脱离官场监管，做他的私人生意，甚至将公事也当作生意，长达二十余年无人监管。当时的吏治情形由此也可见一斑。

清朝的体制中央只能监管到督抚这一层面，太平之乱后，地方吏治更是全由督抚管辖，作为总督的曾国藩，自巡抚以下文武各官皆归其节制，后来，一些无总督的省份，巡抚拥有了与总督同样的权力。因此，官员的人身依附观念十分明显，所谓从严治吏只是空谈，官员的好坏全凭上司一句话，一句"办事任性，不洽舆情"的评语即可断送其政治前途，一句"素敢任事，不避嫌怨"则可以使其保官晋职。胡雪岩的结局，是谁之过呢？

2002 年 5 月 5 日，时任国务院总理的朱镕基参观胡雪岩故居，破例题词："古云'富不过三代'，以红顶商人之老谋深算，竟不过十载。骄奢淫靡，忘乎所以，有以致之，可不戒乎？"胡雪岩其兴也速，其败也忽，后人更多的不应是津津乐道其成，而应该是戒其速败。

第五辑 ▋

从有为到不为：清朝中衰的一个深层原因

细观大清二百多年，前期因腐败而获罪的大老虎特别多，但是和珅案后，后期很少有获罪的大老虎出现。顺治朝被惩治的大老虎就有吏部尚书谭泰，大学士陈名夏、陈之遴，江宁巡抚土国宝等；鳌拜集团、索尼之子索额图集团、明珠余国柱集团都是在康熙时被惩办的。他们皆独揽朝政，贪财纳贿，互相倾轧。康熙斥责索额图说："今见所行，愈加贪酷，习以为常。"可见这些腐败集团由来已久，大清一开国并没有逃掉开国腐败的历史逻辑。后期权倾一时的端方、庆亲王奕劻、劣迹斑斑的桂良、刚毅等"大老虎"反倒平安无事。

这个现象从一个侧面反映出清朝吏治从有为到不为的巨大转变。前期开国有为的大臣多，后期因循守旧不作为的大臣多。那么是什么原因导致官员不为？

第一，集权过甚，皇帝不希望大臣"以天下治乱为己任"。清前期康、雍、乾三代帝王都系强势之君，呈现出权力集中于一人之势。乾隆在御制《书程颐论经筵札子后》中说："夫用宰相者，非人君其谁乎？使为人君者但深居高处，自修其德，惟以天下治乱付之宰相，己不过问，幸而所用若韩、范，犹不免有上殿之相争，设不幸而所用若王、吕，天下岂有不乱者，此不可也。且使为宰相者，居然以天下治乱为己任，而且无其君，此尤大不可也。"

儒家"天下兴亡，匹夫有责"的传统在乾隆这里，成了"无君"的罪名。

在乾隆看来，"政柄之属与不属，不系乎宰相、大学士之名，在为人君者之能理政与否耳。为人君者，果能太阿在握，威柄不移，则备位纶扉，不过委蛇奉职，领袖班联"。乾隆绝对专制的统治可见一斑。他不希望国家出现名臣："朕以为本朝纪纲整肃，无名臣，亦无奸臣。何则？乾纲在上，不致朝廷有名臣、奸臣，亦社稷之福耳。"

自认为深通汉学的乾隆把名臣视为对皇权的冲击，产生"有名臣便有奸臣"这样的逻辑。却不知唐太宗"事皆自决，不任群臣"，"此所以二世而亡也"的告诫。明世宗也坚决反对君主"成令一下，百挽不回，所谓君出言自以为是，如不善而莫之违"的"自专"之道。清朝中衰正是从乾隆开始的。

第二，剥夺地方督抚的权力。乾隆时期不仅中枢没有权力，地方督抚的权力也被剥夺殆尽。内阁学士尹壮图说："天下之大，万几之繁，皆系皇上一人独理，而内外诸臣，俱不过浮沉旅进旅退之中，无一人能匡扶弼亮。"

早在乾隆三十年（1765 年），乾隆就承认各省吏治已经败坏，他把责任都推到督抚身上。上谕说："外省吏治败坏，皆由督抚不能正己率属，上下和同，联为一气，以行其朦蔽欺诈伎俩。各省皆所不免，而江南为尤甚。"皇权向绝对化发展，督抚大吏不敢稍有作为，只好侵下官之权，所办皆州县之事。

既然凡事皆决于上，大臣索性将矛盾上交，一听圣裁。而勇于任事、积极进言献策的官员，如果所言符合圣意，则大受褒奖；反之，则会受到严斥或处罚。在一次次受挫之后，他们的仕途热诚消退殆尽。

第三，刻意惩治有名的功臣。清朝前期不乏有名的功臣、有作为的能臣，康熙尚且破格提拔了一些有为的官员，但乾隆刻意整治的就是他们。大学士张廷玉年近八旬疏请退休，几乎引来一场杀身之祸。鄂尔泰是雍正皇帝最信赖、最器重的大臣，乾隆初年，他几遭议处。乾隆初督抚 13 人，或被杀，或被流，或被贬，而在任未被议处或保全终身的几乎没有。这些督抚中如闽浙总督伍拉纳、巡抚浦霖、浙江巡抚陈辉祖等固然是因贪污而被诛杀。但相当一部分人不是因为贪污，而是因为或失察属员，或其他原因。如陕甘总督勒尔谨因失察下属王亶望贪污案，被处斩监候；江苏巡抚闵鄂元因句容知县挪移钱案粮，被判斩立决，后改斩监候；湖广总督刘藻、闽浙总督杨应琚，均因征缅甸出师无功，分别被赐自尽。至西北用兵，多年不利，乾隆皆归咎督抚，其被诛者不止一人。广西巡抚鄂昌，因与胡中藻诗词唱和，受牵连，被赐自尽。

在专制淫威下，督抚大员摇手触禁，动辄得咎，即使循规蹈矩，也难保其平安，而稍有作为者的下场就可想而知了。乾隆时较有名气的督抚如陈宏谋、陈大受等皆遭过严谴。

第四，文过饰非，不许上书进言。顺治九年颁定的《学校条规》中规定"军民一切利病，不许生员上书陈言，如有一言建白，以违制论，黜革治罪"。

乾隆三十二年（1767年），湖南学政卢文弨进言应善待生员，被责为"曲意偏徇，市恩邀誉"。乾隆五十五年（1790年），内阁学士尹壮图巡视归来回报："各督抚声名狼藉，吏治废弛。臣经过地方，体察官吏贤否，商民半皆蹙额兴叹。各省风气，大抵皆然。"乾隆却认为此奏并未指实，尹壮图因此获罪。深得信任的纪晓岚提出经邦济国的建策时，也被乾隆呵斥为"多事"。在陶醉于"十全武功"的"明君"看来，文人的职责不过是为"太平盛世"做点缀，至于军国大事，则毋庸他们过问。

这样一来，文人不敢议政，思想学术沉寂，对此，龚自珍抨击道："戮其能忧心，能愤心，能思虑心，能作为心，能有廉耻心，能无渣滓心。又非一日而戮之，乃以渐，或三岁而戮之，十年而戮之，百年而戮之……然而起视其世，乱亦竟不远矣。"

第五，因循成风，人才销磨。皇帝大小权独揽，督抚大员避专擅之名，成因循之风，也就势所必然。嘉庆四年（1799年），洪亮吉上书说：

"盖人材至今日，销磨殆尽矣。以模棱为晓事，以软弱为良图，以钻营为取进之阶，以苟且为服官之计。由此道者，无不各得其所欲而去，衣钵相承，牢结而不可解……在内部院诸臣，事本不多，而常若猝猝不暇，汲汲顾影，皆云多一事不如少一事。在外督抚诸臣，其贤者斤斤自守，不肖者嘤嘤营私。国计民生，非所计也，救目前而已；官方吏治，非所急也，保本任而已。虑久远者，以为过忧；事兴革者，以为生事。"（《清史稿·列传一百四十三》）

嘉庆中，督抚以贪墨败者明显减少，但当时所谓的"名督抚"，大多碌碌不敢作为，"名督抚"大都无能。

嘉庆曾经在上谕中"随笔泪洒"："当今之弊，病玩二字，实堪愤恨，若不大加振作，焉有起色！""地方之害，莫大于贪官蠹役之朘削，强绅劣衿之欺凌。"嘉庆十七年（1812年）上谕直指："方今中外吏治，贪墨者少，疲玩者多，因循观望。大臣不肯实心任事，惟恐朕斥其专擅，小官从而效尤，仅知自保身家，此实国家之隐忧。"

嘉庆十九年（1814年），两广总督蒋攸铦上书说："任事之与专擅，有义利之分，若任事而以专擅罪之，人皆推诿以自全矣。协恭之与党援，有公私之别，如协恭而以党援目之，人且立异以远嫌矣。此近今之积习。"（《清史稿·列传一百五十三》）

因此，办事效率可想而知。有民谣道："贼去兵无影，兵来贼没踪。可怜兵与贼，何日得相逢。"在各地领兵大员推诿、避让，互相倾轧之中，清廷费时九年，动用几十万大军，耗用军费达几千万两才平息了川、楚、陕三省的白莲教起义。

和珅案后又查出司书私雕假印骗取库银的案件，涉及24个州县，时间跨度六年，人员从督抚到州县官共计20余人。同时，湖北又查出多年来合伙私改案卷票据的案例，工部书吏趁修土木工程之机伪造官员姓名私雕假印，向户部先后14次冒领库银近千万两。仅凭假印信就能多次冒支巨额款项，充分说明各级官吏对所司之职之不负责任。

第六，绝意仕进者日增。在任无所为，进言不被用，有志官员在仕途中遭遇不适、无聊与尴尬。袁枚历任知县，深忧民生，盼望"纾国更纾民""终为百姓福"，从江苏到陕西，十年官场蹭蹬，终得两江总督尹继善推荐提升高邮州知州，却被吏部拒绝。一年后，辞归随园，从此远离仕途。其他"名儒大家，负泰山重名者，日夜穿凿经史"，"一世聪明才智之士，既多专治古学，不问时事，于是政治经济无正直指导之人，贪庸当道，乱阶由是酝酿"。（《清代通史》萧一山）

乾隆中后期，大案要案迭起，贪贿数额巨大。据朱彭寿《旧典备征》记载，乾隆一朝，仅二品以上大员因贪赃被处死者，就有 30 人之多。乾隆尚奢崇盛，在各级官吏中产生了极为恶劣的影响。各级官吏贿赂公行，各省亏空之弊起于乾隆四十年以后，州县有所营求，即有所馈送，往往以缺分之繁简，分贿赂之等差。此等赃私初非州县家财，直以国帑为夤缘之具。上司既甘其饵，明知之而不能问，且受其挟制，无可如何。一县如此，通省皆然，一省如此，天下皆然。世风日下，人情淡薄，假道学猖獗。清公守法、约己爱人者，千百之一二耳。仕途已经难行经世济民之道，反被利禄之徒所热衷，引起有志行的官员鄙视。学者考证，乾嘉之时有 69 人辞官不仕，其中进士 55 人，成为一种独特的官场现象。

与明朝数位君主无为、官僚机器照常运转相比，清朝盛世中衰，令人唏嘘。

清朝官员说话方式的嬗变

语言是管理天下的有效工具，考察有清一代官员说话方式的变化对于我们了解大清政局的变化有着重要的帮助。官员从说好话到不说话，再到说假话，伴随着大清从强大到衰落的全过程。

我们选择几个有代表性的样本即可看出，清朝前期官员说话的方式以说好话、拍马迎合为主流。以在清朝有口碑声誉的徐乾学、李光地、张廷玉、高士奇、纪晓岚等宠臣为例。

徐乾学其人，乾隆在《通志堂经解》补刻本的自序中将他与成德相提并论："徐乾学阿附权门，成德滥窃文誉，二人品行，本无足取。"成德就是后来粉丝众多的纳兰性德，曾拜徐乾学为师。一代诗人奇才却作为康熙身边的御前侍卫，以武官身份参与诗文风流，随康熙唱和诗词。《通志堂经解》则是纳兰性德费时二年编成的一部1792卷的儒学汇编，深为康熙赏识，然在乾隆这里却遭到了否定，并被指为"滥窃文誉"，恐怕与他一味迎合康熙有关。其师徐乾学显然更是曲意逢迎康熙，本来他操纵科举被人举报，却说，大清国初年，将美官授汉人，都不肯接受。如今汉人苦苦营求登科，足见人心归附，应该为此而庆贺。

因《康熙王朝》暴得大名的李光地原本在清初就声名显赫，然而，梁启超却斥责他："其纯然为学界蟊贼，煽三百年来恶风，而流毒及于今日者，莫如徐乾学、汤斌、李光地、毛奇龄。""汤斌、李光地，皆以大儒闻于清初，而斌以计斩明旧将李玉廷，光地卖其友陈梦雷，而主谋灭耿、郑，皆坐是贵显。然斌之欺君，圣祖察之，光地之忘亲贪位，彭鹏劾之，即微论大节，其私德已不足表率流俗矣。而皆窃附程朱、陆王，以一代儒宗相扇耀，天下莫或非之……程朱、陆王之学统，不幸而见篡于竖子，自兹以往，而宋明理学之末日至矣。"（梁启超《新民说》）他顺带还批评了后来的陆陇其、陆世仪、张履祥、方苞等人："以婉婀夸毗之学术，文致其奸。"李光地多次遭大臣弹劾，言语攻击，但康熙均以其贡献保之，《清史稿》则说："光地益敬慎，其有献纳，罕见於章奏。"意思是说，李光地很少公开奏事，而是利用他与皇帝亲近的关系当面陈述。为什么不书面奏事，恐怕正是他怕遭人攻击之故。

至于张廷玉，本无尺寸之功，仅凭其父张英的缘故，以官二代身份青云直上。史称"世宗初即位，擢鄂尔泰于郎署，不数年至总督。廷玉已贰礼部，内直称旨，不数年遂大拜"。所谓"内直称旨"，正是他能得帝王心的隐语。他从不留片稿于家中，也绝少让家人得知朝中政事，还很少结交外官，从政多年"无一字与督抚外吏接"。他时刻以皇帝的意志为意志，少说多做，或者是只做不说。

张廷玉的拍马迎合本事，见诸其奉命编写的《圣祖仁皇帝实录》和《明史》。在前书的最关键部分"康熙驾崩"一节，粉饰之工灿然。历史上康熙驾崩、雍正即位历来是一疑案，尽管后世学者多为之分辩，但仍不排除背后的刀光剑影。在张廷玉的笔下，却成了"八人受谕"的和谐局面：康熙临终召诸皇子觐见，公开宣布四皇子胤禛（即雍正）继位。在《明史》朱棣夺建文帝位中，张廷玉为取悦同样有夺权嫌隙的雍正，大唱朱棣赞歌，而极力丑化建文帝。

高士奇也是康熙近臣，据昭梿《啸亭杂录》记载，他凡事都能够先揣摩人意、迎合帝王，每次都能博得皇上的欢心。一天，康熙打猎，因为马闪了蹄而险些掉下马来，受了惊吓的康熙很不高兴。高士奇得知此事，用烂泥水弄脏衣服，急忙跑到宫中侍候。康熙很奇怪地问其缘故，高士奇答道："我刚才落马掉进泥水里，来不及换洗衣服。"康熙听完哈哈大笑说："你们这些南方人，原来如此懦弱。刚才我的马多次闪蹄，我都没有掉下马来。"其拍马之术由此可见一斑。

纪晓岚一生做过翰林院编修、日讲起居注官、侍读学士、詹事府詹事、内阁学士、总理中书科事务、兵部侍郎、都察院左都御史、兵部尚书、礼部尚书、协办大学士等官，诰受光禄大夫，经筵讲官兼文渊阁直阁事，但其一生事功只在《四库全书》。乾隆一度斥责："朕以你文学优长，故使领四库书，实不过以倡优蓄之，尔何妄谈国事！"

换言之，纪晓岚在皇帝面前基本没有谈论国事的资格，以倡优取悦帝心而已。不是因为别的，而是因其本无行政能力。纪晓岚出任都察院左都御史时，因判案不力，部议本应受罚，乾隆却说："这次派任的纪晓岚，本系无用腐儒，只不过是凑个数而已，况且他并不熟悉刑名等事务，又是近视眼，他所犯的过错情有可原。"即便是总纂《四库全书》，也因出现许多"讹误"，而被迫"一体分赔"。不仅无功，还得赔钱。

69 岁那年纪晓岚自题挽联："浮沉宦海如鸥鸟，生死书丛似蠹鱼。"鸥鸟、蠹鱼两个比喻生动地表明他对自己一生为官还是有自知之明的。

按常理来说，宠臣说话有着得天独厚的条件，若真心体国，哪怕是变着法子也能匡扶帝王之失。但是，清朝前期的宠臣几乎无人不一味迎合帝王，不惜阉割自己，自毁形象，也助长了康熙乾隆的自我陶醉。内阁学士尹壮图因指陈弊政，称各省督抚"声名狼藉、吏治废弛"，而引起乾隆大怒，被朝中大臣拟以死罪。

好话说多了，大清并没有因为这些"正能量"的东西而强盛起来，相反内部的忧患慢慢发酵，到嘉道年间，好话都不好使了，于是臣子们分化成两种具体情形，在京的京官都相率无言，在外的地方官便一体说起谎来。

三朝元老曹振镛的名言"多磕头，少说话"，很好地说明了京官明哲保身的为官心法。

导致曹丞相"多磕头，少说话"的原因是他不得皇帝喜欢吗？非也。

"宣宗治尚恭俭，振镛小心谨慎，一守文法，最被倚任。"一句话道出了曹丞相被信任的原因。

换言之，他正是因为说话少才被信任。这六个字正是他毕生奉行的信条及官运亨通的诀窍，他并以此来教导他的门生后辈。无论是康乾年间还是嘉道年间，清廷用人的取向都是偏向于言听计从，而不是有主见的大臣。嘉庆被选为继承人，也是因为他对乾隆的话一向言听计从，更别说大臣了。

后人认为，多磕头，少说话，是因为官场险恶所迫，这其实只是表象，对于这种观点，我们只能笑笑而已。哪一朝官场不险恶？但明朝以前的大臣还是敢说话的。明朝大臣直言敢谏，敢于与皇帝针锋相对，动辄出现百官群谏的景观。清中期的官员选择无言，其实是一种惯性使然：大清开国初期，受宠的功臣们尚且习惯说好话，清中期政局稳定，再受宠的大臣功绩显然不如前人。功劳都在"明主"身上，说好话邀功已没有市场，相反，少说话才是唯一选择。

同时，雍正年间定下的密折制度，很好地说明了地方官谎报、虚报、说假话的风气。

不唯曹振镛，同样身历咸、同、光三朝的显宦王文韶更是精于此道。王文韶不仅做过按察使、布政使、巡抚、总督等地方官，也做过尚书、大学士、军机大臣等京官，官运极佳。他获得"琉璃球""琉璃蛋""油浸枇杷核子"等外号。遇到重要问题需要表态时，他的法宝是装聋作哑。李伯元的《南亭笔记》中记载：王文韶入军机后"耳聋愈甚"，一日，二大臣争一事，相持不下。西太后问王的意见，王只是莞尔而笑。西太后再三追问，王仍笑。西太后说："你怕得罪人？真是个琉璃蛋！"王仍笑如前。

那么，皇帝不在面前，又如何呢？

英国汉学家威妥玛在日记中记述了他在中国所亲见的官场情景。总理衙门每当外国使臣发一议论，大清官员则四目相视，大臣视亲王，新官又视旧臣。如亲王发言，众人则轰然响应，如亲王不言，诸人便不敢发言。有一次，威妥玛说了一句"今天天气甚好"，无人敢应。有一官员忍不住应道："今天天气确实好。"于是王大臣又说："今天天气确实不错。"此时各人才轰然响应。

地方官迎合上司意图则别出心裁，套用上级公文中的现成文字。清人吴炽昌的《客窗闲话》中记载："吾辈办案，无不叙套，一切留心套熟，则不犯驳饬。"咸丰即位，雄心勃勃，很想有一番作为，遂下了一道命令，要各级官员上书献计献策，可没想到，这命令发出三个月都没有一个人说话。

道光三十年（1850 年），身为侍郎的曾国藩直陈："九卿无一人陈时政之得失，司道无一折言地方之利病，相率缄默，一时之风气，有不解其所以然者。"尽管这位侍郎以"不解其所以然"来掩饰个中原因，但他这番另类的言论很快也被压下去了。而京官"同官互推，不肯任怨，动辄请旨，不肯任咎"，"利析锥株，不顾大体，察及秋毫，不见舆薪"；地方官"装头盖面，不问明日"，"章奏粉饰，而语无归宿"，习俗相沿，但求无过，不求有为，人皆知之。

晚清的失败，一个重要原因就是败在地方官的谎话上。

如杨芳遍收广州城中妇女的溺器，置于木筏，出御乌涌。于是，便有了英国伤亡惨重多达 446 人的"捷报"。几天后，他又制作了一个"捷报"，说英人畏惧逃走，不敢在省河行驶。宗亲奕山、裕谦等人说起谎来比上述官员更加得心应手、大言不惭。要么敌人死伤甚大，要么敌方人数被夸大得连他们自己都不相信。《南京条约》就是在欺瞒皇帝的情况下得以签订，这多亏老谋深算的耆英将一些关键条款隐瞒了下来。无论是地方官还是钦差们无一例外在战前信心满满地安慰皇帝"民心大定，军民鼓舞"，却都在战后归罪于兵与民。

　　到了局面无可收拾，洋人逞强国中后，一股涌动的民族主义情绪激发起一种古老的说话方式，即清议。清议，《辞海》的解释为"公正的评论"。在汉代时，人们以儒家义理为标准品评人物，到了晚清，则以夷夏大防甚至以战和为标准来品评人事。在后来的洋务派与清流派的对峙中，出现了名士重于公卿，以至于李鸿章不禁发出"三十年来，日在谣诼之中"的慨叹。清流名士们豪言壮语，信口开河，常失根底，很快遭人轻贱和厌恶，整个社会价值观念陷入混乱，只剩下国人错愕、失落、焦灼、撕裂、忧愤、彷徨、无奈。

晚清政坛上的左李之争

中国的官场，历来不缺能官，缺的恰恰是能共事合作的官员，也是历来主政高层常常提醒的"团结"问题。与"团结"对立的表现不一定是分裂，但有比分裂更为可怕的形式，即政见之争。之所以如此说，是因为政见之争往往掩盖了内在的腐败。

政见之争，各争其势

晚清有两个靠军功晋身的著名人物，一是李鸿章，一是左宗棠。这两个人是晚清大局的支撑者，皇帝有什么事往往都先要秘密咨商这二位。世人都知道左宗棠有才，这位左公自诩为"今亮"，却不知李鸿章之才并不在左公之下。这二位在一起共事的时间并不长，李鸿章办安徽团练六年，兵败后于1858年底抵达曾国藩所在安庆大营，1862年经曾国藩荐为江苏巡抚奉命赴上海独立成军；左宗棠此前为湖南巡抚幕宾，经樊燮事件后于1860年入曾国藩幕襄办军务，1861年经曾国藩荐为浙江巡抚带兵援浙。应当说，二人交集共事时间很短，不至于产生芥蒂，二人的不和当归根于曾左之交恶，李鸿章作为曾国藩"薪尽火传"的门生长，在左宗棠眼里其实就是曾国藩的化身。当曾国藩在世时，二人相安无事，曾国藩一去世，二人的"政见之争"就开始了。

过去多数学者都研究过李左之间的异同，要么得出湘淮两系的派系斗争，要么得出爱国与卖国的分野，读者自有评说，我意纯属胡扯。两人相争，一开始是意气之争，互不相能，左公瞧不起李公，李公也看不起左公这个"破天荒相公"，止于才；后来曾国藩同时保举二人一为浙江巡抚、一为江苏巡抚，左公很快获批，而李公却迟迟未准，自此李公心中怏怏不服，始于功；再后来，因著名的"塞防"与"海防"之争，二人的政见之争浮于水面，弄得举世皆知。此时之争在势。

时过境迁，再来评价"塞防"与"海防"之争孰是孰非，已属事后诸葛亮，我们需要讨论的应当是为何会有这种政见之争。本来李左二人，一驻东南，一在西北，都属于朝廷要害之地，互不干预，塞防重要，还是海防重要，二人心里其实都很清楚。比如左宗棠虽然强调塞防要紧，但也主张海防重要。李鸿章虽然侧重海防，却也并非定要放弃新疆，他所主张者是不用兵，以招降的方式安定新疆。

我们来看二人的主张。

李鸿章主张重海防的背景，是于 1874 年夏日本出兵侵犯台湾，10 月中国被迫与日本签订了屈辱的中日《台事专约》三款之时。11 月，奕诉提出购买铁甲舰等，实力筹备海防。因参与台湾之役颇得朝野舆论好评的船政大臣沈葆祯，在《复陈海防疏》中，推李鸿章为海防统帅。12 月上旬李鸿章上《筹议海防折》，他分析道：

> 自古以来，国防重点在西北，惟自鸦片战争以来，形势大变，战争多在沿海。东南海疆万里，一国生事，各国勾煽，一旦生衅，兵连祸结，防不胜防。

确实自乾隆以来，西北多年相对安宁，局势转向东南。针对李鸿章的观点，1875 年 4 月，左宗棠在上奏中反驳：

> 重新疆者，所以保蒙古，保蒙古者，所以卫京师。西北臂指相联，形势完整，自无隙可乘。反之，新疆不固，则蒙古不安，不仅陕西、甘肃、山西时虞侵轶，防不胜防，即直隶关山亦无宴眠之日。

显然左公回避了李公的问题，他道出的恰恰是皇帝最担心的隐患，即京师不稳。后世认为左公"理长"，其实长就长在这里，这也是决策者之所以支持左公的说不出口的原因，当然也是根本原因。左宗棠并不反对海防，他认为"东则海防，西则塞防，二者并重"。惟事有缓急轻重，目前海波不兴，关外则贼氛极炽，用兵新疆有燃眉之急。海防并无燃眉之急，有常年经费足以筹办海防。问题是"夫使海防之急，倍于今日之塞防，陇军之饷，裕于今日之海防，犹可言也"。

左公极力突出的新疆问题的重要性，背景是早在同治十年（1871年），俄国乘阿古柏侵占新疆之机，派兵侵占了伊犁，宣布"伊犁永远归俄国管辖"。正是这一年，左宗棠进驻甘肃。但此事似乎并没有引起中外注意。第二年，朝廷讨论的是如何讨伐阿古柏，左公图谋塞事，"索性干去"，向朝廷申报一千万两军费。当时管财政的沈葆桢见如此庞大的预算，担心误事，经皇帝过问，决定拨五百万，借债五百万。就是说，此时并无"塞防""海防"之争。直到前述1875年，也就是李鸿章提出"海防"之后。

李鸿章提出的"海防"重不重要，其实当时人们都看得很清，包括左公在内。问题是，李公提出的预算恰恰也是一千万两。"于练兵制器之同时，应购买铁甲船6只，每只百万两，炮艇10只，以及其他辅助舰艇，连同练兵制器等，共需一千余万两。"

这就出现了两个"一千万两"，可朝廷哪来那么多钱呢？李鸿章也意识到了这一点："近日财用极细……必统天下全局通盘合筹而后定计。"

这就意味着必得牺牲一个，在李公看来，当然只能牺牲"塞防"，于是他便算计新疆问题，新疆自乾隆以来，"无事时岁需协饷300余万两"，殊为不值。新疆北邻俄罗斯，南近英属印度，阿古柏"新受土耳其回部之封号，并与英、俄立约通商，是已与各大邦勾串一气"，对阿古柏只宜招抚。他还指出，英、俄"皆不愿中国得志于西方，而论中国目前力量，实不及专顾西域"。如果出兵新疆，"师老财痈，尤虑别生他变"。因此，即便"新疆不复、于肢体无伤"，但倘若"海疆不防，则腹心之大患愈棘"。

李公要求"已经出塞及尚未出塞各军，似须略加核减，可撤则撤，可停则停，其停撤之饷，即匀作海防之饷"；左公则斥之为"乃是自撤藩篱，则我退寸，而寇进尺"。

其实当时之势，塞防海防都势在必争，于领土主权而言，新疆和台湾都危矣；但也都没有他们各自所说的缓急问题，要说急，都急，要说缓，都可缓。毕竟解决这两大问题不可能在一时之间。说白了，钱拨给了谁，谁就能占据天下主导之势。李公轻塞重海，与左公急塞缓海，其实一也。

政见之争，搅乱人心

论西北大局，当时沙俄比较虚弱，在争夺克里米亚的俄土战争中大败，其驻华公使在照会清廷总理衙门时称占领伊犁是为了"安定边疆秩序"，"只因回乱未靖，代为收复，权宜派兵驻守，俟关内外肃清，乌鲁木齐、玛纳斯各城克服之后，当即交还"（《俄国在东方》）。这也给后来清军收复新疆以口实，左宗棠出兵之际，正当沙俄刚刚结束俄土战争，大伤元气，而且沙俄还认为战争纵获胜将得不偿失，担心打败清国将导致清政府垮台而引发不可预料的反应，因而，当左公收复乌鲁木齐、玛纳斯等城后，沙俄顾忌重重，只能在背后支持阿古柏，未与左宗棠正面交锋。换言之，左宗棠花千万两银子要对付的真正的对象不是沙俄，而只是阿古柏这支叛军。

东南是西方列强觊觎的门户，天下财赋皆在东南，且刚刚经历太平之乱，百姓元气尚未恢复，再经不起战乱，当时虽无迫在眉睫之战事，但此时不防，更待何时？相比之下，海防实力增长所需时间比塞防更长，也不存在左公所谓的不急问题。

可问题是这种政见之争，很快就延伸到各个领域。李鸿章四处发信，授意山西巡抚鲍源深、河南巡抚钱鼎铭等人奏陈西征军应停兵撤饷；当争执失败以后，还力图对左的协饷作釜底抽薪之计，授意督抚拒拨陕甘协饷。这场战争打响后，由于新疆地域广大，路途辛苦，仅仅二年时间所费军饷就出于左公之意料，到后来西征军积欠饷项达 2600 余万两，每年只能发一月满饷。这个时候，塞防之事就更急于海防了，没钱就会出现兵士哗变，因而，李鸿章更急了，"左帅一有催求，羽檄立至，即海防全撤，岂足供此无底欲壑？"由于李鸿章从中作梗，左宗棠拟借洋债一千万两以应急，"仍归各省、关应协西征军饷分 10 年划扣归还"。这是李鸿章认为左"向不肯服输"的表现，左宗棠的好友沈葆桢也上奏反对左借贷洋款。李鸿章还搬动总税务司赫德唆使英商拒绝借贷。

西征战事尚未结束，二人政见之争很快就由防塞防海转向条约之争。

朝廷指派崇厚与沙俄谈判，签订和约。当条约签订后，朝中纷纷指责为卖国条约，要求废约。左公更是信心满满，欲"分道急进，直取伊犁，兼索白逆"。对左公的主战，李公意识到海防军费更加遥遥无期，心中自然不乐，他斥责说中俄交涉节节贻误，至今"仍日进说论，其源自左相发之"，左公对崇原所签之约坚决反对，认为失权太多。李公甚至破口大骂左公"倡率一般书生腐官，大言高论，不顾国家之安危"。"左相拥重兵巨饷，饰辞欲战，不顾国家全局，稍通古今者，皆识其奸伪"。左公当然也不会示弱，他在后来中法战争签订和约之后把李鸿章对他的讽骂都回敬了过去，他说：对中国而言，十个法国将军，也比不上一个李鸿章坏事；李鸿章误尽苍生，将落个千古骂名。互相之间的攻击和讽骂，闹得人心不知所措。

1894 年的甲午战争失败后人们把责任归诸李鸿章，却不知此前的李鸿章要钱有多难，李鸿章命令海军"以保船制敌为要、不应以不量力而轻进"，这成为后人攻击李鸿章的罪证，可局外人安知海军船只得来不易？况且，保船制敌难道不对？不量力轻进难道也错了？梁启超后来评说："其所以失败之故，由于群议之掣肘者半，由于李鸿章之自取者亦半。"这里面自还包括李鸿章和翁同龢的"政见之争"。

政见之争直接影响到国力盛衰，假如两人平心静气，妥为商量，求一个两全其美的办法，或许，大局不至于此。

政见之争掩盖下的腐败

然而，李、左二人的政见之争并不止于此，吵吵嚷嚷不止的塞防与海防之争，势必牵连到人事布局。如中法战争中，曾收复伊犁、支持对法强硬的曾纪泽任驻英法公使，法国提出以撤换驻法公使曾纪泽为条件方与清廷谈和，李鸿章同意，提出了让自己赏识的李凤苞代之。1884年，左宗棠卸下两江总督之职，曾国荃继任，左宗棠深为不满，上奏批曾国荃不能胜任，提出让曾纪泽出任此职。

类似的人事问题随处可见出二人各自安置亲信、假公济私的腐败。李鸿章自不待言，正如左宗棠所攻击的那样，"亲党交游，能自树立，文员自监司以上，武职自提拔富贵者，又各有其亲友，展转依附，实繁有徒，久之倚势妄为，臬司碍难处置"。而左宗棠自己也没有例外，福州船政局在初创时委派员绅"增至百余"，官僚机构庞杂可见。及光绪九年（1883年），仅勤杂人员竟达88人之多。当时就有人揭露："局中及各船薪水每月需银万余两，大长虚靡。船政大臣极欲整顿，竟有积重难返之势。"左公创办的另一家企业——甘肃织呢局也"安置了一大堆冗员。干领薪俸，丝毫没有学习使用机器的愿望"。因管理不善，创办未及三载就因锅炉爆炸而被迫停工，"费银百余万两，旋经后任废弃，巨款尽付东流"。左宗棠创办的三个军事工业中最负盛名的福州船政局在中法战争中同样全军覆灭，没有达到"制夷"的目的。

1881 年 2 月，左宗棠进京，清廷命他入值军机处，在总理衙门行走兼管兵部事务。左宗棠不愿意入值军机处，在军机处上班时，他审阅到李鸿章的《复陈海防事宜疏》时，"每展阅一页，每因海防之事而递及西陲之事，自誉措施妙不容口，几忘其为议此折者，甚至拍案大笑，声震旁室。明日复阅一叶，则复如此……凡议半月，而全疏尚未阅毕"。这番做派闹得军机处鸡犬不安，以至于是年发生的大事之一——留美幼童提前归国问题则没有受到应有的重视。奕䜣只得奏荐左宗棠出任两江总督。李鸿章则又四处抛撒钉子，为左宗棠任两江制造难题。1882 年，左公任两江总督伊始，即上奏弹劾李鸿章兄弟。

光绪十年（1884 年）左公再度入值军机处，中法之事交涉日紧，但是，左公从不与执掌中法交涉全权的李鸿章谈论国家大事与中外交涉，干脆对外显示自己老髦无能。中法和约签订后，左公则大骂李鸿章坏事，李公则让部属攻击弹劾左公手下战将，剥夺他们的兵权，左公则忙于上书替人鸣屈。双方大量的精力就浪费在这种"政见之争"中。

政见之争，表面上看起来都是为了国家利益、民族利益，有人甚至将之看作是君子之争，认为一团和气反而不正常，却不知，无论是发生在高层不同区域还是发生在基层同一部门，还是王安石与司马光之间的政争，实质都有如张学良送给蒋介石的挽联所写的那样"政见之争，宛若仇雠"，其危害比一般意义上的腐败更厉害，影响也更为长远。它或者会掩盖背后的腐败，或者会造成腐败之机枢。现代政治中的核心要义之一便是妥协意识，亦即民主意识，民主、妥协都不是目的，目的是要能达成共识。共识就是生产力，政见之争往往发生在决策者、改革者身上，如果不懂得放下一己之见，两害相权取其轻，那么，近则误眼前之事，远则会丧失宝贵的发展机会。

大清第一炒作高手

网络时代炒作无处不在，然其实，古人也很重视炒作。唐代的杜甫就是一个炒作高手，他一生给李白写诗数十首，显示自己与名人不一般的关系，李白回给他一首打油诗。到晚清，文人士大夫更是崇尚清谈，好论时事、兵事、外事，以显示自己的高明，炒作之风盛极一时。但这些手法在一个人眼里却只是小儿科，他就是左宗棠，如果要评大清第一炒作高手的话，非左宗棠莫属。

左宗棠这个人，无疑是大名人，然而，细细梳理，却只能得出一个令人惊诧的结论：左公之暴得大名，得益于他善于炒作。

任何时候，一个人要想早出名，最好的办法是有故事。左公是个有故事的人。

早在学生时期，左公就"好大言，每成一艺，辄先自诧"。左先生每写完一篇文章，都要先自己惊诧一番：怎么写得这么好啊！难道真的是我写的吗？其场景颇令人哑然。

联系到后来左宗棠到军机处上班，读到李鸿章的奏折时，"每展阅一页，每因海防之事而递及西陲之事，自誉措施妙不容口，几忘其为议此折者，甚至拍案大笑，声震旁室。明日复阅一叶，则复如此……凡议半月，而全疏尚未阅毕"。读一页即故意拍案大笑，半个月都没读完。此情形和学生时代如出一辙。

成年后，左宗棠更是深谙这个道理：编故事。

第一个故事，道光十年（1830 年），江苏布政使贺长龄丁忧回湘，年仅 18 岁的名不见经传的农村知识青年左宗棠拜访他，即为其才气所惊，"以国士相待"，与他盘旋多日，谈诗论文，还亲自在书架前爬上爬下，挑选自己的藏书借给他看。

此事载于《左文襄公年谱》，问题是二人见面的事，其他人是怎么知道的呢？无他，左公自己创作或传播出来的。

贺长龄是晚清大学者，对于同乡才俊兴之所至誉为"国士"乃极平常，再加上贺长龄之弟贺熙龄是左宗棠在城南书院的老师，他非常喜爱左宗棠，称其"卓然能自立，叩其学则确然有所得"，仅此而已。

第二个故事，道光十七年（1837 年），回家省亲的两江总督陶澍见到二十多岁的举人左宗棠，"一见目为奇才"，"竟夕倾谈，相与订交而别"。不久又和他订下了儿女亲家。

这个故事较之前一个更是"别有用心"。陶澍爱才，左宗棠得知陶大人回乡必然经过醴陵，故而事先写下一副对联："春殿语从容，廿载家山印心石在；大江流日夜，八州子弟翘首公归"。上联"印心石"隐含了陶澍一个引以为荣的故事，看到此联，陶澍自然心花怒放，引为知音；下联更赤裸裸地拍了陶大人一记舒服的马屁。总之，一副对联轻轻击中了一个传统士大夫官僚内心柔柔的软肋，竟然不顾年龄和辈分悬殊，与之结为亲家，这本身也有留故事的意图在。

第三个故事，道光二十九年（1849 年），云贵总督林则徐回家途中，也因为闻听左的大名，特意邀左到湘江边一叙。林则徐"一见倾倒，诧为绝世奇才，宴谈达曙乃别"。

这个故事不明内情者更是津津乐道，林则徐啊，这个名字读过小学的无不知道，在我们的教科书里可谓闻人。其实，林则徐见左宗棠，并非"闻听"其大名，而是缘于陶澍。陶林二人关系不浅，左又是陶的亲家，陶在信中早已向林大人介绍过许多故事。左公拜见林大人，也是因为陶亲家的授意。林大人乐得给陶公一个面子，自然不惜美言。

那么，三个故事都聚焦在左宗棠的"奇才"上，此时的左公到底露出过什么奇才来，我们谁都不知道。凭常识判断，无非是左宗棠的口才。至于诗文之才，左公不如李鸿章，至今不见左公留下有名诗文。至于其他才能凭初识一面是难以判断的。

为了抬高故事中的人物，左宗棠也毫不吝惜对他见过的名人的抬举，如林则徐在左宗棠心目中被视为"天人"。

更关键的是，这些故事一般限于二人交往之间，外人之所以得知，无非是当事人的对外传播。于是真真假假，虚虚实实，反正都变成了故事。

因此，《清史稿》说得非常直白："（左公）喜为壮语惊众，名在公卿间。尝以诸葛亮自比，人目其狂也。胡林翼亟称之，谓横览九州，更无才出其右者。"

狂人历史上很多，左公无疑算是一个佼佼者。他自称"今亮"，本身就深谙炒作学的一个原理，要想让人记住，就得给自己一个标签。就好像今天有人自我标榜为"大师"一样。简单，好记，惊世！

至于胡林翼称赞左宗棠，更是平常不过。因为胡林翼是陶澍的女婿，再加上胡公很会做人。

还有一个经典段子，说的是长沙发生劣幕事件，左宗棠被人告发，受到追查，有个叫潘祖荫的向皇帝上了一道奏折，说："国家不可一日无湖南，即湖南不可一日无宗棠也。"更是将左公抬到天上。

潘祖荫只是一个詹事，他的一道奏折果真如此管用吗？非也非也，左宗棠之所以被赦，完全得益于曾国藩、胡林翼、郭嵩焘等人的保救。而潘祖荫的这句话或许是真的，也是为了保左宗棠而夸大，且未载于《清史稿》，倒是在民间广为流传，湖南人难道不尴尬吗？这将那么多湖南人置于何地？其所以流布者，无非是左公有意炒作。这与左公"喜为壮语惊人"的秉性极为相得。因此，左宗棠后来完全抹杀曾国藩的救命之恩，即令时人感觉不公，为之抱不平。

左公擅长炒作，其手法其实很容易被一眼看穿。什么湖南巡抚张亮基派人三顾茅庐；什么"制军于军谋一切，专委之我；又各州县公事票启，皆我一手批答"等话语，都出乎左公书信。好在几任湖南巡抚都还大度，否则这些话将一介地方大员置于何地？这不明摆着是举报巡抚尸位素餐吗？

左宗棠有才有谋不假，但他为人识人其实大有问题。他攀附贺长龄、陶澍、林则徐等人，固然能依托他们之大名成就自己的名气，但这些人对他事业并无什么帮助。相反，他瞧不起的"才具稍欠开展"的曾侍郎，才是他真正的伯乐、恩主。

曾国藩对此看得很清楚，晚年的他曾对幕僚赵烈文说："左季高喜出格恭维。凡人能屈体已甚者，多蒙不次之赏。此中素叵测而又善受人欺如此。"一语道破天机！

左宗棠大半生都活在一句话里

同治六年（1867年）六月，郭嵩焘写信给曾国藩，说左宗棠让人转告郭嵩焘，放太平军入广东者是曾国藩。左宗棠在营中，每次吃饭，都要骂曾国藩："公与解释旧嫌，以济公家之急，此盛德事也；附会左君以咎鄙人，则过矣。"

郭嵩焘写此信的背景是郭左不和。南京克复后，残余太平军纷纷逃回广东，时任广东巡抚的郭嵩焘兵单力弱，上奏要左宗棠回师保卫广东。这触怒了急于北上立功的左宗棠，二人矛盾激化。

这封信说了三个重要信息，一是左宗棠竟然将战后太平军逃回广东的责任归咎于曾国藩，这个罪名可不小；二是左宗棠每次吃饭时都要骂曾国藩；三是左宗棠对郭嵩焘说，曾国藩将郭左矛盾的责任归咎于郭氏。

俗话说，谁人背后无人说，哪个人前不说人。曾左矛盾在克复南京后已经到了不可调和的地步，个中因由，唐浩明先生在一篇《曾左的友谊和破裂》中已说得很详细了，无须再述。

从1864年湘军攻克南京至1872年曾国藩去世，整整八年时间，曾左绝交断了来往。有趣的是，左宗棠每次吃饭都要骂一回曾国藩，这种"爱好"莫非是想保持曾左之间的精神联系？却不知，没有曾国藩，左公这碗饭还不知在哪儿吃呢。

面对曾经的朋友、幕僚和战友，如今的同僚对自己的攻击，曾国藩如何应对呢？

他在给郭嵩焘的回信中表达了自己的处理方法。一是告诉郭嵩焘，左宗棠极力攻击郭嵩焘的事，路人皆知，但如果说曾国藩也附会左宗棠归咎郭嵩焘，则是"私造典故"，没有的事。二是告诉郭氏，左宗棠痛骂曾国藩，他也有所耳闻。三是如果左公那边天天骂他，难道要他也天天回骂左公？况且自己口才不行，不善争辩，争不过左宗棠。四是提出了他的应对方略：以不诟、不詈、不见、不闻、不生、不灭之法处之。

曾国藩一口气说出"六不"，也足见他对此事态度之坚决。

不诟，就是不以为辱；不詈，不回骂；不见不闻，就是视而不见充耳不闻；不生不灭，则是佛教中的用语，意思是解脱。佛教教义认为真解脱者，不生不灭，即如来，是一种最高境界。

反正骂他不过，干脆就不当回事，"平日则心差闲而口差逸"，落得个清净安逸。

从这件事可以证明曾左矛盾并非有人所说的那样，是二人设计的苦肉计，是演给北京看的。以左宗棠之才和运气、此时的地位，如何做出这种事来？

这只能说明，曾国藩在左宗棠心目中的重量。无论是科举，还是修养，或者军功爵位，或者地位影响，曾国藩总压他一头，自己无论如何都要屈居第二。这口气憋得呀，一辈子翻不了身。

后人喜欢为尊者讳，在我看来，曾左矛盾乃至彻底决裂，根子上就是私情，也不是左公所说"有争者国势兵略，非争权竟势比"。曾左之争根本无关国势兵略，这一点不容否认。至于曾国藩死后，左宗棠悲痛、送挽联、关照其后代等，都是演戏给世人看，也不排除有忏悔之情。

左公有才，但在青年时期并没有显现出来，甚至他都没有考上秀才，是通过捐纳成为监生，直接参加举人考试的。直到太平军进入湖南后，他的军事才能始得以发挥。至于人们所说左宗棠的文才，其实远不如李鸿章，至今为止，我们没有发现左公留下过一首有名的诗。在科举时代，诗文是判断一个人有无才华的基本标志。这一点，左公没有。

左宗棠的种种"表演"就是想求名。曾国藩九弟曾国荃在从军之前，就在信中直呼左宗棠为"浮夸子"。

太平之乱基本平息后，不仅曾左决裂，而且郭（嵩焘）左、李（鸿章）左也都决裂了。

郭嵩焘用重金换来潘祖荫的那道著名的保折，不仅显示了郭嵩焘是在尽心尽力帮左宗棠渡过难关，而且为他赢得了天下大名。应该说，他对左宗棠是有恩的，左公不应该那样倾力攻击郭氏，直到将郭嵩焘革职才罢。因此，郭嵩焘到死都不肯原谅左宗棠。

以潘祖荫的地位，不大可能在樊燮案中起到关键作用，真正起关键作用的是曾国藩，若不是曾国藩的保折，左宗棠不大可能在这一案中轻松过关。

但是对潘祖荫，左宗棠发达以后每年都要送敬银一千两给他，甚至投其所好，将在西北获得的一件三代时期的青铜鼎送给好古玩的潘祖荫。以左宗棠的聪明，他何尝不知道潘祖荫的分量远不及曾国藩的十分之一？他独独对潘祖荫"知恩图报"，其实报的是那句"中国不可一日无湖南，湖南不可一日无左宗棠"。是这句话，使得左宗棠名满天下。

我不大赞成唐浩明先生分析的那样，认为"曾负左占十之三四，左负曾占十之六七"。曾国藩在江西碰上父亲去世，回家守孝，招致左宗棠破口大骂，曾国藩何负左宗棠？左公在湖南努力筹饷不假，但又不是为了曾国藩，曾国藩也不是为左宗棠打仗，二者都是为了国家，为了自己建功立业。

至于曾左绝交，唐先生认为是曾国藩负气，而且后来又不主动与之讲和，都将责任归于曾国藩，认为这是曾有负于左，这也太"厚道"了吧？为什么必须是曾国藩先主动呢？平心而论，左宗棠的性格谁受得了呢？惹不起，总还躲得起吧。曾国藩何罪之有？实不该承担这"十之三四"的责任。

唐先生还认为导致曾左关系破裂的是"朝廷"，是"朝廷"故意挑起二人矛盾。这"朝廷"二字很模糊，是指皇帝，还是指中枢恭亲王等人？曾、左的二道奏章又不是密折，这种事还有什么机密可言吗？连翁同书的倒台，都让人猜测是李鸿章替曾国藩捉的刀。以左宗棠的性格，根本无需朝廷故意挑起矛盾。假若如其所说，那么，郭左矛盾呢，李左矛盾呢，能不能也归咎于朝廷？这种"阴谋论"可以休矣！

对生平于自己恩重如山的人物，最后反过来恩将仇报，这种人，偏偏还有那么多人替他背书，实在看不懂。

左宗棠是一个对自己的夫人都喜欢说大话哄骗的人，有两个例子可以明证。一是左宗棠路过洞庭湖，梦中见有人来打劫。他给夫人写信时，就说自己在洞庭湖与水贼打斗，将贼人打得狼狈而逃，保护了大家。他的谎话被朋友揭穿后，不但没有愧色，反而挺认真地对朋友说：你不懂，史册上将巨鹿之战、昆阳之战写得栩栩如生，你以为真的就是那么一回事？说不定只是司马迁、班固的笔底生花而已。"天下事，都应当作如此看。"二是他在慈禧太后面前也敢于说大话，好在慈禧了解他的性格，一笑了之。

不仅如此，左宗棠还常以小人之心度君子之腹。在陕甘任上，他与幕僚谈及自己的顾虑："我既与曾国藩不协，今彼总督两江，恐其扼我饷源，败我功也。"事实上曾国藩为左宗棠西征筹饷，始终不遗余力，还选派自己最得力的湘军将领刘松山随之西征，左宗棠在陕甘、新疆建功立业多赖此军，而且还高度评价了左宗棠平定新疆的功绩，称之为"天下第一"。

因为这句话中了左宗棠的意，喜欢别人"出格恭维"的左宗棠这才上奏说了曾国藩许多好话。总之，左宗棠实实只能称是事功上的巨人。

"天下事，都应当作如此看。"依我看，左宗棠大半生都生活在"中国不可一日无湖南，湖南不可一日无左宗棠"这句虚空的话语构筑的梦中。

《海国图志》为何不能启晚清改革之路

被称为近代中国"睁眼看世界"的知识分子优秀代表的魏源，因一部《海国图志》名垂青史。该书面世以后的影响，有两种说法，一种认为对思想界影响很大，一种认为是无人问津。两种说法大相径庭。其实，二者都有夸大之嫌。奇怪的是，书面世后，在国内的影响却远不如在日本等国，既不能启晚清改革之路，也不能获洋务派之重视。真的怪国人有眼无珠吗？举个明显的例子，连一生重视读书、手不离书的晚清重臣曾国藩都没有提到过这部书。

魏源，字默深，号良图，道光二年（1822 年）举人，比曾国藩年长 17 岁，道光二十五年（1845 年）始中进士。官高邮知州，晚年弃官归隐，潜心佛学，法名承贯。卒于杭州，终年 63 岁。他与曾国藩差不多是同一时期的历史人物，而且都属于湖南中部地区的人。虽然首开洋务的曾国藩提倡"师夷智"，"师夷智以造船制炮"显然是脱胎于魏源"师夷长技以制夷"的那句名言，但未必就读过《海国图志》。包括与曾国藩同期的洋务派成员，都对魏源其人很少提及。这是为什么？

《海国图志》成书太草率，有急于成名之嫌

魏源自述写这部书是受林则徐的委托，据魏源《江口晤林少穆制府》诗二首自注中说，时间约在 1841 年 7 月。然而，他从接受林则徐嘱托，到出版《海国图志》，前后仅用一年多时间，当时有 50 卷，如此短的时间弄出一部书出来，颇不容易，期间还完成了另一部专题性史书著作《圣武记》，不能不令人叹为神速。

然而，学者们发现，这部书其实并不能算是著作，最多只能是编成。全书虽然是以林则徐提供的《四洲志》为基础，但是其中征引的历代史志有 14 种，中外古今各家著述有 70 多种，特别是英国人马记逊的《外国史略》、葡萄牙人马吉斯的《地理备考》等 20 种左右的著作。另外，还有各种奏折十多件和一些魏源自己了解到的材料。光是短时间搜集这么多材料尚且是件难事，当时不像今天的信息传递这么迅捷方便，而且书中涉及西方各国的地理、历史、政治状况和许多先进科学技术，如火轮船、地雷等新式武器的制造和使用，还有各国气候、物产、交通贸易、民情风俗、文化教育、中外关系、宗教、历法、科学技术等，几乎是部百科全书。然而，从魏源的学历来看，显然他又不是一个百科全书式学者，不可能把这些学科都了解一遍，因此，只能够是从上述书籍资料中直接摘编"引用"。

书中提出了"以守为战""以逸待劳"的战略思想，以至"诱其深入""坚壁清野""出奇设伏""水陆夹攻""草木皆兵"等战术原则，只不过是人尽皆知的传统兵法而已。这与魏源在《海国图志》开篇所提出的"以夷攻夷而作，以夷款夷而作，为师夷长技以制夷而作"是一致的，是为打败"夷人"，制服"夷人"，而且主要在技术层面上。因此，看起来非常浩瀚的一部著作，其实是一部资料汇编。魏源如此匆促成书，一种可能是正值鸦片战争，急于求功，另一种可能是因科举不利、急于成名的取巧心理，抑或二者兼而有之。魏源帮助贺长龄主持刊刻《皇朝经世文编》就夹带有"私货"，选入自己的文章多达 17 篇。

《海国图志》赢得的只是部分传统官僚士大夫的心

1847 年，《海国图志》刻本扩为 60 卷，1852 年，全书又扩大到 100 卷。印刻后，受到了传统士大夫阶层的欢迎，咸丰八年（1858 年）五月，时任兵部左侍郎的王茂荫向皇帝建议："如蒙皇上许有可采，请饬重为刊印，使亲王大臣家置一编，并令宗室八旗以是教以是学，以是知夷难御而非竟无法之可御。"（《王侍郎奏议》卷九）从这里可以看到，王茂荫的目的是要让朝廷官员认识到洋人的确是难以防御，但不是没有办法抵御。然而这还只是王侍郎的一厢情愿。结果没有下文，否则不至于让后人产生"墙内开花墙外香"的遗憾。

但是，我们发现，这部本来旨在开国人眼界且被后人称为有"新思想"的书，为何能引起传统讲究"夷夏大防"的王公贵族和士大夫的兴趣呢？这不奇怪吗？要知道，几十年后，驻英法公使郭嵩焘只是在出使日记中记载了西方的一些人和事，都招来朝野和其乡人的公然猛烈抨击，最终毁之。

其实，《海国图志》并没有多少新思想，相反，魏源的思想中充满了大中华主义，如他在《海国图志·原叙》中认为俄罗斯可做"陆战之邻"，美国"劲悍英寇，恪供中原"，可以当作"水战之援"。大清则是"万里一朔，莫如中华"。因此在《海国图志·筹海篇·议守上》得出一个让大家高兴的结论：清廷完全可以采取"以夷制夷"的办法，"夷人"终将"服我调度""范我驱驰"。如主张"守外洋不如守海口，守海口不如守内河"，错误地认为列强的优势只是在大海，甚至企图以诱敌深入的策略"夺其所长"，都表明他所了解的西洋只是哈哈镜中的西洋。

这样的出发点，当然能获取传统官僚士大夫之心。相反，洋务派成员大多对这部书表达了不屑和批评。

如对西学颇有造诣的洋务派学者冯桂芬在《校邠庐抗议》一书中批评魏源，说：

"魏氏源论驭夷，其曰：'以夷攻夷，以夷款夷。'无论语言文字之不通、往来聘问之不习，忽欲以疏间亲，万不可行。且是欲以战国视诸夷，而不知其情事大不侔也。魏氏所见夷书、新闻纸不少，不宜为此说。盖

其人生平学术喜自居于纵横家者流，故有此蔽。愚则以为不能自强，徒
逞谲诡，适足取败而已。"

冯氏直接点出魏源一直以战国"纵横家"自居，而导致他的思想
仍然停留在古代，虽然掌握的西方资料多，但由于他并不懂西方语言和
文化，究其实并不通夷情。如果按照魏源的想法来，结果只会"取败而
已"。冯桂芬提出，只有进行全面改革，才能做到"用西人而不为西人
所用"。

有"浙东三杰"之称的维新思想家宋恕对《海国图志》更是毫不客
气地表示了不屑："近人撰外史，如《海国图志》《瀛寰志略》《四裔编
年表》等书，题名皆陋。将以尊内，适使外人笑我学者为井蛙，反辱国
矣。"

可见，真正了解西学的人都对《海国图志》持不同甚至批评意见。
这就直接导致《海国图志》在国内并不受人重视。

魏源骨子里仍然是传统的

正是基于上述原因，曾国藩所读的书单里没有提到《海国图志》。
同为湘人，二人之间的交往直到魏源晚年才开始。咸丰九年（1859 年）
十二月初十，曾国藩在日记中写道："吾新友中，如长塘葛氏阮富后
则谋地，金兰常氏既贵后而谋地，邵阳魏默深既成名后而谋地，将两代
改葬扬州，皆未见有福荫，盖皆不免以诈力与其间。造物忌巧，有心谋
之则不应也。"

这则罕见的日记中提到魏源即魏默深是他的"新友"，但据台湾地
区学生书局版《曾文正公手书日记》的手迹来看，当为"亲友"。而此
时，魏源已于两年前即咸丰七年（1857 年）三月初于杭州病逝。

魏源年长，曾国藩称其为"友"，是根据传统来的，因为魏源中进

士比曾国藩晚七年。如果是"亲友"，也包括了朋友，没有证据表明曾氏与邵阳魏家有亲；作为"新友"，也说得过去，因为在曾国藩京官十余年中，他与这位同乡并没有交往的任何记载。太平天国攻入南京前后，魏源一直在江苏做地方官或闲居，直到 1856 年，赴杭州找时任浙江巡抚的何桂清，托他进奏自己所著的《元史新编》一书，未果，次年三月病逝于杭州僧舍。这期间，曾国藩一直在鄂赣皖之间疲于奔命，未曾踏足过江浙。二人成为"新友"，应该只是魏源去世前不久，而且止于书信往来的朋友。但是，现存曾国藩全集中没有找到任何他与魏源来往记载。如果有遗失，不可能恰好遗失这个人的全部信息。

这则日记还透露出一个重要信息，本系湘人的魏源，不惜千里迢迢将祖先之坟改迁到扬州，足见魏源还有想靠风水来改变命运的意思，骨子里那种传统根子和有着新思想的人判若分明。所以，曾国藩言辞中不无讥讽之意，直指魏源有"诈力"。事实上，从魏源的朋友圈来看，大都是传统官僚士大夫，如裕谦、林则徐、陶澍、贺长龄等，基本上没有后来的洋务派成员。顺便提一句，魏源与喜欢自我炫耀之左宗棠的朋友圈交集太多，如二人与林则徐之间流传甚广的故事则如同翻版。林则徐在镇江见魏源，交给他一大包书籍资料；在长沙见左宗棠，又交给他一大包书籍资料。

后人称曾国藩深受魏源思想的影响，甚至将其办洋务称为是"师夷长技以制夷"的实践者，此说太过。曾国藩读过魏源的著作，包括《圣武记》《道德经注》（《老子本义》）《书古微》，都到了同治年间，连魏源主持汇编的《皇朝经世文编》这样的大型丛书他也读过，唯独没有提到《海国图志》。相反，曾国藩提出的"师夷智"与魏源主张的"师夷技"区别很大，他主张中国人直接掌握西方科学技术，一字之异相差万里。因而，他不仅在国内开办兵工厂、自主造船，而且大量翻译西方的科学著作，并鼓励儿子学数学、英语。曾国藩办夷务的核心不在"制夷"而在"诚信和夷，隐图自强"。不仅在京官时期，魏源不属于他的朋友圈，而且在对待西方问题上，两人完全不是一路人。

对《海国图志》做出高度评价的学者梁启超，他在《论中国学术思想变迁之大势》中提出："《海国图志》对日本'明治维新'起了巨大影响，认为它是'不龟手之药'。"但这已经是中日战争之后的事了，正是这一战才真正把中国人打醒，回过来才发现《海国图志》。可见，真正触动思想界的并不是这本书，而是战败。张之洞在《劝学篇》说："近人若邵阳魏源于道光之季译外国各书、各新闻纸为《海国图志》，是为中国知西政之始。"这一评价是客观的。《海国图志》的命运不能全怪国人有眼无珠，人为地夸大一部书的作用，只会让人更加看不清历史的真实走向。

一封改变晚清命运的举报信

小人物玩出惊天大动作

同治四年（1865 年）三月初五，恭亲王奕訢按常例入值觐见两宫太后。慈安与慈禧两位太后端坐在紫禁城的东暖阁。慈禧待恭王行礼毕，对他说："有人劾汝！"说着便拿起奏折递给恭王看，谁知恭王并不接折，追问："谁人所为？"慈禧告诉他："蔡寿祺。"恭王失声叫道："蔡寿祺不是个好东西！"说完便声称要逮问他。

这本是很平常的一个开端，今天的官员听到有人举报他，首先下意识便是想知道举报者是谁。恭亲王，作为咸丰帝的亲弟弟，同治帝的叔叔，此时的身份是议政王、首席军机大臣、总理各国通商事务衙门大臣、宗人府宗令、总管内务府大臣、领神机营、稽查弘德殿一切事务等，集党（皇室）、政、军、外交、经济大权于一身，是个名副其实的一国总理。他要逮问一个人，那不是一句话的事？

问题是，谁吃了豹子胆，敢弹劾议政王？

可偏偏就有！此人就叫蔡寿祺。

然而，在恭亲王眼里，蔡寿祺不是一个好东西。这应该不是因为他要弹劾自己，便诬称其不是好东西，而是"失声"叫出来的。也就意味着这个人在包括恭王在内的诸人心目中早已有定论，否则不至于失声叫出来。赵烈文日记中也说："其人（指蔡寿祺）不满公论，而其言足以摇动，亦可怪也。"

翻看一下这个蔡寿祺的档案：

蔡寿祺，江西德化人，道光二十年（1840 年）进士，同治四年二月初七署日讲官。一看就是一个"黑翰林"，就是长期升不了官的翰林学士。刚刚做了日讲官，不到七天即二月十四日便上疏八条痛陈时弊，折留中未发。

这八条的主要内容是：广言路、勤召对、复封驳、振纪纲、正人心、整团练、除苛政、复京饷。

看起来，这像是一篇改革大文章，可读者别被这骇人的条目所糊弄，奏折的核心并不在这里，而是其中"振纪纲"一条。在这里蔡寿祺历数劳崇光、骆秉章、刘蓉、李元度、曾国藩、曾老九、薛焕诸公之短。[①]

稍微了解晚清史的人一看便知，这几个人都是晚清督抚重臣，而且绝大多数是湘军将领。这些人在两宫太后眼里都是对朝廷有功之臣，一个"黑翰林"一口气攻击这么多功臣，太不知自己几斤几两了，自然没有理睬，"留中不发"。

那么，蔡寿祺为什么要一口气弹劾这么多重臣？难道他们真的有问题吗？这里暂且放下。

见自己的告状信没有动静，蔡寿祺又于三月四日再次上疏，这一次矛头直指当朝第一权贵恭亲王奕訢，弹劾他贪墨、骄盈、揽权、徇私四大罪状。疏中言：

近来竟有贪庸误事因挟重赀而内膺重任者，有聚敛殃民因善夤缘而

---

① 《清实录·穆宗实录》载蔡寿祺所奏内容包括：曾国藩奏洪福瑱焚死，未几而该逆为江西拿获……今洪逆若非江西获，贻患何穷？安庆之役，曾国荃攘多隆阿之功，以道员得头品顶戴。汉中之贼，实系粮尽东窜，多隆阿会同张集馨据实陈奏，而刘蓉奏称打仗克复，冒功邀赏，反衔恨张集馨，中以非罪。刘蓉以诸生标榜欺饰，曾国藩轻信其谋，致有九江之败。劝骆秉章勿遽入蜀，几误蜀事。抵川后攘功妒能，以知县升署藩司，时正肃顺用事。刘蓉擅作威福，朱孙诒以好论谠而被排挤。曾国藩劾去张芾而任李元度，徽、宁不守，全浙被害。王拯奏参薛焕，事事皆实，王拯贬官而出军机，薛焕仍在总理衙门办事。若蒋益澧之暴戾，万启琛之聚敛，杨昌濬、陈湜、江忠浚之鄙陋，曾国荃之贪婪，李鸿章之浮诞，均未曾服官中外，一旦夤缘得法，均骤获高官。中华书局，1986.

外任封疆者，至各省监司出缺，往往用军营骤进之人，而夙昔谙练军务而通达吏治之员，反皆案置不用，臣民疑虑，则以为议政王之贪墨。

这一条弹劾恭王贪墨，理由是"往往用军营骤进之人"，无疑就是指湘淮军；那些"夙昔谙练军务而通达吏治之员"，弃之不用，看起来指向很模糊，其实他是有具体所指的，这些人就包括他自己和他的江西同乡朱孙诒。

那么，这个朱孙诒又是谁呢？我们也先搁下。再看蔡寿祺弹劾恭王的其他几条罪状：

自金陵克复后，票拟谕旨多有大功告成字样，现在各省逆氛尚炽，军务何尝告竣？而以一省之肃清，附近疆臣咸膺懋赏，户兵诸部胥被褒荣，居功不疑，群相粉饰，臣民猜疑，则以议政王之骄盈。

这一条弹劾恭王骄盈，理由更荒唐，原因是"大功告成"四个字讲多了。金陵克复，太平军被灭，这对于大清来说，去了心腹大患，难道不算"大功告成"？何谓"一省之肃清"？也许在蔡寿祺看来，这根本不算什么。所以他指认恭王"骄盈"。

近日台谏偶有参劾，票拟谕旨多令其明白回奏，似足以杜塞言路……怵近年部院各馆差使，保举每多过分，而利害而缄口，臣僚疑惧，则以为议政王之揽权。

弹劾大臣，要求弹劾者提供明白清楚之事实，在蔡寿祺看来是"杜塞言路"，因此，指斥恭王"揽权"。

总理通商衙门保奏更优，并有各衙不得援以为例之语，臣僚疑惑，则以为议政王之徇私。

总理通商衙门是当时大清国外交部，是第一权力部门，恭王主管，保奏更优，就认定为"徇私"，这样的逻辑也真是服了。

但是不得不佩服，不愧是进士出身，蔡寿祺的举报信写得非常有技巧：贪墨、骄盈、揽权、徇私，虽没有事实，但不是我要指责，而都是：臣民疑虑、臣民猜疑、臣僚疑惧、臣僚疑惑出来的。

基于这四条，蔡寿祺提出的结论是干脆要弈訢引退：

臣愚以为议政王若于此时引为己过，归政朝廷，退居藩邸，请别择懿亲议政，多任老成，参赞密勿，方可保全名位，永荷天庥。

意思是希望恭王把自己指责的这四条看作是大过，退休算了。明明想算计他人，可偏偏说得那么一片公心，既是为国家好，也是为被举报人好，个中的虚伪由此可见一斑。

此时的恭王仅32岁，慈禧才30岁。

告状者醉翁之意不在王

不过，你以为蔡寿祺是要搞倒恭王，那就大错特错了。好歹也在京城混了二十几年，没吃过猪肉，也见过猪跑，蔡寿祺当然知道凭自己是搞不倒恭王的。他这一招是精心算计过的，要害是想讨慈禧的欢心，因为他从种种渠道揣测到慈禧对恭王不满，因此，便企图借敲打恭王，引起慈禧注意得以升职，顺带搞掉他最痛恨的两个人。

这两个人便是前一次奏折中提到的总理各国事务大臣薛焕、陕西巡抚刘蓉。这一次奏折中所言"挟重赀而内膺重任""善夤缘而外任封疆"

者，就是指他们二人。

蔡寿祺痛恨刘蓉，是有原因的。早在咸丰七年（1857年）蔡父病死，因家乡九江为太平天国沦陷，不能返乡奔丧，便取道山西陕西入四川，想寻找升官发财之路。正逢骆秉章和刘蓉入川，发现他私刻关防，招募乡勇，把持公事，大肆招摇，便将其赶出了成都。

蔡寿祺升官发财之路受阻，因此对他们恨之入骨。

在四川时，他结识了帮助骆秉章总理营务的江西同乡朱孙诒。朱孙诒原来在曾国藩的老家湘乡担任县令，曾国藩草创湘军，就是以朱孙诒组织的团练为基本力量，后担任湘军营官跟随曾国藩东征，然而，朱孙诒实在不是带兵的料，与太平军一接触就大败奔逃，而且是连逃好几次，受到曾国藩的申斥，结果，时任湖南巡抚的骆秉章还将他升为宝庆知府。朱孙诒自此脱离了湘军。

此时的朱孙诒是道员兼按察使衔。论资历和官位，朱孙诒原本要比刘蓉高得多。朱孙诒做县令时，识拔刘蓉为生员。但刘蓉入川后担任四川布政使，后又做到陕西巡抚，反而高于朱孙诒。朱孙诒深为不满，加上与骆秉章、刘蓉意见不合，便愤而离去。朱孙诒离开四川后也到了北京，与翁同龢、蔡寿祺多有来往。此后，朱孙诒和刘蓉更是反目成仇，二人都刻印诗文相互讥讽。

刘蓉则与曾国藩是莫逆之交、儿女亲家。

这样，刘蓉就成了朱孙诒、蔡寿祺共同的敌人。薛焕则是四川宜宾人，是恭王岳父桂良特别赏识的人，而此前刚刚有人参劾过他。

这就是蔡寿祺接连两道奏折都直指刘蓉及薛焕等人的原因所在。而蔡寿祺奏折中将刘蓉在四川的"劣迹"说得那么具体，背后高参便是朱孙诒。

和朱孙诒来往密切的翁同龢在日记中如实地写道："见崇光、骆秉章复奏蔡寿祺折……而于刘蓉到川一节，指驳蔡寿祺原供何以于刘蓉行程知之如是之悉，非该员身在蜀中，即系同行之人传述。意盖指朱石翘都转（都转系盐运使别称，朱孙诒字石翘）也。"

蔡寿祺刚做了七天日讲官，就迫不及待地向刘蓉等湘军将领发难，摆明了要报一箭之仇。他们自以为手段很高明，想借慈禧之手除掉他们痛恨之人，却不料引发出一场惊天大案。

万千余地下狠手

恭王失声说出"蔡寿祺不是个好东西"之后，引发慈禧震怒，随即召见大学士周祖培、瑞常，吏部尚书朱凤标，户部侍郎吴廷栋，刑部侍郎王发桂，内阁学士桑春荣、殷兆镛等，垂泪对诸臣子说："（恭）王植党擅政，渐不能堪，欲重治王罪！"

诸位大臣一听此事太过诡异，谁都不敢表态。慈禧反复提醒"诸臣当念先帝，无畏王，王罪不可逭，宜速议！"

堂堂一国总理，三年多前的祺祥政变中还是两宫太后的铁杆同盟，怎么一下子就变得罪不可逭了呢？

周祖培赶紧顿首回答："此惟两宫乾断，非臣等所敢知！"

慈禧说："要是这样的话，还用汝曹干什么？他日皇帝长成，汝等独无咎乎？"

对于大臣们来说，他日怎么样，谁知道呢？眼下太后咄咄逼人之势才是当务之急。周祖培赶紧替自己解围："此事须有实据，容臣等退后详察以闻。并请与大学士倭仁共治之！"

一听与倭仁共治，慈禧有些放心了，这才命众人退下。

三月的北京城春寒料峭，诸臣们却"均流汗沾衣"！

倭仁，著名的保守派，与改革派弈訢政见不同。但是这一回，围绕四条"罪状"，他也没有查出实据来，只好这样回答慈禧：

"查恭亲王身膺重寄……如果平日律己谨敬，何至屡召物议？阅原折内贪墨、骄盈、揽权、徇私各款虽不能指出实据，恐未必尽出无因，况贪墨之事本属暧昧，非外人所能得见；至骄盈揽权徇私，必于召对办事时流露端倪，难逃圣明洞鉴。"

这样的说辞颇有中国特色：尽管没有证据，但事出有因。只要有人告你，你就有问题。至少说明你平时律己不严，人际关系不好，不能和同志们打成一片。至于具体说到贪墨，外人看不见；说到骄盈、揽权、徇私，自然难逃两宫太后洞鉴。把四条罪状都推给慈禧去定：

"臣等伏思黜陟大权之自上，应如何将恭亲王裁减事权，以保全懿亲之处，恭候宸断。"

又一个"莫须有"，聪明圆滑的倭仁，两边都不得罪。太后说有罪就有罪，说无罪就无罪。可大可小，留下万千回旋余地。

得到这样的答复，慈禧果断亲笔下令：

谕在廷王大臣同看：朕奉两宫皇太后懿旨，本月初五日，据蔡寿祺奏，恭亲王办事徇情、贪墨、骄盈、揽权，多招物议，种种情形等弊。似此重情，何以能办公事，查办虽无实据，事出有因，究属暧昧之事，难以悬揣。

恭亲王从议政以来，妄自尊大，诸多狂傲，倚仗爵高权重，目无君上，看朕冲龄，诸多挟致，往往暗使离间，不可细问；每日召见，趾高气扬，言语之间许多取巧，满口中胡言乱道。似此情形，以后何以能办国事！若不及早宣示，朕归政之时，何以能用人行政？似此种种重大情形，姑免深究，方知朕宽大之恩！

恭亲王著毋庸在军机处议政，革去一切差使，不准干预公事，方是朕保全之至意。特谕。

慈禧的亲笔原稿错别字很多，经大臣们润饰后，又增加几句："至军机处政务殷繁，着责成该大臣等共矢公忠，尽心筹办。其总理通商事务衙门各事宜，责令文祥等和衷共济，妥协办理。以后召见引见等项，着派惇亲王、醇郡王、锺郡王、孚郡王等四人轮流带领。"

慈禧同时下令："此诏即下内阁速行之，不必由军机！"打破常规程序跳过军机处，为的是避免再生波折。

这诏文内容充满自相矛盾之处：既是重大情形，又不可细问；既无实据，又"究属暧昧"。

在这种情况下，慈禧仍然要革去恭王一切差使，足见她对恭王之忌恨。

恭王并非孤军作战

恭王有没有问题？

近代学者吴相湘认为，恭王"自入枢廷，以交接亲王，犒赏太监，费用繁重，收入颇不足用，王忧之。后从福晋父桂良言，以提门包为充用常例，试行之，而财足用。于是府中贿赂公行，财货猥积……又因管理各处衙门，于各处缺分黜陟，不能不主持其间，鉴别举错，或戚旧之贤，偶加拔擢，则循资而不得与选之庸才，反谓王操选政有所徇私矣"。

吴氏此话不知何据。不排除从政四十年的恭王没有受贿，没有徇私，但假如蔡案发生时，恭王果有贪墨，能逃过慈禧的耳目吗？

其实，此时的恭王顶多就是诏中所言的"妄自尊大，诸多狂傲，每日召见，趾高气扬，言语之间许多取巧妄陈"，仅此而已。

说得更直白一点，就是恭王不大注意小节，尤其是礼仪。

在这一问题上，恭王可谓吃亏不少。他一生四次被罢官，都是因为这个问题。早在咸丰五年（1855年）七月初九日，康慈皇太后死后不久，咸丰帝便颁发谕旨："恭亲王奕訢于一切礼仪多有疏略之处，著毋庸在军机大臣上行走，宗人府宗令、正黄旗满洲都统均著开缺；并毋庸恭理丧礼事务、管理三库事务，仍在内廷行走、上书房读书，管理中正殿等处事务，必自知敬慎，勿再蹈愆，尤以付朕成全之至意。"

作为恭王的哥哥，为什么因为弟弟礼仪疏略而开除他职权？难道真的是怕他不知敬慎，再蹈愆尤吗？说到底还是怕这个弟弟权势太重构成威胁。由此可见，咸丰实在找不到别的借口了，只好小题大做，在礼仪问题上做文章。终咸丰一朝，奕訢不受信任和重用，绝不是真正因为礼仪问题。

这一次慈禧要罢恭王，理由还是礼仪小节问题。据史料记载，恭王每次上朝，"辄立谈移晷，宫监进茗饮"，两宫必道："给六爷茶。"然而有一回，叔嫂召对颇久，"王立御案前，举瓯将饮，忽悟此御茶也，仍还置处。"这天两宫忘记赐茶，恭王竟险些喝了同治小皇帝的御茶。按制，太后召见之地，"无论若何大员，非总管太监传旨，不能径入"，而恭王却往往不注意，未等内监传旨，"径直入内，以为此制非为彼而设也"。

这是不是问题？在规矩森严的宫禁之地，当然也算。然而，我们考虑一下，恭王毕竟只有30来岁，年轻人的性格还没有老成起来，实属常情。同为青年的慈禧难道不能原谅这点事情？

也有人举出安德海的离间导致慈禧恼怒恭王。作为慈禧的贴身太监，安德海经常到内务府索要东西，恭王几次训斥，引起安德海不满，伺机构陷，慈禧愠怒："乃约束及我日食耶？"难道我的日常饮食都要受到约束？据说恭王面圣，竟对两宫云："两太后之地位，皆由我而得之。"以恭王的聪敏，我相信恭王不至于说出如此犯大忌的话来。

与"才具平常"的两宫相比，"恭王性质开明，临事敏决，能力之富强，当时枢臣中，实罕其比"，"自幼学养不固，举趾高蹈，是为美中不足"。人总有缺点，举止高蹈，如果在亲近的人看来，是可爱的一面；如果在对手看来，却是可恶的一面。

究其实，是慈禧要揽权，时刻不忘自己的身份；恭王要办事，常常忽略自己的身份，将二人关系看作是自家叔嫂关系。曾国藩说："恭亲王举止轻浮，聪明太露，多谋多断。"这对慈禧来说自然不是件好事。

作为一个女人，慈禧揽权，很可能是出于自保，避免大权旁落，重蹈"枪法不错"的"八君子"之覆辙。因而，政变完成后，慈禧便借同治之名宣告：

朕奉母后皇太后、圣母皇太后懿旨，现在一切政务均蒙两宫皇太后躬亲裁决，谕令议政王军机大臣遵行，惟缮拟谕旨仍应作为朕意宣示中外。自宜钦尊慈训，嗣后议政王军机大臣缮拟谕旨，著仍书朕字。

这道谕旨，显然表达了两宫驾驭中央决策的要害：奏折先呈两宫裁决，军机大臣只有遵照执行的份儿。

然而，实际的操作过程中，两宫又不得不倚仗恭王："今膺议政王之重寄，集宫廷大小诸务于一身，虽不若顺治摄政王之位尊权重，然每日商白公事者环伺于军机处门前，耳目声势，亦煊赫于一时。而王于各省事件多委权督抚，其能特达者不加遥制。"

当时的形势，摆明了是叔嫂共治。两宫决策，恭王议政，决策来自议政，谁也离不开谁。这一点宫廷内外谁都明白，两宫权重，恭王自然权重。而恭王又想办事，办事不得不倚重督抚，他能跟督抚打成一片。这等于将各地督抚与两宫又隔离开来，权力的天平实际上倾向于恭王。矛盾就这样不可避免，慈禧也莫可奈何。

结局令人长叹

蔡寿祺的举报信恰好打破了二者微妙的平衡。苦于找不到突破口的慈禧借机发难。

但是，慈禧想得太简单了。

慈禧诏令发布的次日（初八），惇亲王奕誴上奏为恭王申辩：

> 今恭亲王自议政以来，办理事务，未闻有昭著劣迹，惟如对时语言词气之间诸多不检，究非臣民所共见共闻；而被参各款，查办又无实据，若遽行罢斥，窃恐传闻中外议论纷然，于用人行政，似有关系，殊非浅鲜。臣愚昧之见请皇太后、皇上恩施格外，饬下王公大臣集议请旨施行。

惇亲王是道光帝的第五子，他说得非常直白，恭王没有昭著劣迹，只是平时说话语气不检点而已，加上查无实据，却要这般处置，关系重大，要求重新审议。

慈禧看了奏折颇为震怒，只是这一怒更道出了恭王没有过失："惇王今为疏争，前年在热河言恭王欲反者，非惇王耶？汝曹为我平决之。"在当年政变时，正是惇亲王指认恭王也有谋反之意，如今反而替恭王出面力争，这恐怕是慈禧没有料到的。

紧接着，十三日，在东陵监工的醇郡王奕譞赶回京城，急忙上书替六哥说情："其往往有失于检点之处，乃小节之亏，似非敢有心骄傲，且被参各款本无实据，若因此遽尔罢斥，不免骇人听闻。"

醇郡王本与恭王不和，他的说法史坐实了恭王的问题只是小节问题。

同时，通政使王拯、御史孙翼谋亦具折，均请酌赏录用，以观后效。肃亲王华丰，内阁学士殷兆镛，左副都御史潘祖荫，给事中谭钟麟、广成，御史洗斌，学士王维珍纷纷上疏，舆论皆倾向于恭王。

这样，压力反倒都到了慈禧那边，见此情景，慈禧迅速转弯，于四月十四日下谕："恭亲王著仍在军机大臣上行走，毋庸复议政名目，以示裁抑！"恭王的议政王头衔被剥夺，慈禧达到了基本目的。

得旨后，恭王进宫谢恩，"伏地痛哭，无以自容"。慈禧更是面加训诫，恭王"深自引疚，颇知愧悔"。亲王总理之颜面由此扫荡殆尽。

然而，事情并没有完，十八日，醇王再上一折，剑指倭仁。他指出，回京后遍访内廷诸臣，竟无一人参与三月初七罢黜恭王上谕的草拟事宜，这令其"深骇异之至"。按照常例，谕旨应"命王大臣同看"，作为大学士，倭仁"自应恪遵圣谕，传集诸臣或于内阁于乾清门共读朱谕，明白宣示，然后颁行天下"，然让人匪夷所思的是，这道上谕竟跳过军机处，"仅交内阁发抄，显系固违谕旨"。倘若这是倭仁的一时疏忽，"岂有宰辅卿贰，皆不谙国体之理？即使实系疏忽，亦非寻常疏忽可比"。

表面上看起来，醇王意欲问责倭仁，其实是想借此恢复"王大臣同看"的这一军机处的权威，不能允许慈禧擅自越过军机处的做法。不过是借责怪宰辅不谙国体，其实质是批评慈禧有违国体的做法。

醇王此举关系重大，正因为这样，恭王与慈禧之争稍稍平息了十余年。

这次风波，引起朝论大惊疑，甚至外国使臣也纷纷关注，多次询问。

在这之后，李鸿章给恩师曾国藩写信道："恭邸似可渐复，唯与艮相（倭仁）嫌衅日深，仍恐波澜未已。"曾国藩九弟曾国荃亦深感"朝廷之不能长治久安"。

一封举报信，彻底改变了晚清的命运。从此以后，恭王行事格外谨慎，小心自保，那种锐意进取的精神随着慈禧的权力一步步巩固而逐渐消逝。

作为"中国第一次近代化运动的倡导者"，恭王无疑是同光时期卓有分量的改革家，后人逐渐认识到这一点，"恭亲王是个有血性的人，且真心为国谋划，他是清朝最后一百年宗室中的贤者。"（蒋廷黻语）慈禧也不得不承认，恭亲王之死为"失兹柱石"。"纵观恭亲王一生，以过人才智处内外交困之际，坚持定见，忠诚谋国，推心置腹于将帅，昭示信义于欧美，内政外交都有起色，清国国祚得以延长，实在是爱新觉罗的好子孙。"（吴相湘语）

恭王的才能体现在他作为晚清改革家恰当的策略上，他的努力使晚清的外交、教育、工业都走上了近代化的路子。

外交上，恭王的策略获得了诸多地方督抚的支持：备知底细，动中窥要；恃笔舌以争之，恃理势以折之；先在折服其气，然后乘机即转。这一策略方针指导了晚清外交的实践，"一定程度上抵制了西方帝国对中国的侵略"。

改革上，恭王显得举重若轻。对内，恭王常将反对改革的"保守派"，直接安排到总理衙门，让他尝尝不当家不知艰苦的滋味，使大多数人都转变成了改革派。对外，他多次提醒西方，操切行事将使大清的改革走向反面，争取到他们对大清改革的理解和支持。

本来他可以更好地在议政王的位置上发挥更大的作用，然而，蔡寿祺这一举动，不仅导致恭王逐渐心灰意冷，而且打碎了改革所应有的权力资源，为此后恭王的多次被罢免开了一个不好的头。

蔡寿祺想要告倒的薛焕、刘蓉，都因查无实据，经吏部议处，降二级调用。相反，蔡寿祺本人却因诬告而被即行革职，勒令回籍。蔡寿祺被革职后，仍然逗留京师，不过，从此潦倒，五十多岁就须发皆白，落得个偷鸡不成反蚀一把米的下场。

废科举何罪之有

从 1905 年清政府废除科举以来已有 110 多年了，百年来有关废科举的得失利弊争论颇多，从"科举有罪"到如今"废科举有罪"，期间经历过太多有意思的变化甚至转折。

有一种主流观点认为，废科举是清王朝自毁根基。也有观点认为，科举之废造成社会道德风气的败坏。纵观这一风向标的转变，说到底是当今社会对公平的关注和思考所引起的。

持这一观点者的主要理由之一是废除科举导致士大夫阶层"中国梦"破碎，传统平民上升通道关闭，首先离散了士子之心。科举制度彻底打破血缘世袭关系和世族的垄断，超越种族、门第、血缘，构建一种精英阶层，是社会的稳定器。另一个理由是科举制度本身并无太多的弊病，它所要革除的只是考试的内容、八股文体，废除科举是一种急躁的改革。甚至有人提出要废高考回归科举。

废科举真的成了清王朝自掘坟墓的做法吗？其实，这种看法恰恰忽视了当时废科举的历史情境和歪曲了科举制度本身的性质。

首先，科举制度的废除并不是急躁冒进，相反是社会的普遍共识。早在鸦片战争以后，不少有识之士就已充分认识到科举之弊，如曾国藩就认为科举无用，不是正业，力主自己的弟弟、儿子不必汲汲于科举。"总之吾所望于诸弟者，不在科名之有无"；"即其用力举业之时，亦于正业不相妨碍"；庆幸自己"幸而早得科名，未受其害"；"奈何亦以考卷误终身也？""纪鸿儿亦不必读八股文，徒费时日，实无益也"。受益于科举的曾国藩尚且如此，更别说蒲松龄、吴敬梓诸人。庚子之变后，科举更是被普遍认为是中国落后之元凶，包括荣禄在内的大清权贵都很早就倡议废科举，1895—1898 年天津、上海、湖南等地相继出现了新式学堂，到 1901 年废武举，1903 年颁布大学堂章程，1904 年减少科举名额，这中间不仅有一个较长的循序渐进的过程，而且得到了舆论界的普遍叫好。

这一方面是由于严重的内忧外患日益暴露了科举考试内容不合时宜，通过科举考试所选拔的人才无裨国用，士子们所学的儒家经义不能救国。另一方面科举直接影响教育的改革，"为学校之的而阻碍之者，实莫甚于科举"。科举不废，"士子永远无实在之学问，国家永远无救时之人才，中国永远不能进于富强，即永远不能争衡于各国"。上海《时报》盛赞："革千年沉痼之积弊，新四海臣民之视听，驱天下人士使各奋其精神才力，咸出于有用之途，所以作人才而兴中国者，其在斯乎。"传教士林乐知在《万国公报》发表评论："停废科举一事，直取汉唐以后腐败全国之根株，而一朝断绝之，其影响之大，于将来中国前途当有可惊可骇之奇效。"

如此普遍共识，何以会导致士绅阶层失去对政府的向心力，也使政府失去赖以支持的阶级基础呢？

其次，从科举制度的本身来看，它并非一种教育制度，也不是唯一的必需的政治制度运行机器。

什么叫科举？科举是分科取士的考试和用人制度，是通过考试以决定用人，或者说通过考试作为用人的前提，本质上它是一种用人制度。相当于如今流行的逢升必考，以考试的等级优劣来决定用人。在清末废科举之前，无论是唐宋，还是元明清三代都发生过科举存废之争，算上 1905 年这一次共有六次之多。虽然争论过后科举照旧进行，但可以看出，科举制度本身是可以废除的，并非一旦废除国将不国，自毁根基。即便只改变考试内容，也就意味着科举不存。因为科举是以儒家思想为内核的，是儒家思想制度化的象征。

要开放政权，要保证平民阶层平等公平地参政议政并非只有科举考试一途，更何况，废除科举的当年 7 月，光绪皇帝就主持了首次留学生考试，14 名留日学生被分别授予进士、举人出身，并分别差事；1906年 10 月，学部与外务部共同颁布了《考验游学毕业生章程》，确定每年10 月对海归学子考试两场，择优录用。并非人们所说的废除科举后没有新的制度来替代，相反，前后衔接几乎没有时间差。这种改革在于选人用人的导向发生了根本变化，鼓励人们出国留学，学成同样有为国效力的机会。而且也只有这样，才能使国人开放眼光，主动学习西方，这何罪之有呢？

废科举有效地改变了国人对西方的看法、对人才的要求，一些地方官绅也积极鼓励资助本省学子出国留学，如湖南就出现了留学热潮，留学国也不止日本。湖南巡抚还要求"州县官须知法政学"。这些变化更好地遵循了仕途向有才能者开放的原则，远比以前用严格的八股文考核儒家只言片语取才的制度要好得多。这不仅仅是考试内容的变革，更是用人导向的变革。众所周知，科举制度考核不出真正的人才，这是导致晚清无人可用局面的关键原因。科举废除后，新的人才培养和用人机制造就了一批真正有学识有能力的人才，社会出现了一股爱国救亡的新风气，国家意识史无前例地崛起，反专制反封建意识使民族焕发出一种生机，这是大势所趋。

值得指出的是，科举制度并非皇权制度化的忠实"守门人"，事实上也守不住世界大潮冲击之下的国门。大清王朝的根基并非倒在科举之废上，而在于这种专制制度根本无法与西方社会制度相抗衡，它倒在自己的保守、封闭和腐败上，不废除科举一样会倒掉。相反，如果再提前50 年废除科举，或许这个王朝还有可能建立起英国式的君主立宪制政体的希望。

第六辑 ▮

历史上防范红顶商人的制度努力

官商勾结是一种历史顽疾，也是一种世界性顽症。人们只见俄罗斯打击寡头，却不见寡头背后隐藏着的官商勾结；中国历史上对于因官商勾结而暴富的商人也从来不手软，一边防范一边打击。却不料，后世对那些因官商勾结而暴富的商人却津津乐道，赞颂有加，甚至还美其名曰"红顶商人"。这真让人大跌眼镜。

奇货可居：红顶商人的共同致富经

史载邯郸商人吕不韦有一天问其父亲："耕田的回报率有多少？"其父答曰："十倍。"又问："做生意又可得几倍利？"答曰："百倍。"再问："那么如果立一个国君，可得利几倍？"答曰："无数倍。"吕不韦不禁感慨道："我要建国立君，做惊天动地的大事。"

一介商人要建国立君？这不会是摔了脑袋吧。吕氏的感叹源于他做生意时认识了一个叫子楚的人。子楚是从秦国"交流"到赵国来当人质的，可想而知，他的处境并不妙，"居处困，不得意"。对于这种爹不亲娘不疼的孩子，多数人摇头而过，可吕不韦却发现了商机：子楚虽然不得其父太子安国君的宠爱，但怎么着也是秦昭王的亲孙子。"此奇货可居"，这便是吕不韦的眼光，视野非同一般。

当别人离子楚越远越好的时候，吕不韦就屈尊来看望子楚，推心置腹地说了一段话："秦王老矣，安国君得为太子。我听说安国君爱幸华阳夫人，华阳夫人无子，能确立嫡嗣的只有华阳夫人。今你兄弟二十余人，你又居中，不怎么受宠爱，久质诸侯。即使大王百年之后，安国君立为王，那么你也不可能与那些早晚在大王面前受宠的长子、其他兄弟争立太子。"这个中道理正是子楚的心病，即便事实如此，又焉能别有他法？便反问吕不韦。在商人吕不韦眼里，一切皆有可能，而这可能恰好事在人为："请让我备千金为你西游秦国，事秦安国君及华阳夫人，让他们立你为继承人。"你的难处在我这里恰好是长处，你不是没钱吗？我出资！你不是不自由吗？我出力！这番话，说得子楚感动不已："必如君策，请得分秦国与君共之。"

得到子楚的承诺，吕不韦心动不如行动。

他先拿五百金，供子楚结交宾客之用；又以五百金购买奇宝玩物，亲自赶到秦国。他先是找到了华阳夫人的姐姐，把礼物献给了华阳夫人。有道是钱能通神。有了接近华阳夫人的机会，吕不韦趁机道出了他的核心思想，为子楚唱赞歌：子楚如何聪明；子楚人脉如何多；子楚如何孝顺——把华阳夫人看作是亲母，日夜思念太子及夫人。把这一切都归功于子楚。华阳夫人平白多了这么多财富，而且还多了一个不是亲生胜似亲生的儿子，心里那个喜，自不待言。

精明的吕不韦话只说一半，另一半却通过华阳夫人的姐姐之口来说出，他要华阳夫人的姐姐劝夫人立子楚为嗣："吾闻之，以色事人者，色衰而爱弛。今夫人事太子，甚爱而无子，不以此时蚤自结于诸子中贤孝者，举立以为嫡而子之，夫在则重尊，夫百岁之后，所子者为王，终不失势，此所谓一言而万世之利也。不以繁华时树本，即色衰爱弛后，虽欲开一语，尚可得乎？今子楚贤，而自知中男也，次不得为嫡，其母又不得幸，自附夫人，夫人诚以此时拔以为适，夫人则竟世有宠于秦矣。"要害就在这里，这番话说出了华阳夫人的隐忧，也说出了吕不韦的使命。

华阳夫人果然听信了亲姐姐的劝说，成功地劝说安国君立子楚为嗣，并要吕不韦当子楚的老师。

秦昭王病故后，安国君继位，子楚来了个华丽转身，以太子身份带着吕不韦送给他的赵姬告别人质生涯回归故国。巧的是，安国君在位仅一年便死了，子楚顺利当了秦国的王。立下不世之功的吕不韦以丞相封文信侯，"食河南雒阳十万户"。吕不韦得到的回报远不止此，这个子楚在位仅三年便归天了，其子嬴政继位，尊吕不韦为相国，号为"仲父"。13 岁的新王年幼，政事都归于这位仲父之手。一介商人成功跻身权力巅峰，"家僮万人"。

时隔二千年后，又一个商人跻身权力之门的故事发生了。他就是胡雪岩。

胡雪岩本名胡光墉，安徽绩溪人，生于道光三年，家中长子，自幼智于常人，因家道贫寒，以牧为生。及长，入钱庄为徒，揽各杂役，勤恳踏实，颇受庄主赏识，三年有成，录为正工。

这个故事不同之处就在于胡雪岩出身微贱，通过自己打拼后稍有富资。他碰到的不是王子王孙，只是一个捐官之后连盘缠都没有的落魄文人。此人叫王有龄，字英九，号雪轩，福建侯官人。在道光年间，王有龄就已捐了浙江盐运使，但无钱进京。胡雪岩知其处境后，"慧眼识珠"，认定其前途不凡，便资助了他五百两银子，又一个"奇货可居"，巧的是，他资助银子的数目都与吕不韦相同。他叫王有龄速速进京混个官职。后王有龄在天津遇到故交何桂清侍郎，经其推荐到浙江巡抚门下，谋了个肥差——粮台总办。王有龄发迹后亦未忘记胡雪岩知遇之恩，资助胡雪岩自开钱庄，号为阜康。之后，随着王有龄的不断高升，胡雪岩的生意也越做越大，钱庄、店铺越来越多。当然，这只是野史，不足为凭，但从民间编出这样的段子中不难看出官商勾结的传统。

1862 年，王有龄因丧城失地而自缢身亡。眼见靠山没有了，胡雪岩又开始寻找新的途径。此时，正逢左宗棠率军进剿浙江，胡雪岩通过关系谋得一个拜见左宗棠的机会。为了抓住这次难得的机会，他带去十万两现银的"见面礼",美其名曰"报效军中"。后左宗棠新疆平乱时期因军饷不继,委托胡雪岩在上海为他筹借洋款、购买军械,胡经手六笔,借款总额一千七百万两,利息累计达八百万两,仅此一事,他个人就从中净赚约二百万两银子。至 1872 年阜康钱庄支店达 20 多处,遍及大江南北,资金 2000 万余两,田地万亩。因出资有功,左宗棠亲自向朝廷保荐胡雪岩,赏穿黄马褂、赐红顶戴。按清朝惯例,只有乾隆年间的盐商有过戴红顶子的。而戴红顶又穿黄马褂者历史上却仅有胡雪岩一人,故他成为名噪一时的"红顶商人"。

富贵异代不同时,但红顶商人的发迹史却都是一个模板:官商勾结而致富。他们的经历被崇尚财富的人们代代传颂,虽然产生吕不韦的政治环境不再,但是在小说家如二月河、高阳的笔下,胡雪岩等人就成了"中国商人的财富偶像",甚至至今人们还念念不忘"经商要学胡雪岩"。

身死财灭:红顶商人的共同命运

然而,当人们在羡慕红顶商人的成功时,却似乎都忘记了他们的另一个共同命运,即身死财灭。

秦王政十年,吕不韦因嫪毐案发被赶至其封地,失势后的吕不韦依然有着巨大的影响力,各诸侯国的宾客使者络绎不绝,前来问候吕不韦。"秦王恐其为变",便赐书予他,逼吕不韦自杀。

宋人徐钧有诗曰:"十年富贵随轻覆,奇货元来祸更奇。"这在胡雪岩身上也得到了印证。

胡雪岩显赫一时,但结局并不比吕不韦美妙。

野史中,左宗棠的"反对党"李鸿章因胡雪岩选边站很是恼火,他定下倒左先倒胡之计。得到李鸿章支持的另一位大官商盛宣怀也对胡雪岩上下其手,设计挤兑胡雪岩的钱庄,又使他的生丝生意破产。破产后的胡雪岩又雪上加霜,被慈禧太后下令革职查抄,严追治罪。

失去了红顶之后的胡雪岩，很快便身死。

如果说吕不韦的死，是他对自己所作所为的一种恐惧，那么，胡雪岩之死，死得更为不甘，或者说，他死得有点不明不白。他到死都不明白自己为何会落得这样一个下场。

后世很多人认为胡雪岩的成功秘诀在于其讲诚信、做善事、行仁术。那么，他真的"诚信"吗？为助左宗棠西征，胡雪岩先后六次向洋人借款，累计金额为 1870 万两白银，而利息至少占总数的一半，这是非常惊人的高利贷。这样一笔数目，连当时担任财政部部长的沈葆桢都望而生畏，可胡雪岩做起来却毫不犹豫。所谓无利不起早，胡雪岩敢做，是因为其中有大量的好处：浮报利率，利用实付利息与应付利息之间的差额，大吃"回扣"。而这笔钱最终得由大清子民来偿还，他还乐得一个有功于社稷之美名。

很多人认为胡雪岩的败亡是缘于派系斗争，有的学者甚至称他有"自我牺牲"精神，是"中国经济的殉道者"，如此看待，皆是荒唐误读。从慈禧太后鉴于各路奏折的压力，准备抄斩胡雪岩的情形来看，胡雪岩之败应是罪有应得。且不说其罪名涉嫌侵占、贪污公款，单是他给朝廷带来的损失足够他死几回的。

我们回头来看看元明之际的巨富沈万三之遭遇即可见一斑。沈万三致富后把苏州作为重要的经商地，他先是支持苏州张士诚的大周政权，张士诚曾为沈万三树碑立传。朱元璋定都南京，沈万三助筑都城三分之一，朱元璋封了他两个儿子的官；在南京还建造了"廊庑一千六百五十四楹，酒楼四座"；但不久，沈万三被朱元璋发配充军，在云南度过了他的余生。《明史·马后传》载，沈万三帮朱元璋修筑了南京城后，又请求出资犒劳军队。朱元璋怒道："匹夫敢犒劳天子的军队，绝对的乱民，该杀！"多亏马皇后进谏："我听说法律这个东西，是用来诛杀不法之徒的，但不是用来诛杀不祥之人。老百姓富可敌国，是老百姓自己不祥，不祥之民，苍天必然会降灾祸给他，陛下又何必再杀他。"朱元璋听了有些解气，饶过沈万三没杀，有人认为沈万三是败在其在皇帝面前炫富。《周庄镇志》记载，洪武十九年春，沈万三子沈旺的两个儿子沈至、沈庄（伯熙）又因田赋坐了牢，伯熙当年就死在牢中，从根本上动摇了沈家的基业。洪武三十一年（1398年），"奏学文与蓝玉通谋，诏捕严讯，株连妻女，及其仇七十二家"，受胡蓝党祸，沈万三曾孙德全六人，并顾氏一门近八十余人同日凌迟，没收田地。沈万三刚开始并没有卷入权力斗争，后来的胡蓝之祸无疑是无端的牵连，可是，沈氏一门遭此惨境，这绝对不是一个炫富的问题了。

其实，马皇后一语道破天机，沈万三，包括后来的胡雪岩，即使谈不上不法之徒，但起码是"不祥之人"。再如西汉哀帝宠臣董贤，成帝时即为太子舍人，是全靠"陪太子读书"一举挤进"富人圈"的典范，"与帝同车"，权倾天下，但后来遭到王莽诛杀。在历代有识之主看来，大凡此类依靠权力暴富的人无疑都属于"不祥之人"。按照马皇后的观点，不祥之人不必杀，自取其祸。

胡雪岩的败也正败在其自取其祸。吴沃尧《二十年目睹之怪现状》中说，胡雪岩到一处码头开一处店，便娶一房小老婆，立一个家。汪康年在《庄谐选录》中说他"荒淫奢侈，迹迥寻常所有，后卒以是致败"。当时的《申报》报道，有外国官员到杭州，宁愿住在胡府也不去官方的迎宾馆。此等情状，在统治者看来难道不是不祥之人吗？

其实，胡雪岩一开始就意识到了自己的结局，他半生的经营无不是为了保护自己免于此祸，但是，很无奈，他这种严重依赖权力网络的做法，和晋商一样，将自己的命运和权力捆绑到一起后，就身不由己了。胡雪岩的败一如山西票号由盛转衰、大面积倒闭一样，很重要的一条即是"权力依赖"。民国学者陈其田先生在分析山西票号为什么没落时，特别提到，"太平的时候，因为（票号）借重官场的势力，可以追索债务。一遭变乱，官场失势，欠款不易收回，因为无抵押，连局部的取偿，也不可得"。

胡雪岩和官员之间进行大量的权钱交易，结成生死联盟，一开始便是权力和金钱的"私生子"、"怪胎"。正史中的王有龄，其形象并没有高阳小说中那么高大，左宗棠的形象，也没有传说中的那么伟大。正如杨继绳所言，胡雪岩利用官场腐败，以精心的算计和灵活巧妙的手段，收买高官，层层投靠。同时借官场势力，叱咤商场，通达买办。朝廷对这种局面焉能不识？其不祥之疑必然促使统治者痛下杀手。因为一方面商借官势大量聚敛财富，另一方面官倚商力使政权愈加腐败。因此，身死财灭，几乎无一例外成了红顶商人们的共同命运。

多管齐下：斩断官商勾结之手

红顶商人对于政权稳定构成的威胁是显而易见的，从小的方面来讲，导致官商勾结，腐败丛生，从大的方面来讲，红顶商人的坐大是社会危机的信号，因为一般而言，能操纵市场、控制经济命脉的，只有富商巨贾。因而，古代政权抑制商人资本的主要对象也是富商大贾。富商大贾不但促使大量人口依附，而且往往因其富厚，交通王侯，与地方分裂势力相勾结，形成离心倾向，这也是中央集权政权所不能容忍的。因此，历史上帝王都要采取多种措施从制度上打压商人势力。

一是贬低商人地位，防范巨商势大

打压商人地位，是防范巨富势大的传统法宝。中国古代商人在社会上没有地位和尊严，被一些学者颠倒因果关系，认为是重农抑商的结果。其实，古代很多时候都重视商业，如乾隆对通商便民高度重视，颁布上谕道："国家设立关隘，原以查察奸宄，利益商民。"道光帝则更提醒扰累商人的弊端就是管理人员乱征商税，而且税官与奸商勾结，共同贪占税款。商人受到打压，很大程度是基于三个原因：第一，"官商结合"这样一种商人首选的经商模式，是导致官场腐败的重要原因；第二，商人通过囤积居奇、操纵物价等投机手段破坏了经济秩序；第三，商人积累了财富之后，生活奢靡，败坏了社会风气。司马迁云："用贫求富，农不如工，工不如商，刺绣文不如倚市门"，就是这一事实的写照。

商人赚取的财富，一般都要靠官宦的照顾，但这并非官商勾结的理由，事实上，这种照顾并不安全，因为官员自身安全都尚存变数。即便幸运地得到官府的长期支持，而子孙又能秉承先业，其财富也鲜能维持长久。所谓"富贵之泽，五世而斩"，往往是由于其后代丢失了商业道德甚至做人底线而造成的。学术界公认的晋商和徽商做生意的路子也大都是依附皇权，以获巨利。晋商除在国内外贸易中获得高额利润外，还为清廷筹办军饷、丁粮、厘金、赋税，帮助官府进行财政周转，甚至转手卖官鬻爵中钻营行贿的赃款，窝藏王公大臣和各级官吏搜刮地皮而来的银钱，由此成了中国历史上官商勾结的典范。而徽商之所以发迹，与他们取得官方许可从而垄断盐业的经营是分不开的。尽管他们获得了保护，但依然积年欠税。三百年徽商在道光年间烟消云散，除了盐商的垄断特权丧失之外，还与政府严追历年欠税导致众多盐商被抄家抵债破产有关。

历史上的巨富如胡雪岩、盛宣怀等人以"帮助"政府的名义出资，其真正用意并不是从国家利益出发，更多的是为了获得高额回报。自掏腰包犒劳秦军以拯救郑国的大商人弦高毕竟是少数，即便是他某种程度上也是出于利益考量。盛宣怀的慨叹"创始不易，持久尤难，倘非官为维持，无以创始；若非商为经营，无以持久"只是一个托词，抹杀了部分靠诚信勤奋致富的商人的存在。

相反，"官员傍大款"的现象也史不绝书。明清两代，每当朝觐之年，各省官员都要到各衙门打点使费，正德年间朝觐费用达到两万两以上，明末更高。京官也不例外，如曾国藩、张之洞等人一年京官做下来还要倒贴许多银两，而要谋得要职肥缺，就更要舍得花钱。有人一时无法筹措，不得不借债，时人称"京债"。放债者中不少是富商巨贾，官员们不得不低声下气，有求必应。

因此，贬低商人地位便成了重要举措。刘邦即位后，"令贾人不得衣丝乘车，重税租以困辱之"；明代朱元璋对富商沈万三等人的抄杀；弘治时，大珠宝商人冯谦、王通等，都被以种种罪名没收财产，甚至被捕下狱。天启时，祖孙助饷数十万两的徽商吴养春，也因莫须有的罪名，被搞得家破人亡。

已有学者指出，商人资本积累的财富，一般不是投资于工农业生产，而是用于购买地产，延续和加强租佃制剥削方式。主要手段是囤积居奇，买贱卖贵，并往往与高利贷资本相互勾结，无情吮吸人民的膏血。因此，封建政府对商人资本势力的打击，不但是巩固中央集权的需要，而且是维持社会经济正常发展的需要，无疑具有历史的合理性。

二是限制商人从政，净化社会风气

限制商人从政，是皇权对商人的又一防范。早在春秋末期，社会上就出现了许多"趾高气扬、结驷连骑"往来于各国之间的富商大贾。为了防止再度出现吕不韦式的人物问鼎政权，汉初受黄老之术的影响，采取"高者抑之，下者举之"的策略，明确规定商人及其子孙不可为宦从政，防止商人通过从政干预政府的法令，从而危及政权。孝惠、高后时规定"市井之子孙亦不得仕宦为吏"，景帝后元二年规定："有市籍不得宦，无訾又不得宦，朕甚愍之，昔算四得宦，亡令廉士久失职，贪夫长利"；武帝时更是将商人、曾经经商过的人、父母经商的人、祖父母经商的人，连同有罪的官吏、亡命之徒、招女婿一起，列为"七科"，征发派往边疆去服徭役或兵役。这与西方的做法如出一辙，亚里士多德指出："在古代希腊，技工和匠师在有些国家是不能参与政治的。在底比斯定有这样的条例，凡是曾经从事商业的人，必须经过十年不到市场上做买卖才可担任公职"。尼布尔也说："商业和手工业在古代希腊被人们认为是不适合公民身份的事情，因之，商人和手工业者被排斥在全权公民之外"。苏格拉底也有过类似的说法，马克思很欣赏尼布尔这个结论。

禁止商人从政还基于一个普遍现实，那就是伦理道德的考量。社会普遍认为商人有着逐利贪婪的本性，民间一句"无商不奸"为之道尽。"非诚贾不得食于贾，非诚工不得食于工，非诚农不得食于农，非信士不得立于朝"；"民舍本而事末则好智，好智则多诈，多诈则巧法令，以是为非，以非为是。"因此，商人的"不诚信"这一条就足以成为阻止他们进入官场的合理理由。

富商巨贾往往利用官府和官吏的腐败，把市场交易的习气带入官场。双方在权力与金钱的交易中，获得各自的利益。而其利益又是以败坏法纪和社会风气来实现的。有些红顶商人甚至可以与王侯官绅"分庭抗礼"，可以在官民之间"居间说事"，可以买官、当官。那些通过纳粟、纳银而当官的商人，目的性更为明显。他们"嗜利无厌，视其初之所入于县官者，必数倍而后止"。至于那些借京债的新官，"上任者朝至，索逋者暮至"。靠微薄的官俸难以还本付息，"非盗窃帑藏，剥闾阎，何以偿之？"另外，官与商在权钱交易中，无视国家政策和法律权威，为所欲为。商人中通过走私贩私、偷税漏税而中饱私囊者大有人在。如徽商王天俊，在买运官木的过程中，大量夹带私木，仅逃税就达三万二千余两。隆庆、万历时，徽州盐商吴守礼，仅逃漏盐课就达二十五万两之多。

古代皇权对商人持天然的敌意，是因为商人的不良品行，不但直接危害了国家的利益，还倡导了一种不良的风气：奢侈淫逸，注重享受。

《管子》说："工事竞于刻镂，女事繁于文章，国之贫也"，"工事无刻镂，女事无文章，国之富也"。"工以雕文刻镂相择也，谓之逆"，"女以美衣锦绣綦组相揲也，谓之逆"。故"省刑之要，在禁文巧，文巧不禁，则民乃淫"。晁错曾指出商人"因其富厚，交通王侯，力过吏势，

以利相倾"。司马迁也指出："千金之家比一都之君，巨万者乃与王者同
乐，岂所谓素封者邪？"事实上，巨富大贾们又偏重于能够牟取高额利
润的奢侈品，即所谓"奇怪时来，珍异物聚"，司马迁指出："百里不贩
樵，千里不贩籴。"因此，担心腐化风气，历代皇权都反对奢侈品。《商
君书》云："声服无通于百县，则民行作不顾，休居不听。休居不听，
则气不淫，行作不顾，则意必壹"，只有声色、玩物、服饰不广为流行，
农民劳作者就看不到，休闲时也听不到，则风气不会浮荡，意志必能专
一。汉哀帝分析得更为透彻："夫奢泰则下不孙而国贫，文巧则趋末背
本者众，郑、卫之声兴则淫辟之化流，而欲黎庶敦朴家给，犹浊其源而
求其清流，岂不难哉"。奢侈之风是民乱国贫的重要原因，要使人们"敦
朴家给"，必须禁奢侈，也就是孔子主张的"食无求饱，居无求安"。

禁奢侈针对官员是应有之义，《地官·司市》规定，国君、世子、
命夫、命妇等不得随便过市，违者要受罚。《商君书》记载："国之大臣、
诸大夫，博闻、辨慧、游居之事，皆无得为，无得居游于百县"。汉安
帝元年"诏三公明申旧令，禁奢侈，无作浮巧之物，殚财厚葬"。五年
后又诏令全国，"旧令制度，各有科品，欲令百姓崇节约"。

禁奢令还直接针对商人，高帝八年下令："贾人毋得衣锦绣绮，操
兵，乘骑马"。"抑商"还上升为社会价值观，即倡导"重义轻利"。
孔子以义利之辨作为君子与小人之辨；孟子向梁惠王陈言"何必曰
利？""上下交征利而国家危矣"；到了汉儒董仲舒那里，义利之辨更
进一步成了人与非人之辨。目的都在"崇本退末，以礼义防民欲"，"遏
贪鄙之俗而醇至诚之风"。

三是禁止官吏经商，防范权力腐败

官商勾结对老百姓利益的侵害和对正常经济秩序的破坏是显而易见
的，历代有头脑的统治者都禁止官吏经商。

明初规定"凡公侯内外文武四品以上官，不得放债"。因为争取权

贵人物的投资是商人经营的又一种形式。这样做既可以争取他们资金上的支持，又可以凭借其权势，逃避各种苛捐杂税。而权贵之家则可以从商人的经营中分得红利。在明代徽商中"虽挟资行贾，实非己资。皆称贷于四方之大家，而偿其什二三之息"。然而，在朝政混乱时期，这些规定形同虚设。

为了避免经济命脉被商人操控，也为了增加财政收入，自管仲实施著名的盐铁专卖之后，政府垄断大门开启，汉武帝把酒纳入朝廷专卖范围，三国时吴国"铸山为铜，煮海为盐，境内富饶"，北魏时，盐、铁、酒醋都由国家垄断经营，唐代，茶叶取代铁的地位，成为与盐、酒鼎足而三的重要专卖产品。

这些制度虽然不能从根本上杜绝官商勾结，但也起到了一定的积极作用，红顶商人对政权的威胁大为减轻，遏制了腐败势头的蔓延。

古代如何防控家族权力腐败

打开二十四史，家族腐败史不绝书。民间流传了几千年的古语"一人得道，鸡犬升天"，可以视为家族式腐败的一个最为通俗的注解。然而，家族式贪官只不过是家族式腐败的冰山一角。家族式腐败有两种情形：一是身居要职的官员，家族的全部或大部分成员依仗权势侵吞国家、社会财富，形成贪官家族；二是有些腐败家族不只贪财，还企图控制政权甚至取而代之。为了做好有效防控，保卫帝王这一小家，针对不同类型的家族势力，出现了不同的做法和制度。

外戚之家，以祖宗成规制之

外戚者，皇后、皇太后一姓之亲戚也。这支力量对江山基业举足轻重。当年汉高祖刘邦在鸿门宴上危急万分，樊哙一怒闯军营，慑服项羽，为刘邦脱身创造了条件，樊哙之妻吕媭和刘邦夫人吕雉正是亲姊妹。汉武帝临崩前，遍观群臣，觉得唯霍光"任大重，可属社稷"。霍光便是卫皇后姐姐的儿子、霍去病同父异母的弟弟，霍光侍奉昭帝13年，后来又废昌邑王，迎立宣帝。长孙无忌是李世民的皇后之兄，曾参与策划玄武门事变，太宗临终又托孤于他。玄宗宠幸杨贵妃，杨氏一家连三个姐姐都被封为夫人，族兄杨国忠位居宰相。

然而，外戚外戚，一个"外"字，显示到底不是一家的。不光是皇帝对权力外戚化心有忌惮，外戚对皇权也常有觊觎。

西汉中期的外戚霍氏、西汉末年的外戚王莽、东汉桓帝时的梁冀便是教训。为防止权力被外戚家族垄断乃至发生更加不幸的事件，皇帝除了关键时刻就会按响报警器之外，还在制度上予以防范。

"祖宗成规"成为制约外戚的重要法宝。东汉时，"后宫之家，不得封侯与政"。宋代为皇帝选皇后，特意"选于衰旧之门，庶免他日或挠圣政"。宋元丰年间，吕公著对神宗说："自古亡国乱家，不过亲小人、任宦官、通女谒、宠外戚等数事而已。"神宗深以为然。"唐氏政衰，或母后专制，或妃主擅朝，树恩私党"，所以，宋代"女子之防尤严"，不允许后妃预政。仁宗与二府大臣商量立嗣之事，曾说："此岂可使妇人知之，只中书行可也。"个别得宠后妃，恃宠干政，皇帝一旦发现，也予以严裁。这些"故事"，被固化为"祖宗遗训"，深入人心，转化为朝野人士的共识和自觉，是对后妃势力的最有力的制裁与约束。

宰相吕大防曾对哲宗解释"祖宗之法"，说："前代外戚多预政事，常致败乱，本朝皇后之族皆不预事，此待外戚之法也。"徽宗也回顾说："朕观前世外戚擅事，终至祸乱。天下唯我祖考，创业垂统，承平百有余年，外戚之家，未尝与政，厥有典则，以贻子孙。"南宋时吏部侍郎彭龟年上疏曰："祖宗待外戚之法，远鉴前辙，最为周密：不令预政，不令管军，不许通宫禁，不许接宾客。不惟防禁之，使不害吾治，亦所以保全之，使全吾之恩也。"

"祖宗之法，后族戚里，不得任文资，恐挠法而干政。"宋代重文轻武，外戚"不得任文资"，就不可能占据要职，自然也形成不了太大的政治势力。但也有先为高官而后联姻而成外戚者，则可文官，但一不许任侍从官，二不许任二府要职。宋代凡带殿阁待制以上职名，皆为侍从官，是故吏部侍郎陈俊卿上言："祖宗家法，外戚不与政，最有深意，陛下所宜守。"因此，宋代外戚受到很好的抑制，没有形成势力集团。把持朝廷、弄权舞弊的只有外戚韩侂胄和贾似道，且都出现在南宋后期朝纲混乱之际。

但是，这些制度如果不能得到很好的落实，外戚就会成为心腹之患，如到了清代，雍正历数外戚年羹尧大逆之罪五，欺罔之罪九，僭越之罪十六，狂悖之罪十三，专擅之罪六，忌刻之罪六，残忍之罪四，贪黩之罪十八，侵蚀之罪十五，凡九十二款，款款都直指权力家族化与腐败，都"当大辟，亲属缘坐"。

多管齐下防控士大夫家族权势腐败

士大夫家族一旦拥有权势，便成为家族腐败的源头，或者说，家族腐败是权力腐败的变种或形式，而且个人腐败一旦上升到家族腐败，往往便形成政治权力斗争。因此，家族腐败威胁政权。最低层次上容易引发党争，任人唯亲，是政坛上的毒瘤，因此，历代帝王都采取了相应的防控措施。

一是科举上抑制官二代

科举在长达1300多年的历史上为寒门士子晋身参政提供了机会，但各个时期都有相当一部分官员子弟并非依靠自己的真才实学，而是倚仗父辈的权势实现金榜题名，这实际上剥夺了很多寒门子弟的政治权利。因此不少帝王有意识地将抑制官员子弟应试作为奖掖寒士、体现公平的一种手段。唐代明确提出"科第之选，宜与寒士，凡为子弟，议不可进"，一定程度上改变了"势门子弟交相酬酢，寒门俊造十弃六七"的状况。宋代专门创立了"牒试"制度，规定官员子弟、亲戚、门客须专送别处考试。北宋雍熙二年（985年），宰相李昉之子、吕蒙正之弟本已取得殿试资格，但宋太宗却提出，"斯并势家，与孤寒竞进，纵以艺升，人亦谓朕有私也"，竟不许二人参加殿试。

康熙时亦曾要求大臣子弟参加考试单独编字号，规定取中名额，以实现"大臣子弟既得选中，又不致妨孤寒之路"。同时，不少帝王对于官员子弟参与科举舞弊实行严惩。嘉靖二十三年（1544年）内阁首辅翟銮的两个儿子同登进士，时人讥之"一鸾当道，双凤齐鸣"，翟銮也因此被弹劾"有弊"。嘉靖皇帝震怒之下，将翟銮父子罢黜为民。万历八年（1580年），内阁首辅张居正的第三子张懋修考中状元，长子张敬修同时中进士。消息传来，舆论哗然。马上令人想到三年前其二子张嗣修已考中了榜眼。时人作诗讽刺："状元榜眼姓俱张，未必文星照楚邦。若是相公坚不去，六郎还做探花郎！"两年以后张居正去世，张氏兄弟考中状元、榜眼的事，便成了张居正的一大罪状。咸丰八年（1858年），发生的戊午科场案中，主考官柏葰因家人收受考生贿赂，事发后被处以死刑。

为了防范家族权力过甚而腐败，宋朝还规定，官爵不能世袭，此后更是形成制度，这就使官员的权力"一代享用便尽"。王明清在《挥尘前录》提到，本朝父子兄弟为宰执者有二十余人，但是他们并不单纯依靠老子的权势，主要还是凭个人的奋斗，依赖于选官制度。因此，他们在实际的政治活动中，时时表现出维护皇权的一面。

二是从源头上分散权力

为了从根源上控制权力家族化的腐败趋势，从源头上分散权力，从刑法上约束以及实行言官制等举措都收效明显。

职差分离抑制权力。宋朝别出心裁，在权力控制的顶层设计上实行官职差分离。"官以寓禄秩，叙位著，职以待文学之选，而别为差遣以治内外之事。""官"就是官衔，相当于一个级别，虚衔。领工资的依据，没有权力，这叫"寄禄官"。"职"就是职务，相当于一个位置，上班部门，起到的只是区别地位和等级的作用。"差"即皇帝临时"差遣"，等于现在的出差、某项具体任务。有了"差"，才有事权，称为"职事官"。但这只是临时的，事儿办完，得等下一次差遣。"非奉别敕，不得治本官事"。这一制度在明清两代都有所继承。

刑法上约束家族权力。北宋初长安"多仕族子弟，恃荫纵横，二千石鲜能治之者"。官宦家族子弟横行不法，是做出公正的惩罚还是给予豁免的特权？宋初规定，官吏的儿子、部属犯贪污受贿罪，自己也要负刑事责任。翰林学士扈蒙的养子"盗官盐"，被连降多级，黜为左赞善大夫。司马光主张："有罪则刑之，虽贵为公卿，亲若兄弟，近在耳目之前，皆不可宽假。"宋代规定，州县法官独立进行审判，不得征求上级法司的意见；上级法司如果干预州县法官审判，则以违制追究责任；御史"勘事不得奏援引圣旨及于中书取意"，即法官可以不必理会皇帝与宰相的意见。

利用台谏系统独立制约。台谏始于春秋，至明朝至为完善，又称言官。言官就是指出皇帝及百官过错的官，即专门挑刺的官。职级不高，地位却很高，独立于行政系统，掌监察之权，形成"二权分立"之势，这使得制度性的"硬约束"显得有力量。如严嵩家族腐败 20 年间，言官从未停歇过对严嵩父子的斗争。虽然言官们付出了惨重的代价，重则被杀害，轻则受杖责，遭流放，但仍然弹劾不止，终使严嵩父子得到应有的下场。

三是以恩荫制度弥补家族权力欲

士大夫家族的形成一般有两条渠道，一是科举晋身，二是恩荫晋身。前者取其才能，后者笼络其心，当然也不排除皇帝故意为之，意在让其后代轻松上位，堕其苦学进取之心，使其自我衰落。制度设计上，为防控有的家族势力膨胀，帝王有意识地维护即将衰落的家族势力，以达到权力的平衡制约。宋代还利用恩荫制度满足官员的富贵享受之欲，以息其权力欲，其规模史无前例。荫补的范围非常广，花样也多。虽然恩荫制度在顶层设计上也对恩荫晋身者予以了限制，但也是腐败产生的重要原因。因而它是一把双刃剑，遭到寒门士子的反感。

布活棋控制地方大家族，大力表彰理学治家

世家大族世代执掌朝政，稍小的家族则纵横乡里，控制郡县政权，

有的根本不把朝廷命令放在眼里，因此，为了防控地方上的大家族，统治者也想了很多办法。其中最有效的办法便是大力表彰理学治家。

宋代最早提出重建宗族制的张载，提出立宗子法可以"管摄天下人心"。其《西铭》一文中指出："大君者，吾父母宗子；其大臣，宗子之家相也。尊高年，所以长其长，慈孤弱，所以幼其幼，圣，其合德，贤，其秀也。"官吏以君主为宗，老百姓则以官吏为宗，因此君主与臣民之间的关系被披上了一层宗法外衣；又提出对待老弱孤残，要亲如家人，服从君主就是服从家长，把忠和孝统一起来，从而使宗法关系同政治紧密结合在一起。理学家程颐也极力主张重建家族制度，特别是强调治理好家庭对于治理好国家的作用。南宋的朱熹同样大力提倡建立家族组织，同居聚财，反对异财别居。希望家族组织作为一种辅助手段，达到巩固统治的目的。

《孟子》曰：天下之本在国，国之本在家，家之本在身。历代封建统治阶级无不懂得"国之本在家"的道理，都希望通过家族的稳定来巩固封建统治，家族内部越稳定则国家的统治就越稳固，反之就会有垮台的危险。宋明几代都把程朱理学奉为国家意识形态，就是看中了这种理论与制度设计的合理性。宋真宗曾对李宗谔说："闻卿能敦睦宗族，不陨家声，朕今保守祖宗基业，亦犹卿之治家也。"《宋史》"孝义传"云："居官当如居家，必有顾藉；居家当如居官，必有纲纪。"晚清曾国藩亦云，治军如治家。于是，累世同居大家族再度形成，宋有 52 例，清达 55 例。在具体措施上，赵宋王朝以降，历代帝王都对其进行旌表、资助，其方式有精神上表彰，如赐予"义门""义居""忠孝世家"等称号；物质上奖励，如减免优惠赋税，资助经济困难，保护族产；求忠于孝，鼓励他们读书科举。希望这种精神上的鼓励能够树立起大家庭的荣誉感，保持"肃睦治家"的家风，同时能够"乡里率化，争诉稀少"，保持基层社会的稳定。

"江州义门陈氏"便是一个典型的例子。自唐文宗太和六年（832年）到宋仁宗天圣四年（1026年），"江州义门"陈氏已延续了230多年，19代同吃同住，全家族人口达3900多人，田庄300多处，发展成一个庞大的家庭，看起来就像一个缩微的国家，一个自给自足、自成体系的田园社会典型。

对这个大家庭的管理，靠的是严谨的族规家训和严密的组织管理制度。陈氏家族有一套成熟的管理机构和最完备、最能体现中国文化传统的家法，它以儒家规范为基础，也是理学的精髓，字里行间体现了忠恕、孝悌的思想。这样的家庭堪称中国家庭的理想模式。最先看中义门陈氏这个典型的是唐昭宗，于大顺二年（891年）赐立"义门"，免除部分赋税。到了北宋，太宗旌赐"忠孝世家"匾额；此后真宗、仁宗都多次赐匾赠联以表彰其理学治家。

但是对于这样一个样板家族，朝廷仍然担心其势力过于膨胀，难以控制。经文彦博、包拯等奏请，宋仁宗于嘉祐七年（1062年）派人监护，把陈姓产业分为291份，抓阄定夺，抓到何处就迁往何处。因此，这个跨唐宋二朝历332年的大家族就此瓦解。第二年，文彦博、包拯等又上表宋仁宗，建议把"义门陈氏"作为样板进行褒扬，诏令全国学习。

此外，自宋朝保甲制开始有意识将权力下放基层，以防止上重下轻，明朝和清朝基本沿袭了北宋的保甲制，形成了"保甲为经，宗法为纬"的社会控制网络。咸丰初年（1851年）明文规定："准择族中有品望者一人为族正，该族良莠，责令察举。"这其实就是乡村自治的模式。因此，自宋以降，由家族组织控制中央和地方政权的状况已经基本上不复存在了。理学治家兼乡村自治模式之所以有成效，原因就在于改造了中国家庭文化的基因，使世家大族的关注点从权力荣耀转向家族荣耀。

古代官员过节的清规戒律

节庆是构建社会秩序的模式，是社会的镜子。历史上，节庆还被赋予了仪式般崇拜的力量，是社会公约的传统象征。自古以来，官方特别重视过节，对官员过节提出了不同的要求或规定，有的形成制度，有的则形成风俗。

普天同庆，节庆旨在和谐

我国古代的先民往往把节庆和神、天、祖先、婚嫁等大事联系在一起。作为官员，更重视节庆中的仪式。

《诗经》中记载了大量先秦时期的节庆活动，除了民间的节庆活动外，王室与官员往往会在春分日在首都的南方，以太牢（牛羊猪三牲）祠高禖，不仅天子率大臣亲往，而且后妃率九嫔都会前往。《月令》中还提到八蜡节，这个标志实际一年终结的节庆，"国之人皆若狂"，就是一个报恩的节庆，要献祭各种有生命的或无生命的物体向神报恩，"以万物报万物"，每个人都要参与，天子、诸侯使臣、大臣等分主、宾两组，代表两种相反的宇宙力量，轮流向对方敬酒，人们相信这能促成全面的和谐。

历代都有很多祭祀山川的节庆，人们相信，山川是国家统治力量得以施行的代理者，自然界的混乱不过是人类社会混乱所导致的后果，"夫国必依山川，山崩川竭，亡国之征也"。出于向山川表示尊崇，或者庆祝、祈祷风调雨顺，官方都会组织节庆祭祀活动。

节庆的仪式感还体现在朝拜上，节庆朝拜仪式比平时隆重十分。周朝讲礼仪，正月初一早上，各路诸侯与文武大臣会集殿廷，向周天子拜贺新年；汉代则称之为"朝贺礼"；经魏晋至唐宋，直到清末，此仪式世代传承，规模之盛大热烈，堪称空前。这种仪式就是团拜。

官员同事间、亲友间过年也讲团拜。宋代尤其流行，王十朋《元日》诗中写道，"弟兄团拜处，归去愿成行"。《朱子语类》说："团拜须打圈拜。"周必大《青城小语庆新阳》题记中说："记去年馆中团拜人，今作八处，感叹成诗。"

除了过年，其他重大节庆，帝王也会大宴群臣，如唐玄宗《端午三殿宴群臣探得神字·诗序》中记述皇宫端午日盛况，召来臣僚，大张筵席，"广殿肃而清气生，列树深而长风至"。目的都是为了营造一种团结祥和的氛围。

守土有责，过节并不轻松

我们如今在电视里经常看到过节时，中央及各级领导总是一副很忙碌的身影。其实在古代也一样，中央包括首都高级官员，初一不得休假请假。守土有责，地方长官在春节期间严禁离开衙门回老家。这个规矩断绝了地方官回老家过年的可能性，如果想跟家人团聚，地点只能在单位。唐朝著名田园诗人韦应物，写过一首《元日寄诸弟兼呈崔都水》，大意是说：我自从做了县长之后，每年春节都没回去过。我在衙门里感到很冷清很无聊，不知什么时候才能与家人见面。

地方一般公务员才有特殊福利，每年腊月二十"封印"，停止办公，回家过年省亲，与家人联欢，只要在第二年正月二十那天赶回衙门"开印"办公就行。

过节往往是朝廷察民风的极好时期，中央往往会派出巡视组，如元康四年春正月，汉宣帝派遣十二人循行天下，"览观风俗，察吏治得失"。

官员值班是铁律，《南部新书》记载，唐代御史台很会欺负新来的同事，凡新入职的官员，新年过节的值班任务往往就交给他们了。沈括在《梦溪笔谈》中说，朝廷掌管文书事务的翰林馆阁，每天需要一人轮流值夜班。宋神宗时太子少保李端愿，每到过节"必置酒高会"，有一次，竟然把轮到值夜班的翰林学士孙巨源喝到醉死。

宋时百万人口的杭州城配置有五六千名专职的消防官兵，每二三百步设一个巡察火警的哨岗，政府在元宵夜会加强巡警，"命都辖房使臣等，分任地方，以缉奸盗"。凡热闹人多之处，皆点巨烛、松柴照路，亮如白昼，还有大量兵卒巡逻站岗。

民国初规定不论是除夕还是大年初一，政府各个机构都要正常上班。若是发现有公务员不在岗，他可能就要下岗了。

清廉过节，杜赇谒之路

中国是个人情社会，民间百姓每到过节都喜欢给亲朋好友送礼，联络感情，但古时也有法律规定，官员逢年过节的人情往来是不允许的。

《魏书·刑法志》记载："枉法十匹，义赃二百匹，大辟。"什么叫"义赃"？南宋学者胡三省解释："义赃，谓人私情相馈遗，虽非乞取，亦计所受论赃。""义赃"，与直接贪污受贿所得的"正赃"相对应。有了这规定后，"食禄者跼蹐，赇谒之路殆绝"。官员们不得不赶紧收手，行贿送礼之路几乎断绝。

《唐律》规定：官员受贿"五十匹流二千里"，行贿"罪止杖一百"。这里自然包括了过节收送礼物。宋朝效法唐律，但对收取"生辰纲"这样的"生日礼"，似乎并没禁止，更未入罪。但理宗时真德秀说，乾道、淳熙年间，"有位于朝者，以馈赂及门为耻；受任于外者，以苞苴入教为耻。"

金世宗时有法规定生日接受馈献，应当免官。但实际处分因人而异，官阶高的没事，低的就受惩。这种情况引起了世宗的忿然："朝廷行事，苟不自正，何以正天下。尚书省、枢密院生日节辰馈献不少，此而不问，小官馈献即加按劾，岂正天下之道？自今宰执枢密馈献亦宜罢去。"

元朝将最容易被视为"人之常情"的生日、节日收礼行为入罪，不再局限于平常职场上的收礼。据《禁治察司等例》规定："不得因生日节辰、送路洗尘，受诸人礼物，违者以赃论。"古今常见的生日礼、节日礼、接风洗尘礼，一概禁收。

康熙时期为整顿春节铺张浪费和腐败现象，明禁送礼之风，要求大小官员的各家府第前都要张贴一张公约："同朝僚友，夙夜在公，焉有余闲应酬往返？自今康熙五十八年己亥岁元旦为始，不贺岁，不祝寿，不拜客，有蒙赐顾者，概不接帖，不登门簿，亦不答拜。至于四方亲友，或谒进，或游学，或觅馆来京枉顾者，亦概不接帖，不登门簿，不敢答拜，统希原谅。"

《后汉书·梁冀传》记载了权贵的看门人都累千金："游观第内……鸣钟吹管……或连继日夜……客到门不得通，皆请谢门者，门者累千金"，想来令人惊讶。

与民同乐，但必须干正事

过节，对古代官员来说，并不清闲，除了与民同乐外还得干正事。据《后汉书》和《太平御览》等史料记载，汉朝官员在节庆中，要么去充电进修，如宋均"每休沐日，辄受业博士"，要么下地从事劳动，如尚子平"为县功曹，休归，自入山担薪，卖以饮食"，要么进行社会实践，如蔡伦"每至休沐，辄闭门绝宾，暴体田野"。科学家张衡认为除夕观察天象是一年中最宝贵、最重要的一夜。因此，他一生中除夕都是在观察天象中度过的。

官员当然可以适当地放松休息，但不能肆无忌惮地娱乐，过节中官员赌博、逛街等娱乐行为都可能在节后被言官参上一本。

到了唐宋以后，官场风气虽然有所变化，但仍然以"豪富郎日出游戏"为鄙事。《宋史》记载，王安石为相时，就爱干涉官员们在新年假日里的娱乐，"时汴京员吏好因元正沐游戏市里，为百姓所患。介甫出逢之，必下车公谒，以愧其心，自是莫敢出者"。在大过年外出游戏碰到王安石就会倒霉。

宋代开封府刑狱机构会在元宵节期间利用灯饰、图像演绎狱户故事或陈列狱具等表演审犯人的故事以普法；临安府每至傍晚还要差人到各家各户询问，点灯的油烛是否够用，若不够，官府"各给钱酒油烛，多寡有差"，到了放灯最后一夜，临安府尹要出来拜会市民。

官员过节不干正经事，就有违官员"为民父母"这一道德形象。《能改斋漫录》中记载，宋代章郇公爱好赌博，"作正字日，元正休与丁晋公博……约明年复博"，没想到节刚过完，就被监察御史狠狠地参了一本，说他"为帝侍，元正应祈福于帝，独迷博，非净臣也"。因此，古代有些官员不仅过节时访贫问苦，而且还扶犁亲耕，更重要的是，其行事比现代人低调得多。

节庆假日多了，容易使官员涣散，影响工作效率。包拯给宋仁宗上表，称"每节假七日，废事颇多，请令后只给假五日"。戏文里的包大人确实就是日断阳，夜断阴，忙得四脚打转，就是节庆中也总想着不让他那虎头铡闲着。

清代各级地方官员在春节前后都开展"访贫问苦""扶犁亲耕""鞭打春牛"等活动，还规定，满族官员一律不准登台唱戏，改装潜入戏园看戏者，要革职或流放。

自娱自乐，但更重视情调

在不铺张浪费的前提下，官员也搞些小情小调，把节日过得更加丰富，更加有趣。

唐朝诗人卢照邻过年期间独自去野外寻找乐趣，"归休乘暇日，馌稼返秋场"，白居易是"无轻一日醉，用犒九日勤"，每到春节会把一年来写的诗抄录一遍，把诗稿放在一个盆里，然后焚香祷告之后，烧掉诗稿。《唐才子传》载，每年除夕贾岛"必取一岁之作置于几上，焚香再拜，酹酒祝曰：'此吾终年苦心也！'"

宋代宽松的节庆假日，促进了官员的文化娱乐。陆游记述他年轻时为官，"少年从宦地，休日喜无涯。坐上强留客，街头旋买花"。一至节庆假日，便喜之不尽。苏东坡也一样喜欢在节庆假日间泛舟江上，"诵明月之诗，歌窈窕之章"，《前赤壁赋》就是这样写出来的。苏东坡常在笔耕中度过除夕，"晚岁相与馈问，为'馈岁'；酒食相邀，呼为'别岁'；至除夜，达旦不眠，为'守岁'。蜀之风俗如是。余官于歧下，岁暮思归不得，故以此三诗，以寄子由"。"思归不得，至春节过，写词达旦不眠。"

古代官员做官与读书如何两全

两千多年前子夏一句"仕而优则学，学而优则仕"，将做官和读书联成一体：官做得有声有色了就可安逸地读读书，书读得有所获了就可以做做官。当书还刻在竹简上时，读书只是贵族的特权，所谓"学在官府"；等到春秋王官解纽，学术下移，私学兴起，平民才有机会读书，所谓"学在四夷"。家无读书子，官从何处来？读书成了平民做官进入上流社会的通道。

到了隋唐以后，科举制度更是将"读书做官"制度化，学成文武艺，货与帝王家，成了天下书生的梦想。那么，是不是古人做了官就真的不读书或不用读书了呢？

白天做官，晚上读书

读书人在古代有一种天然的优越感，如果在乡间，家有秀才，那么其地位就会高于别家；在官场，书香门第同样是引以为傲的事。因此，古代官员"白天做官，晚上读书"，十分普遍。

一是习惯使然。历朝历代的官员大多年幼时就开始学习四书五经、诸子百家，寒窗苦读，养成了长年读书的习惯，做了官以后大多不改其习惯，能勤于读书，即使在休假中、退休后也依然手不释卷。总之，读书是古代官场的主流。

二是万般皆下品，唯有读书高的社会价值观的推崇。魏晋南北朝和唐宋时期，品评官员往往看其出身门第，识其谈吐风度，论其书法辞章，讲究名望口碑等，有了这些不成文的尺度，官场上读书、作文蔚成风气，不读书之辈很难在官场里立足和生存。

三是宰相须用读书人，历代皇帝用人导向的指引，以及偃武修文、重用儒生的制度建设，都要求做官必须读书。汉武帝时考核提拔官吏的一个重要条件就是能否通达儒学。通于世务、明习文法、以经术润饰吏治的儒生备受器重。汉朝标榜以孝治天下，因此汉代官员争相阅读《孝经》。据《太平御览》载："故汉制天下皆诵《孝经》，选吏则举孝廉，尽以孝为务也。""上有所好，下必甚焉"，官员自然也就将学习《孝经》奉为必修课。

盛唐时期好学之风遍及朝野，官员士子对读书极为重视。唐太宗常言"以史为镜，可以知兴替"，告诫百官多读史书。韩愈说，"人之能为人，由腹有《诗》《书》"。中唐以敢于进谏出名的阳诚因家贫无书读，便去做了抄书吏，昼夜不出门，"经六年，乃无所不通"，堪称"励志哥"。

史载"宋太宗崇尚儒术，听政之暇，以观书为乐"，宋真宗"听政之暇，唯文史是乐"。990 年太宗更是向各路官员遍赐《九经》，赵普、范仲淹等宋代名宦几乎个个都是勤学苦读的典范。宋太宗给赵普撰《神道碑》，称其"及至晚岁，酷爱读书，经史百家常存几案，强记默识，经目谙心，硕学老儒，宛有不及"。《宋史》对宋代官员的读书之风给予了高度评价："上之为人君者，无不典学；下之为人臣者，自宰相以至令录，无不擢科，海内文士，彬彬辈出焉。"

明成祖朱棣看到"士人家稍有余资，皆欲积书，况于朝廷"，便于永乐四年动用文人儒臣三千余人，集古今图书八千余种，历时六年编成 11095 册、3.7 亿字的《永乐大典》。在统治者的大力倡导下，明代刻书业发达，书市繁荣，尤以帝京云集天下书商，书市之大，书籍之全，历史罕见。明代官员亦以淘书、刻书为乐，举凡科举考试上榜者"必有一部刻稿"。

清代官员中不仅汉人热衷读书，就连满人都爱学汉文、读汉书，清代前期出了不少通晓汉籍的满族官员，如和珅就是一个饱读诗书的文人。康熙皇帝更是做出了表率，他不仅能诗善文，对西方的算学、地理、光学等自然科学表现出了浓厚的兴趣，还下令将《几何原理》译成满汉文字发给官员学习。

上马杀贼，下马读书

古代官员分文官和武官，文武之间最容易产生矛盾，互相瞧不起。五代后汉时，双方曾大吵一架。这边说："安定国家在长枪利剑，安用毛锥？""毛锥"就是用来记账收税的毛笔。那边说："无毛锥则财赋何从可出？"武官认为文官"授之握算，不知纵横，何益于用"。但统治者当然明白这是片面的理解，连元初耶律楚材都主张"守成者必用儒臣"，重视保护书院，优礼儒士。

绝大多数武将出生入死之际，也认识到读书的重要性，重视谋士，如刘邦、刘备等。有的武将本身就是文官，如辛弃疾、陆游等；也有不少文人投笔从戎，征战沙场，特别是大唐和大宋年间；还有的武将酷爱读书，如关羽灯下读《春秋》，曹操本身就是诗人，武人狄青就是接受范仲淹的建议读兵法终成一代名将。赵匡胤出身行伍，却酷爱读书，他随后周世宗攻打淮南，有人告发他私载货物数车，一查，发现其实是数千卷书籍。周世宗说："你一个武将，应该多想想坚甲利兵，带这么多书干什么？"赵匡胤回答："臣承蒙陛下用为将帅，担心不能很好地完成任务，所以弄来些书随时观看，就是为了学知识、广见闻、增智虑啊。"962年，赵匡胤对身边人说："欲武臣尽令读书以通治道。"另外，文官爱读兵书也很普遍，如韩信据说是得了一部《太公兵法》。

明清两代的督抚本身还兼军职，负有战守之任。王阳明一代大儒，先后带兵平定了多次叛乱；曾国藩率湘军东征，身边将领如罗泽南、胡林翼、郭嵩焘、刘蓉、左宗棠、李鸿章等大多是读书人，他们朝出鏖兵，暮归讲道，上马杀贼，下马读书。湘军悍将曾国荃的志愿就是"百战归来再读书"。太平军李秀成后来总结失败的原因之一便是太平军中无读书人。

拜师交友，读书悟道

西汉刘向说，"书犹药也，善读可以医愚"。读书历来都是修身养性、明理求道的重要途径，也是衡量人品官德的重要标准。读书穷理，格物致知，为的就是明心见性，正身立德，"热闹场中冷得下，纷华场中淡得下，艰苦场中耐得下，便有几分人品，几分学力"。

《论语》云："学也，禄在其中矣。"多读点书，不断总结经验，提高自己，是一种继续学习，既是儒家要义，也是为政需要，且不说不学诗无以言，不学礼无以立，官员读书旨在增加学识，开阔心胸，提高施政水平。如董仲舒以《诗经》《春秋》断狱，赵普以《论语》为治理天下的依据等都是一时美谈。

北宋寇准被罢免丞相后，以刑部尚书知陕州，蜀帅张咏返京述职时路经陕州，寇准以东道主身份接待他，临别时低声问张咏："何以教准？"张咏只说了一句话："《霍光传》不可不读也。"寇准不解其意，立即命手下找来《后汉书》阅读，读至"不学无术"四字，笑着说："此张公谓我矣。"可见即使官居高位，长期不读书不学习贻误国事、害人害己。

古人可读书籍有限，为了弥补不足，士大夫之间还重视拜师访友，以广见识，以开心智，逐渐形成各自的师友圈，或书信往还，论书问学，或借假日相邀而聚，以文会友，品评文章，交流心得，互相启发，相互促进。这样的事例史不绝书，如曾国藩在京城时到处拜师学习，交友访学，寻求读书良法；后来做了高官，身边也聚集大批门生好友，如李鸿章说："吾从师多矣，莫若此翁之善教者。"这为他们后来书生领兵奠定了基础。

著书讲学，化民成俗

古代官员仕宦一生，最终往往将安身立命之地寄于学术事业，将"求道"作为自己一生最大的奋斗目标，读书成为古代文人士子"修身、齐家、治国、平天下"的不二选择，恪守"立德、立功、立言"的人生目标。读书也是"透得名利关，便是小歇处"。《红楼梦》里薛宝钗就以自家是个读书人家，祖父爱藏书为傲。

一是在著书作文方面勤勉笃毅，成为做官和作文两方面的典范。汉唐以来大小官员中，身为思想家、文学家、史学家的就不少，文化人和政治家往往合为一身。特别是自魏文帝曹丕把文章提到"经国之大业"的高度后，诗文著述就成官场的显规则。古代官员大多能咏诗言志，赋词遣情，并将其融会于从政实践中，涵养为一种以读书铺就为官之路、以为官提升品性的优良传统。唐宋官员几乎人人都有诗文集传世，南宋司法干部宋慈还撰写《洗冤集录》，成为中国法医学的里程碑之作。

二是在讲学布道方面不遗余力。如唐宋官员每到一地，都乐于收门生，建书院，讲学传经布道。宋代书院之发达，就是这种背景下的产物。明清继承这一传统，讲学之风更盛。如万历年间，以顾宪成为精神领袖的一些文官经常利用休假在无锡东林书院读书讲学，议论时政。顾宪成还为东林书院题联："风声雨声读书声声声入耳，家事国事天下事事事关心。"清代特别是甲午战后，官员们终于从虚骄梦中惊醒，士林争讲西学，官吏竞谈新法成为官场新常态。开读书会成为政务之余的新时尚，如长沙由谭嗣同、熊希龄发起南学会，联络全省官绅读书讲学，每七日集会演讲一次，听者数千人，"专以开浚知识，恢张能力，拓充公益为主"。

著书讲学，在官员们看来也是儒家赋予他们的社会责任，正官风，倡士风，教民风，化民成俗，开悟民众。

古代文字狱钳制了谁的思想

文字狱是中国历史上一大悲惨的"文化景观"，它以文字犯忌、株连广泛为特色，历来受到后世的指责和学界的批判。由于历史上文字狱现象较为普遍，背景复杂，也造成人们对文字狱的诸多误解。仔细梳理历史上影响较大的文字狱案，可以清楚地看到，古代文字狱的几个重要表现值得引起学界重新思考，如重灾区为什么总发生在诗歌、奏章领域？触发文字狱案的关键到底是什么？古代文字狱钳制了谁的思想？

古代文字狱的几个重要表现

（一）诗歌与奏章：古代文字狱的重灾区

认真梳理历史上较为典型的文字狱案，不难发现，古代文字狱主要反映在诗歌和奏章上。被认为开了"文字狱"先河的苏东坡"乌台诗案"，起因只是一篇表章。元丰二年（1079 年）三月，苏轼由徐州调任湖州。他作《湖州谢上表》，例行公事地客套一番，略叙为臣的过去并无政绩，而今皇恩浩荡，但文中夹了几句牢骚话："陛下知其愚不适时，难以追陪新进；察其老不生事，或能牧养小民。"被御史台告发，由此殃及苏轼寄赠他人的大量诗词。最后，以苏轼承认在诗中批评新政，被贬黄州收场。

明代的文字狱以朱元璋时期为最，也集中在诗和奏章上。如翰林编修高启作诗："小犬隔墙空吠影，夜深宫禁有谁来"，被腰斩。御史张尚礼作诗："梦中正得君王宠，却被黄鹂叫一声"，下狱死。金事陈养浩作诗："城南有安妇，夜夜哭征夫"，被溺死。

　　清代文字狱仍然集中在诗歌上。如康熙五年（1666年），发生在山东的黄培诗案、一柱楼案、"南山集案"等，都是因诗惹祸。

　　奏章则是文字狱的另一"重灾区"。雍正八年（1730年），徐骏在奏章里把"陛下"的"陛"字错写成"狴"字，被革职。后来再派人查出徐骏的诗集里有"清风不识字，何事乱翻书"、"明月有情还顾我，清风无意不留人"等句，被认定存心诽谤，照"大不敬"律斩立决。

　　被视为嘉庆朝文字狱的洪亮吉案，也缘于嘉庆四年（1799年）八月洪亮吉作的《乞假将归留别成亲王极言时政启》，书成三份，分寄成亲王永瑆、吏部尚书朱珪、左都御史刘权之，希望他们能够将自己对时政的指陈转达圣听。文中揭露了清代中叶政治黑暗、吏治腐败的社会现实，既有对内外诸臣的弹劾，又有对天子的规谏，个别言辞过激，并把朝廷弊政未能扭转的首要原因，归结为嘉庆帝没有"尽法祖宗初政之勤"。嘉庆帝阅后认为，这实为小臣妄测高深，意存轩轾，狂谬已极，于是洪亮吉被革职，按大不敬罪被处以斩立决。但嘉庆心思"朕方冀闻谠论，岂转以言语罪人，亦断不肯为诛戮言臣、自蔽耳目之庸主"。因而洪亮吉被改发配伊犁。不久嘉庆又感处分过重，再次对《极言时政启》详加披阅后，将原书装潢成卷，常置座右。洪亮吉因而被释放回籍。这一案不论是嘉庆还是时人并没有看作是文字狱。洪亮吉性情放荡不羁，曾在宴席上公开指斥朱珪崇信释道，为邪教首领，讥讽大学士王杰刚愎自用，刘墉为当朝鲍老，结果"一时八座，无不被其讥者"，他因言获罪也是很自然的。可见不能将所有因谏言获罪者都视为文字狱。

　　上述重要案例都未涉及思想学术，由此可知，文字狱重点"打击"的对象是文学作品，而非学术、思想。用吴伟业的话来说就是"诗祸史祸"。至于书写历史惹祸是否能一概归诸文字狱，更需斟酌。早在先秦时期，就有秉笔直书的史家被斩的先例，如董狐、太史简，无疑不当归入文字狱。

（二）犯忌：触发文字狱的关键

犯忌，而非思想是触发文字狱的主要因素。犯忌有很多种，一是名讳上特殊的禁忌（政治禁忌）。如顺治康熙年间的庄廷鑨"明史案"，书印出十年后被人告发，书中在叙及南明史事时，仍尊奉明朝年号，不承认清朝的正统，还提到了明末建州女真的事，如直写努尔哈赤的名字，写明将李成梁杀死努尔哈赤的父祖，斥骂降清的尚可喜、耿仲明为"尚贼""耿贼"，写清军入关用了"夷寇"等，这些都是清廷极为忌讳的。而这些忌讳稍有文化的明白人都知道，不用提醒。

时隔几十年后的《南山集》案也是哪壶不开提哪壶，《南山集》行世已久，录有南明桂王时史事，并多用南明三五年号，被御史赵申乔参劾，以"大逆"罪下狱处死，株连数百人，震动儒林。可以说，清代的文字狱大多数集中在明朝这个敏感概念上。

雍正朝的年羹尧案，本身就是一个政治案，雍正畏防年氏专权已久，文字狱只是一个借口。以年羹尧的表章中将"朝乾夕惕"写成了"夕惕朝乾"，雍正认为他居功貌上，心怀不轨，那些对年氏有怨怼的人群起而攻之，于是年羹尧被劾九十二条大罪，随带引出汪景祺西征随笔案、钱名世名教罪人案。

二是犯帝王个人的禁忌，如朱元璋十分忌讳"光""秃"等字眼，因为他做过和尚，对"僧"字及读音差不多的"生"也同样厌恶；他参加过红巾军，不喜欢别人说"贼""寇"，连读音相近的"则"也厌恶。偏偏有人不顾忌，北平府学训导赵伯宁作《长寿表》中有"垂子孙而作则"，斩。福州府学训导林伯璟作《贺冬表》中有"仪则天下"，斩。桂林府学训导蒋质作《正旦贺表》中有"建中作则"，斩。常州府学训导蒋镇作《正旦贺表》中有"睿性生智"，斩。澧州学正孟清作《贺冬表》中有"圣德作则"，斩。这些所谓的禁忌几乎都是出于统治者的极度自卑而引发。

至于查嗣庭案只是野史。据说雍正四年（1726年）查嗣庭任江西乡试正考官，出"维民所止"的试题，"维止"二字被认为是"雍正"无头。而一柱楼诗案，因诗集中"举杯忽见明天子，且把壶儿抛半边"，被指用"壶儿"喻"胡儿"，被暗指清朝。还有"明朝期振翮，一举去清都"，乾隆称"用朝夕之朝为朝代之朝，不用上清都、到清都，而用去清都"，"显有兴明灭清之意"。

三是犯狂妄悖逆诽谤之忌。《南山集》案中，戴名世的罪名是"狂妄不谨"；雍正七年（1729年）陆生楠《通鉴论》案，罪名是"抗愤不平之语甚多，其论封建之利，言辞更属狂悖，显系排议时政"，雍正甚至对《通鉴论》中的"狂悖"议论逐条加以批驳。谢济世《古本大学注》案，大臣拟定的罪名是毁谤程朱，雍正何等聪明，毁谤程朱算不上什么，他给定性为对时政"恣意谤讪"，尤切齿于《注》中"拒谏饰非必至拂人之性，骄泰甚矣"一句，咄咄逼问道："试问谢济世：数年以来伊为国家敷陈者何事？为朕躬进谏者何言？朕所拒者何谏？所饰者何非？"令人哑口。

还有一种禁忌是文人故意为之。如黄培诗案中的黄培，明末官至锦衣卫都指挥使，明亡后，隐居在家。曾经接济过于七农民起义军，其诗如"一自蕉符纷海上，更无日月照山东""杀尽楼兰未肯归，还将铁骑入金徽""平沙一望无烟火，惟见哀鸿自北飞"反映出黄培反清的民族思想，他还和一帮同道结为大社。戴名世在《南山集》中或歌颂抗清义士，或表彰入清隐居不仕、品节高尚的志士仁人，全然不知避讳，直书其事，犀利的言辞难免会触动统治者的"隐疾"，遭到忌恨。他本人也知道，曾在《与刘大山书》中说自己"古文多愤世嫉俗之作，不敢示世人，恐以言语获罪"。至于曾静、吕留良案本身就是作死的产物。他们属明知而故犯。

（三）告讦：文字狱案发背后的动机

文字狱案发都是由臣子告讦。告讦的动机往往是敲诈、索贿等个人私利。如"明史案"中，《明史辑略》刊刻后，起初并无事，只因几年后几个无耻小人想去敲诈庄家，才惹出事来。当时主事者庄廷鑨已死多年，一个叫吴之荣的小官告到了北京，引起鳌拜等人的兴趣。

明史案开了以"逆书"索贿的恶劣先河，有小人干脆自制逆书，想敲诈谁就把谁的名字列上。如沈天甫、夏麟奇、吕中刻印一本诗集，假托为陈济生所编，书中所列作者为大江南北名士巨室七百余名。康熙六年（1667年）沈天甫到内阁中书吴元莱家索银二千两被拒，遂将此书检举报官。

乾隆十五年（1750年）前后，民间出现了一篇"假孙嘉淦奏稿"，内容"五不解，十大过"，直指乾隆帝，并把当时的朝中大臣几乎全部进行揭露斥责，十八省争相传抄。次年六月，伪稿流传到云南时被当局发现，由此顺藤摸瓜，辗转根究，在全国追查伪稿作者。乾隆四十八年（1783年），李一《糊涂词》有"天糊涂，地糊涂，帝王帅相，无非糊涂"。被河南登封人乔廷英告发，经查发现举报人乔廷英的诗稿也有"千秋臣子心，一朝日月天"句，日月二字合为"明"，不是谋反又是什么？

黄培诗案中告发黄培的人是其家仆黄宽之孙黄元衡。南山集案中的戴名世与赵申乔亦有怨隙，戴在会试时名列第一，殿试第二，状元赵熊诏是赵申乔之子；戴名世在士林中素享盛名，赵熊诏则才名不显，当时传言赵氏因贿赂而中状元，故赵申乔先发制人，罗织罪名欲置戴于死地，以断他人追究之想，塞他人议论之口。王锡侯不满《康熙字典》，花费十七年心血编成一部体例新颖的字典《字贯》，乾隆四十年（1775年）刊行面世。书刊出后，被王锡侯同乡以诬蔑康熙的名义告官。

康熙年间的一柱楼案，事发江苏东台，有个叫蔡嘉树的曾以2400两银子将一块地卖给徐怀祖。徐怀祖死后，蔡氏想以960两向其子徐食田赎回，遭到拒绝。怀恨在心的蔡嘉树就威胁要将其祖父徐述夔的《一柱楼诗集》告官，说其诗中有"诋毁本朝"的句子。徐食田主动将其祖父所著四本书交给县衙。县令竭力为两家讲和，最后判定徐食田拨部分田地给蔡嘉树。不过，此时蔡的目的已不限于赎田了，他想让徐食田尝尝牢狱之苦。他以县令受贿而包庇之名，向江宁藩司衙门告状。但其用心被看穿，反而落得个下狱的下场。蔡家有位总管叫童志嶙，因进泰州学一事未获主管徐述夔同意而记恨。碰上刘墉来金坛的机会，童将《一柱楼诗集》交给刘，刘随后交给乾隆，说书中"语多愤激"。总之，文字狱的产生有着很明显的偶然性，多是由个人私利引发，文字狱成了他们假借的工具。参见下表：

乾隆朝重要的代表性文字狱案

事件	涉案文字内容	缘由
孙嘉淦伪奏稿案	别人冒孙氏名字写伪奏稿。"此案文诬谤朕躬，全属虚捏。"	伪造，流传
胡中藻《坚磨生诗钞》案	"一世无日月""一把心肠论浊清"等句	被人告发
王锡侯《字贯》案	私自删改《康熙字典》，贬毁圣祖	被仇家告发
徐骏《一柱楼诗集》案	"大明天子重相见，且把壶儿搁半边""清风不识字，何得乱翻书""重明敢谓天无意""江北久无干净土""明朝期振翮，一举去清都"	被仇家告发
石卓槐《芥圃诗钞》案	"大道日已没，谁与相维持"等句	被仇家告发
程明湮读史书批注案	读《后汉书·赵壹传》中的五言诗"文籍虽满腹，不如一囊钱"后，批下"古今同慨"四字	被人告发
魏塾读《徙戎论》批注案	对江统的《徙戎论》作批注："在朝诸官俱是驽才猪眼，不用江统之论，遂酿成五胡之灾。"	被人告发
祝庭净《续三字经》案	写元朝有这样几句："发披左，衣冠更，难华夏，遍地僧。"	被仇家告发
戴移孝《碧落后人诗集》案	"长明宁易得""短发支长恨""且去从人卜太平"	被人告发
卓长龄逆诗案	"可知草莽偷垂泪，尽是诗书未死心。楚袄乃知原尚左，剃头轻卸一层毡。"	被人告发

是谁推动了文字狱

如上所述，古代文字狱涉案文字大都没有什么实质的学术思想意义，大多是在一些个别诗句文字里面引发大案，往往是作为权力斗争或利益争执的工具。这就是文字狱多发在诗歌和奏章领域的重要原因。

鲁迅先生指出："大家向来的意见，总以为文字之祸，是起于笑骂了清朝。然而，其实是不尽然的。"鲁迅分析文祸之因："有的是卤莽；有的是发疯；有的是乡曲迂儒，真的不识讳忌；有的则是草野愚民，实在关心皇家。"这道出了文字狱的真相。

凡人厌诽谤，文人善讥讪，朱元璋就明白这点，但文字狱只限于以表笺文字不当而罹罪。清代的诗歌成就其实不在唐诗之下，文人士大夫写诗极为普遍，要弄出点影射来极为容易，奏章是臣子必备的行文工具，二者都不可能危及统治，皇帝们未尝不知。他们只不过是借此鼓励臣子们举报告密而已。乾隆听从山东道御史曹一士"请宽妖言禁诬告折"的建议：今后凡告发旁人诗文书札等悖逆讥刺的，如审无实迹，一律照诬告反坐；如果承审的法官比附成狱的，以"故入人罪"论。

对于文字狱，历代帝王大都有清醒的认识。宋神宗在乌台诗案中就说过："朕决不以文字之罪杀人，更不会以文字为狱而累罪于天下文人，招致千古不绝之唾骂。"康熙五十一年（1712年）十月，玄烨收到了一封告密信，信的内容是解读两首诗。一首是"雪艇松庵阅岁时，廿年踪迹鸟鱼知。春风再拂生公石，落照仍衔短簿祠。雨后万松全遝匝，云中双阙半迷离。夕佳亭上凭栏处，红叶空山绕梦思。"诗中的"万松"，举报人认为是寓"由崧"，就是南明弘光帝，"红叶"是指明裔，因为"红"即"朱"，"叶"即"裔"。另一首诗是："尘鞅删余半晌闲，青鞋布袜也看山。离宫路出云霄上，法驾春留紫翠间。代谢已怜金气尽，再来偏笑石头顽。楝花风后游人歇，一任鸥盟数往还。"诗中"代谢已怜金气尽"，被解读为诅咒清朝政权国运不长，因为清廷入关前国号为"后金"；"一任鸥盟数往还"，被认为是作者阴通台湾郑成功之明证，因郑氏偏居海岛，鸥者，海鸟也。

诗的作者叫陈鹏年，时任武英殿纂修总裁官。而举报者为噶礼，时任两江总督。噶礼是满洲正红旗人，因噶礼在皇帝亲征噶尔丹时负责督运粮饷，深受康熙信任。噶礼罗织周纳，极尽能事，指摘陈鹏年"阴有异志，非徒以文字讪谤而已"，"以原稿呈进，而逐句笺其旁"，要置陈鹏年于死地："摘印下狱，复拟大辟。"

康熙处置过著名的文字狱有十余起，但面对这一举报，他表现得非常冷静。因为他对被举报人陈鹏年和举报人噶礼二人素有了解，他将陈鹏年的诗作交给朝臣们传阅，并指出："陈鹏年稍有声誉，学问亦优。噶礼之欲害之也久矣。""朕阅其诗，并无干碍"，"诗人讽咏，各有寄托，岂可有意罗织，以入人罪？"可见，康熙皇帝深知文字狱成了官员们用以打击政敌的一种手段，他本人并非刻意要禁锢人的思想和言论："噶礼曾奏陈鹏年诗语悖谬，宵人伎俩，大率如此。朕岂受若辈欺耶？"直接否决了噶礼的告密。

客观地说，许多类似文字狱案根本不能归入文字狱，以康熙年间的朱方旦案为例。此案在著名的文字狱案目录中赫然在列。在此案的叙述中，朱方旦是个名医，著有《中补说》与《中质秘书》两部医学著作，流传很广。朱方旦提出了脑是人的主要思考器官："古号为圣贤者，安知中道？中道在我山根之上，两眉之间"。所谓中道，是指人的意念、记忆；脑是人体思维的最重要部分，称为山根，他认为"中道在山根之上、两眉之间"，就是意识是在脑子里面。这是对此前数千年传统儒家认为"心之官则思"的观念的颠覆，因此被视为妖言，藐视孔孟，诋斥理学，遭到朝臣们的围攻，朱方旦因此被杀。如此而来，朱方旦之死倒与布鲁诺捍卫哥白尼"日心说"而遭烧死一样，成为英雄了。

朱方旦果真是因为文字狱而死吗？简洁的叙述背后其实隐藏着深层的原因。朱方旦是名医不假，但他治病的方法很玄，用"意念"帮人治病，而且还颇为"灵验"。大学士李光地在《榕村语录》里言之凿凿地记载了一件事：

朱方旦初至京，倾动一时。猗氏卫先生在朝班，极诋之，适史子修联坐，色殊不悍，猗氏并责之。子修曰：我非孟浪信从其教者，彼实能起死人而生之，虽欲不信从得乎？猗氏询其详，子修曰：吾妻病已三年，委床待毙。闻朱至，往叩之，朱曰：俟吾察其命尽有图，君姑还，余即至。某问：先生能遽来耶？朱曰：不须余来，病者自知。是夜，妻竟安卧，又闻室中有异香。至鸡鸣时，妻欠伸而觉曰：汗透矣。索衣易之，劝其少间，妻曰：我愈矣。适梦至一公廨，有大官命吏检簿，须臾吏白曰：史鹤龄妻寿限未尽，但灾厄甚重。忽闻屏后有人曰：既寿限未尽，令其夫妇皈依道教，以禳解其灾可乎？大官起立拱诺，曰：受朱先生教。因命余归。遂蹶然而起。

这一来，朱方旦更是声名大振。湖广巡抚董国兴以朱方旦左道惑众劾奏，将朱方旦逮往北京。解送时，数百民众前来告别送行。朱方旦信誓旦旦说自己不日将回。到京后刑部议以妖术惑人罪拟斩首，押入大牢。恰巧康熙祖母太皇太后博尔济吉特六十寿辰，大赦天下。朱方旦并无煽动叛逆诽谤当朝的言行，亦在赦免之列。时北京城裕亲王福全妃难产，求朱方旦诊治。朱方旦携福全之手走进另一房间静坐，用"意念"发功助王妃安全分娩，再次轰动了京师。不仅王公大臣都成了朱方旦的信徒，连康熙对他亦颇为礼遇。康熙十三年（1674 年），在平定吴三桂造反中，大将军勒尔锦多次找朱方旦卜问战机。巡抚张朝珍还赠其"圣教帝师"匾，康熙闻听，谕旨"军机大事，万不可听其蛊惑"，及时制止了这股热潮。

此后，朱方旦开始在漫游中著书立说，这两部书中主要谈的是意念气功，指摘程朱理学。这引起了明史纂修官汪懋麟、大学士熊赐履、侍读学士王鸿绪等人的警觉，历史上东汉张角、元代刘福通，都是利用为人治病发展信徒，直至聚众造反的，殷鉴在前，为避免朱方旦"阳托修炼之名，阴挟欺世之术"，"摇惑民心"，提出予以严惩。康熙并没有在意，但朱的信徒勒尔锦十分着急，向康熙求情。这一来引起了康熙的恼怒，连近亲宗室大臣都沉迷其中，这可不是件好事，于是显露杀机。对朱方旦的处置得到了朝廷上下一致的同意。

很显然，朱方旦案并不是文字狱，这位自称"二眉道人"的"名医"和王林之辈一样都属于神棍。

文字狱钳制了谁的思想

"避席畏闻文字狱，著书都为稻粱谋"，龚自珍的这句诗道尽了历史上文字狱的可怕。然而，把"著书都为稻粱谋"一概归诸文字狱所致，把文字狱视为一种可怕的统治手段，是导致思想、学术贫乏的首恶则值得商榷。古代统治者无一例外都重视统治地位的稳固，都有从思想上加以钳制的举措，如指定科举科目，焚毁禁书等，对一些不驯服的知识分子进行镇压也是手段之一。然而，将文字狱夸大为钳制思想和言论自由，显然不合历史的真相，更不是导致乾嘉学风转变的主要原因。果如是，龚自珍为何敢写诗公然抨击文字狱？不止龚自珍，清人很早就以各种各样的形式记录了形形色色的文字案狱，描述各种惨状，表达各种观点。如《明史》案发不久，诗歌、散文、小说、戏曲里对惨案进行了详实的记录，或长歌当哭，或悲叹浩劫，或鸣冤叫屈。他们难道不怕文字狱吗？因此，对历史上的文字狱的作用有必要客观地历史地审视。

事实上，明清两代的学术思想并没有因文字狱而受到禁锢。相反，明清学术文化呈现出一片繁荣景象。义理之学（哲学）、考据之学（史学）、词章之学（文学）都获得了长足发展，特别是清代的实学。被认为是实施文化高压政策的乾隆时期，仅在浙江一带收缴禁书三千多种，六七万部以上，与《四库》收书差不多，这从另一个侧面反映出清代学术文化的繁荣。清代考据学的繁荣并非如此前学术界所说的"被文网所迫"，而是学者的自觉。梁启超在《清代学术概论》中说："凡'思'非皆能'潮'；能成潮者，则其'思'必有相当之价值，而又适合于时代之要求者也。凡'时代'非皆有'思潮'，有思潮之时代，必文化昂进之时代也。其在我国自秦以后，确能成为时代思潮者，则汉之经学，隋唐之佛学，宋及明之理学，清之考证学，四者而已。"梁启超的论述恰当地指出了清代考据学的思想学术繁荣与价值所在。

后世发现记载明初文字狱案的史料明显多处失真，清初钱谦益对明初文人死于"太祖文字狱说"存疑，他力斥蒲庵禅师来复死于文字狱之旧说，认为来复真正的死因是受胡惟庸谋反案牵连，徐一夔死于明初文字狱也属虚构。

辛亥革命前后，知识界为打击清廷，制造舆论，将文字狱渲染成"言论自由之人权"，显然是有政治意图的。古代文字狱基本上不涉及学术、思想和言论自由，真正的"思想犯"如顾炎武、黄宗羲、王夫之等人在清朝康乾年间倒没人拿来做文章[①]。乾隆编修《四库全书》，"初下诏时，切齿于明季野史。其后，四库馆议，维宋人言辽金元，明人言元，其议论偏谬尤甚者，一切拟毁。"换言之，清朝统治者是出乎民族自尊而查禁"明季野史"，并没有禁止言论自由。充其量是文化上自卑的清统治者过于敏感，凡涉及"明""清"、华夷有关的字眼，就不舒服。如

---

① 顾炎武因康熙七年（1668 年）卷入黄培诗案，他本意图为同人辩诬，不料反被人诬陷入狱 7 月，顾氏据理力争，加上亲友搭救而出狱。顾氏乃明末大儒，以抗清著名，累拒仕清，志在反清复明，但直到康熙二十一年顾氏以七十高龄去世，都没有因自己的著述遭遇文字狱。

乾隆帝恶胡中藻为鄂尔泰党羽，亲自批驳其《坚磨生诗钞》："'一把心肠论浊清'，加'浊'字于国号之上，是何肺腑？"江苏兴化人李驎《虬蜂集》中有"杞人忧转切，翘首待重明"；"日有明兮，自东方兮，照八荒兮，我思孔长兮，夜未央兮"，被认为故意影射。这些都谈不上真正的言论不自由，因为避讳古来有之，是明确禁止的用语，人所共知。

更进一步分析和仔细梳理历史上的文字狱，不难发现，文字狱案固然涉及少数朝中大臣或地方官员，但更多的是不能出仕的下层读书人即生员、童生之类以及个别不仕举人；他们因本身功名不遂，境遇困顿，产生一种"变态心理"，对社会现实心有不满而作愤激怨望之语，而其人品行亦属庸陋狠鄙者，也正是这些下层读书人在文字狱中的遭遇折射出当时无数读书人的命运和变态心理。比如一个人的诗里反复出现如"明""清""日月"这样的字眼，即便不联系到清代统治者的禁忌，也不能不说作者才情有限，徒然授人以柄。那些真正有成就的学者、正直的大臣很少涉及文字狱。可见文字狱很大程度是一种报复陷害的工具与产物，与思想和学术自由并无多大关系。

历史上复仇私斗之风为何长盛不衰

自先秦至明清，华丽的历史背后隐藏有一部血腥的历史，这就是复仇私斗史，而且绵延上千年，至今在国人心里尚潜伏着一股复仇的痛快感。荆轲刺秦王、赵氏孤儿复仇记、武松血刃潘金莲等，历史和小说中人们无一不为主人公最终复仇成功而大呼痛快。撇开专诸刺王僚、聂政刺侠累、豫让刺赵襄子、要离刺庆忌等著名刺客故事不算，先秦社会上还上演着各种各样的复仇剧。

复仇私斗的原因千奇百怪。有的为血亲被杀而复仇，如《竹书纪年》记载了殷商先人王亥在有易氏淫乱被杀，其子上甲微借兵报仇的故事。《左传·襄公二十六年》记伍子胥复仇，《史记》对此更是表达了高度的称赞："向令伍子胥从奢俱死，何异蝼蚁。弃小义，雪大耻，名垂于后世，悲夫！方子胥窘于江上，道乞食，志岂尝须臾忘郢邪？故隐忍就功名，非烈丈夫孰能致此哉？"

有的是因为怨恨而复仇。著名的"楚材晋用"，就是因为析公、雍子、子灵、苗贲皇四个楚国大夫因为各式各样的怨恨离开楚国后，为晋国所用，对楚国产生了巨大的危害。

有的因自尊受到侵犯而报仇，如范雎就以"一饭之德必偿，睚眦之怨必报"而闻名；晋文公重耳为公子时流浪国外，路过曹国，被曹共公偷窥其洗澡而感觉受辱，即位三年后发兵灭曹；宋国南宫万曾被鲁国所俘，宋闵公戏之曰："始吾敬子；今子，鲁囚也；吾弗敬子矣。"南宫万为此记恨宋闵公，便于次年谋乱，"弑闵公于蒙泽"。陈灵公与孔宁、仪行父君臣三人都与夏姬淫乱，有一次在夏姬家中饮酒之后，互相调戏夏姬之子夏徵舒长得像对方，夏徵舒闻听大怒，杀死灵公。晋国大夫郤克有足疾，奉君命出使齐国遭到了妇人的侮辱。回国即劝晋景公伐齐，不获允许，但郤克长期憋着气，终于等到成为执政大夫兼中军元帅之后起兵伐齐。孟尝君也曾因被耻笑而复仇。孟尝君过赵，赵人闻其名都来观看，原以为他是一个魁梧大人，不料竟是个矮个子"小丈夫"，便都笑他，孟尝君感到受辱，斫击杀数百人，遂灭一县而去。吴起年轻时，家产千金，游历求官不成，反而败掉了家业，乡亲们嘲笑他，他便杀掉了30多个讥笑他的人。

有的是为君主或国家报仇。如齐襄公复九世之仇而灭纪。复仇之风直接导致三大后果：

一是复仇直接导致了社会上私斗成风

血亲复仇的起源早于文明社会，进入宗法社会后，亲亲原则更加强化了复仇的责任。先秦作为一个典型的宗法社会，其复仇习俗为儒家所承继。《礼记》《大戴礼记》《公羊传》《周礼》等文献对此甚至做出了具体的要求，形成了教条，由此扩展到君主师友等政治与社会关系中。

复仇与私斗纽结，个人之间的争斗忿怒常转为宗族家庭血缘集团间反复不解的仇杀。一人被杀后，为了预防其亲族后人为其报仇，就不得不将其亲属全部加以杀戮——"灭门"。有的还借助外力，因而游侠、刺客应运而生，卷入其中。至战国时，复仇报怨、私斗之风仍很盛行，私家专制人命，排斥公法，甚而报杀官吏亲属，成为严重的社会公害。程大力先生认为，中国武术发达，绝大部分内容产生于私斗、用于私斗。

二是复仇而导致的私斗对政权产生了深远的影响

秦二世而亡即亡于复仇。张良之所以追随刘邦，就是为韩复仇。其先人韩破，弟死不葬，悉以家财求客刺秦王，"以大父、父五世相韩故"。

后来张良寻得一力士，使铁锤重百二十斤。秦始皇东游，张良与刺客狙击秦始皇博浪沙中，误中副车。秦始皇大怒，大索天下，为张良故也。张耳、陈余也如此结交少年"报父兄之怨"。《史记》载，楚之南公曰：楚虽三户，亡秦必楚。也是抱着复仇心理。到了秦末，全国各地"家自为怒，人自为斗，各报其怨而攻其雠，县杀其令丞，郡杀其守尉"。秦王朝的各级官员，要么被众多的复仇者杀害以响应起义，要么改弦易辙倒向起义军，秦王朝的覆灭才会如此之迅速。

正是基于这样的社会风气，春秋时期老子提出了"报怨以德"的思想，试图说服人们结束冤冤相报的死结。然而，这一思想却遭到了以孔子为代表的儒家反对。《论语·宪问》中，孔子首先质疑"以德报怨"，否则"何以报德"？干脆地提出"以直报怨，以德报德"，就是以对等的办法回报人家的怨。在他看来，以德报怨是不公平、不等值的。

因此，《礼记·檀弓上》载：子夏问孔子："居父母之仇，如之何？"孔子回答："寝苫枕干不仕，弗与共天下也。遇于朝市，不返兵而斗。"父母之仇，不共戴天，遇上则斗。《礼记·曲礼上》《大戴礼记·曾子制言上》都表达了同样的观点："父母之仇不与同生，兄弟之仇不与聚国，朋友之仇不与聚乡，族人之仇不与聚邻。"由此产生了"有仇不报非君子""君子报仇、十年不晚"等根深蒂固的复仇观念。

三是鼓励复仇直接影响司法

如果说《礼记》《论语》赞成复仇还只是影响民间，那么，孔子在《春秋》中赞赏复仇则直接影响到司法。因为《春秋》不仅是儒家的经典，还是后世决狱的依据。孔子在《春秋》中认为"不复仇而怨不释"。他赞赏齐襄公灭纪，批评了鲁庄公没有复仇（襄公阴谋害死鲁桓公）却与齐襄公释怨。

后来儒家春秋公羊学派的进一步提倡，对司法判决的影响极为深远。

汉代以《春秋》断狱，为复仇披上一层合法的外衣，在司法实践中，法律的尊严在儒家伦理面前黯然失色。"贼斗杀人，以劫而亡，许依古义，听子弟得追杀之"（《汉书·刑法志》）；"《春秋》之义，子不报父仇，非子也"（《春秋繁露》）。复仇情绪得以高扬，"睚眦之怨莫不报复"，为当时的价值取向和共同心态，上自王公贵胄，下至贩夫走卒，无不生活在"怨仇相残"之中，造成相当严重的社会后果。淮南厉王刘长手刃仇人审食其，梁孝王刘武遣郎吏暗杀袁盎，寿光侯刘鲤"怨刘盆子害其父，因（沛王刘）辅结客，报杀盆子兄故弑侯恭"等故事不断上演。刺客或在大庭广众之下，或在县廷之中公开杀人复仇。

为了改变这一局面，历史上也采取过不少办法对复仇私斗加以限制。

秦自商鞅变法始即采取了两手抓，一是将民气导向公战，二是严惩私斗（包括家庭宗族间的复仇）。秦法规定："有军功者，各以率受上爵；为私斗者，各以轻重被刑"，通过"重刑而连其罪"的措施，使"褊急之民不斗"。秦简《法律答问》中关于惩治私斗的条例有十二款之多。虽未根绝复仇私斗，但世风为之一变。史称秦人"勇于公战，怯于私斗，乡邑大治"。荀子入秦"观其风俗"，见"其百姓朴""百吏肃然"。

孟子也看到了"杀人之父，人亦杀其父；杀人之兄，人亦杀其兄"的现实，指出虽然不是他自己杀了父兄，但也只差那么一点点了。《韩非子·六反篇》直斥他们为"活贼匿奸""暴激之民"。《韩非子·五蠹》中指出："人主尊贞廉之行而忘犯禁之罪，故民逞于勇而吏不能胜也。"认为不可助长个人复仇行为。成书于战国的《周礼》"地官"篇中有为复仇而设的专职官吏"调人"，"掌司万民之难而谐和之"。"调人"近乎今天的司法调解员，杀父杀兄之仇，尽量劝说当事人远离当地"避仇"，如果不避仇，调人就可以抓捕他治罪。如果是官吏依法诛杀有罪的人而被复仇的，则视为天下公敌加以捕杀。如果杀人符合义理，就使当事双方不要同住一国，劝令不要报仇，如果报仇就要判死罪。如果吵嘴打架，就加以评断和解，不和解，就记录下来，先行报复的要加以惩罚。《左传·襄公二十二年》中，郑国的游贩公然掠夺他人之妻，被其夫所杀，执政子展下令召还杀人者，并且禁止游氏复仇。这就是霍姆斯所说"法律起源于复仇"。

私人不再有擅自杀人的权利，杀人复仇须受公法制裁。但是，社会风气却仍然将其看作是贞廉之行。《韩非子·五蠹》指出："今兄弟被侵，必攻者廉也，知友被辱，随仇者贞也。廉贞之行成，君上之法犯矣。"张金光先生在《商鞅变法后秦的家庭制度》中指出，秦简《日书》中民间尚有定"利报雠"的吉日，并主要存在于东方。有些审案官不惜做出"牺牲"官位甚至性命以保全复仇者的举动。薛况在皇宫门口刺杀官吏，本是重罪，却因为是为父报仇符合《春秋》之义而被从轻发落。

既然公法不允许私人复仇，到两汉时期，就产生一种变通做法："受赇报仇"，即买凶杀人。两汉上承战国之余烈，人民"轻死重气，怨惠必仇，令行私庭，权移匹庶"，整个社会依然弥漫着浓厚的复仇情绪。

这个时期社会上出现许多"轻薄少年恶子""淫恶少年"（班固语），他们"轻死重气，结党连群；实蓄有徒，其从如云"，"攻剽椎埋，劫人作奸，掘冢铸币，任侠并兼，借交报仇"。（《史记·货殖列传》）如郭解常"以躯借交报仇"，"少年慕其行者，亦辄为报仇"。原涉家养"刺客如云，杀人皆不知主名"；颍川"大姓原、褚宗族横恣，宾客犯为盗贼"；戴子高"家富好给施，尚侠气，食客常三四百人"。《汉书·游侠传》将他们称为"报仇怨养刺客"之"豪侠"，实际上成为武断乡曲的地方黑恶势力。

东汉复仇之风更浓。桓谭说："今人相杀伤，虽已伏法，而私结怨仇，子孙相报，后忿深前，至于灭户殄业，而俗称豪健，故虽有怯弱，犹勉而行之。"酷吏阳球组织轻侠少年数十人，暴杀辱母郡吏，"灭其家"。窦宪所养"悍士刺客满城中"。祭遵"尝为部吏所侵，结客杀之"。

东汉南阳太守杜诗不惜丢官弃爵，"遣客为弟报仇"。酒泉杨阿若"少游侠，常以报仇解怨为事，故时人为之号曰：东市相斫杨阿若，西市相斫杨阿若。"桓帝末，京都童谣曰："河间来合谐，河间来合谐！"

《潜夫论·述赦篇》说："洛阳至有人主谐和杀人者，谓之会任之家，受人十万，谢客数千。"他们又用财赇略官府，"吏与通奸，利入深重"，"荣乐过于封君，势力侔于守令"，形成盘根错节之势。因而王夫之在《读通鉴论》直指："猾民伏其巧辩，讼魁曲为证佐，赇吏援以游移，而法大乱。"

西汉鲍宣，东汉桓谭、张敏都曾建议朝廷禁止"私相伤杀"，"其相伤者，加常二等"，且不得赎罪。帝王也害怕这些势力发展，汉武帝将郭解灭族；尹赏捕杀长安"恶少年"；王温舒捕灭"河内豪奸之家"，"苛察淫恶少年"；涿郡太守严延年诛杀大姓西高氏、东高氏。汉成帝河平年间，京兆尹王尊捕杀长安"宿豪大猾"贾万、万章、张禁诸人。

然而，这种做法打击的只是"豪侠"势力，却没有改变其根本，汉世以"孝悌"治国，以血缘为纽带捆缚家国宗族为一体，因而民间对复仇者仍然给予普遍同情和赞誉。人们唯恐被世人讥笑为"忍辱之子""无耻之孙"。东汉时，血亲复仇甚至成了品评人物的重要标准之一。朝廷也陷入一种尴尬两难的境地，因为如果"不许复仇"，又担心"伤孝子之心，乖先王之训"；如果允许复仇，又担忧"人将倚法专杀，无以禁止其端"。因此东汉章帝制定了《轻侮法》，为私斗复仇提供了合法的依据，官方对复仇者往往宽宥。和帝虽然听从张敏之议，废除此法，但"形同具文"。两汉的司法实践始终陷于这种礼与法的冲突、纵与禁的挣扎中，买凶杀人之风从未息止。

三国时孙策死于刺客之手，曹操报杀父之仇攻伐徐州，刘备为报关羽之仇发兵攻吴等故事，仍然可见复仇之风甚烈。

有唐一代依然纠结于此，陈子昂主张礼法兼顾，对复仇者依律处刑，但其复仇行为应予表彰，"宜正国之典，宽之以刑，然后旌闾墓也"。柳宗元则指出二者只能择其一，否则就会出现"趋义者不知所向，违害者不知所止"的麻烦。韩愈主张酌宜处之："然则杀之与赦，不可一例，宜定制曰：凡有复父仇者，事发具其事由，下尚书省集议奏闻，酌其宜而处之，则经律无失其旨矣。"此后儒家理学盛行的宋明清等历代都未能逃避这种两难境地。特别是元末明初和明末清初，民族复仇情绪一度高涨，也折射出社会上根深蒂固的复仇情绪。

总之，在公权观念没有确立之世，复仇私斗始终成为社会一大景观，或隐或显。在张扬儒家传统的今天，这股复仇私斗风仍然值得人们警惕。